戦国武将臨終図巻
生き様死に様プロファイル
河合敦
徳間書店

松永久秀
1510～1577
享年 68
山中鹿介
1545～1578
享年 34
明智光秀
1528～1582
享年 55
上杉謙信
1530～1578
享年 49
武田信玄
1521～1573
享年 53
豊臣秀吉
1537～1598
享年 62
徳川家康
1542～1616
享年 75
織田信長
1534～1582
享年 49

はじめに

今年、還暦になる。平均寿命まで生きるとすると、残りはおよそ二十年。すでに老化が始まり、目や耳は衰え白髪が増え、皮膚もたるみカサカサになってきた。

もう、将来の夢とか希望といった話にはあまり興味がもてない。おそらくこれからあちこちにガタが来て、亡くなる数年前には入退院を繰り返し、場合によっては認知症になり、最期はベッドの上で枯れ木のようになって逝くのだろう。死は免れないものだとわかっていながら、そんな行く末を想像すると、心がふさがってしまいそうだ。

できることなら、残りの命を悔いなく燃やし、劇的に人生の幕を引きたい。生きがいではなく、死にがいが見つからないものか。そんなことをつらつら思い、偉人の死に様について調べるようになった。そうした中で、激動の戦国時代に武将たちがどのような臨終を遂げたのかを知り、強い興味を抱いた。

本書で紹介する戦国武将は、四十名にのぼる。

戦国という時代ゆえ、天寿を全《まっと》うできず、戦場で死を迎えた者たちが非常に多い。斎藤道三、浅井長政、柴田勝家、武田勝頼、龍造寺隆信、高橋紹運、真田信繁などがそうだ。特に今川義元は、自ら大軍で尾張へ攻め込み、織田方の砦を次々と落としている中で、まさか間近に死が迫っているとは考えもしなかったろう。それは、桶狭間で義元を討ちとった織田信長も同じである。天下に王手をかけていたのに、家臣の突然の謀反《むほん》によって死を強要されることになったからだ。京都は当時、完全に信長の制圧下にあった。つまり、自宅の庭で部下に殺されたようなものである。さらにいえば、叛旗《はんき》を翻した明智光秀だって同様だ。信長に代わって天下人になれると信じていたのに、にわかに羽柴（豊臣）秀吉率いる大軍が中国地方から戻ってきてしまった。これを知った時、光秀は驚愕したに違いない。しかも光秀は、敗走中に落ち武者狩りの農民に襲撃されるというみじめな最期を迎えた。

信長同様、絶頂期に死を迎えた戦国武将は少なくない。川中島で何度も鉾を合わせたライバル、武田信玄と上杉謙信がそうだ。信玄は三方ヶ原で徳川家康を蹴散らしたあと、いよいよ信長を倒そうと西上を始めた時、病にかかって陣没してしまった。上杉謙信も手取川の戦いで織田軍を撃破したあと、関東の大遠征をもくろんだ。しかし、出陣を数日後に控えたある日、厠で昏倒したまま意識が回復せず黄泉へと旅立った。歴史にはifはないが、もし信玄と謙信が生きていれば、戦国史は確実に変わったはずだ。

いずれにせよ、死は唐突に訪れるものであることがよくわかる。

同じ境遇で明暗が分かれるのも、人の死の不思議さであろう。関ヶ原合戦で敗北した石田三成、小西行長、宇喜多秀家。彼らは一斉に戦場から離脱した。ところが、運悪く三成と行長は捕まって首を切られ、秀家はうまく逃げおおせた。しかしその後、秀家は八丈島に遠島となり、貧困生活を送りながら四代将軍家綱の時代まで生きながらえてしまった。同じ関ヶ原の敗戦武将でも、死に様がかくも違っているのは、なんとも興味深いではないか。

歴戦の猛将であっても、必ずしも戦場で死ぬわけではない。北条早雲、前田利家、徳川家康、伊達政宗、立花宗茂などは、天寿を全うして畳の上で大往生している。

また、本人が死んでも子孫や御家は続いていく。だから、残りゆく者のために家訓を残したり、準備を整えておくことは大事である。その点、毛利元就や北条氏綱は利巧だった。

以上、本書で紹介した四十人の武将たちの臨終は、まさに千差万別であった。が、人は必ず死を迎える。きっと戦国武将の死に様は、読者諸氏にとって大いに参考になるはずだ。

二〇二五年二月　河合　敦

目次

はじめに……5
北条早雲（1456〜1519）享年64……12
北条氏綱（1487〜1541）享年55……18
斎藤道三（1494〜1556）享年63……24
毛利元就（1497〜1571）享年75……32
松永久秀（1510〜1577）享年68……42
今川義元（1519〜1560）享年42……48
武田信玄（1521〜1573）享年53……54

柴田勝家（1522～1583）享年62 …… 64
三好長慶（1522～1564）享年43 …… 74
明智光秀（1528～1582）享年55 …… 80
龍造寺隆信（1529～1584）享年56 …… 90
上杉謙信（1530～1578）享年49 …… 100
大友宗麟（1530～1587）享年58 …… 106
織田信長（1534～1582）享年49 …… 112
豊臣秀吉（1537～1598）享年62 …… 122
前田利家（1538～1599）享年62 …… 136
長宗我部元親（1539～1599）享年61 …… 146
徳川家康（1542～1616）享年75 …… 152
竹中半兵衛（1544～1579）享年36 …… 166

浅井長政（1545〜1573）享年29……172
山中鹿介（1545〜1578）享年34……182
武田勝頼（1546〜1582）享年37……192
黒田官兵衛（1546〜1604）享年59……202
高橋紹運（1548〜1586）享年39……212
高山右近（1552〜1615）享年64……218
織田信忠（1557〜1582）享年26……228
小西行長（1558〜1600）享年43……234
石田三成（1560〜1600）享年41……240
直江兼続（1560〜1619）享年60……250
加藤清正（1562〜1611）享年50……256
池田輝政（1564〜1613）享年50……266

伊達政宗（1567〜1636）享年70……272
真田信繁（1567〜1615）享年49……284
立花宗茂（1567〜1643）享年76……294
豊臣秀次（1568〜1595）享年28……304
宇喜多秀家（1572〜1655）享年84……314
長宗我部盛親（1575〜1615）享年41……320
徳川秀忠（1579〜1632）享年54……326
小早川秀秋（1582〜1602）享年21……332
豊臣秀頼（1593〜1615）享年23……338

おわりに……348

北条早雲《ほうじょうそううん》

辞世の句・名言

「よき友をもとめべきは手習学文の友なり。悪友をのぞくべきは碁将棋笛尺八の友なり」
「上下万民に対し、一言半句も虚言を申すべからず。そらごと言いつくればくせになりて、せせらるる也。人に頓とみかぎらるべし。人に糺され申しては、一期の恥と心得べきなり」
(「早雲寺殿二十一箇条」より)

生年
1456年
(康正2年)

没年
1519年9月8日
(永正16年8月15日)

享年
64

混乱に乗じて関東一帯を支配した、戦国大名の先駆け

プロフィール

戦国時代の初期に伊豆に進出し、後に関東の過半を支配した、早雲、氏綱、氏康、氏政、氏直ら5代にわたる北条家の初代。早雲の本名は、伊勢新九郎盛時《いせしんくろうもりとき》。「早雲」は法名で、自ら早雲を名乗ったことはなく、北条と名乗ったのも2代目の氏綱以降のこと。鎌倉時代の執権・北条氏と区別して、「後北条氏」と呼ばれる。妹(姉とも)が駿河守護の今川義忠の正室で、今川家の家督を巡る内紛を調停して伊豆興国寺城、小田原城を落とし、さらに相模国、武蔵国、安房国にも進出し、関東支配の礎を築いた。

＊

1476年(文明8年) 21歳 駿河の今川家の家督争いを調停する
1487年(文明19年) 32歳 興国寺城主(伊豆)となる
1491年(延徳3年) 36歳 出家して早雲庵宗瑞を名乗る
1493年(明応2年) 38歳 伊豆を平定、韮山城に移る
1496年(明応5年) 41歳 相模小田原の小田原城を奪取

1516年（永正13年）61歳　三崎城を攻略、相模三浦氏を滅ぼす
1519年（永正16年）64歳　韮山城で死去

早雲は京都の出身で足利義尚に仕えた

北条早雲は初めての戦国大名だと言われている。戦国大名とは、室町幕府の指示を受けずに広い領地（一国以上）を独自の力で支配する人物のことである。

意外なことだが、北条早雲は生前一度も自分のことをそう名乗ったことはない。早雲の本名は伊勢《いせ》新九郎《しんくろう》盛時《もりとき》といい、その後は出家して伊勢早雲庵宗瑞《そうずい》と称した。北条を名乗ったのは早雲の嫡男・氏綱からだ。関東にゆかりのある鎌倉幕府の執権・北条氏にちなんだのだろう。

早雲は、京都の出身である。先祖の伊勢氏は、室町幕府の財政の管理をしたり訴訟を取り扱う政所《まんどころ》の長官（執事）を代々務めてきた。早雲も九代将軍・足利義尚《よしひさ》の申次衆《もうしつぎしゅう》（秘書のような職）をしていたが、のちに駿河国へ下った。駿河の守護大名・今川義忠の妻になった早雲の姉妹が、息子（氏親）を生んだのだが、義忠の死後、家督争いが起こったからだ。早雲は援軍として駿河に赴き氏親を当主に据え、今川氏から興国寺城を与えられた。その後、将軍足利義澄《よしずみ》の命を受けて伊豆国を支配する茶々丸を征伐するため兵を出し、五

年後、茶々丸を倒して伊豆を平定した。以後、今川氏から離れて伊豆の支配者として君臨するようになった。そう、戦国大名の誕生である。

早雲は隣接する相模国へも勢力を拡大し、関東に力を持つ関東管領《かんれい》の上杉一族と争うようになったが、やがて、三浦半島の新井城を攻めて三浦道寸《どうすん》・義意《よしおき》父子を倒し、相模国をも手中にした。奸計《かんけい》で堅城《けんじょう》の小田原城を手に入れ息子の氏綱を城主としたが、当人はそのまま伊豆の韮山《にらやま》城におり、永正《えいしょう》十六年（一五一九）に城中で死去した。臨終の様子について記した一次史料（当時の手紙や日記）は皆無である。それだけではなく、江戸初期に成立した北条五代の軍記物語『北条記（小田原記）』にすら「伊豆城山の城にて逝去し給《たまう》。則当国修禅寺にて。一片の煙になし申ける」としか書かれていないのだ。武田信玄について記した『甲陽軍艦』などとは対照的だと言える。

なお、これまで早雲は八十八歳の長命を保ったと言われてきたが、研究の進展によって六十四歳で死去したことがわかっている。二十四歳という一世代も時期がずれるというのは非常に珍しく、若くして早雲は戦国大名として戦場を駆け巡っていたわけで、それまでの老人のイメージは大きく変わっていくことだろう。

早雲の作とされた家訓二十一箇条！

ところで戦国大名は、分国法や家訓を残すことが多いが、晩年に早雲も子孫や家臣に「早雲寺殿二十一箇条」と呼ばれる家訓を残したとされ、今でも日本史の教科書に明記されている。その内容をいくつか紹介していこう。

「朝は早く起きなさい。そうしないと家臣も気が緩みます。夜は八時頃までには寝て、早朝に起きて午前六時には出仕し、時間を有効に使いなさい。夜中に無用な雑談はすべきではない。明かりをとる薪が無駄になります。

無駄遣いや大声を出すなど乱暴な態度をとってはいけない。素直で正直な心を持ち、上の者を敬い、下の者を思いやりなさい。

他人より立派な服や武器は必要ありません。見苦しくなければそれで良いのです。贅沢もいけません。とはいえ、身だしなみには気をつけなさい。見苦しい服装で人と会ってはいけない。

常に本を懐に入れ、少しでも時間があれば読みなさい。

上下万民に対して、一言一句、嘘をついてはなりません。ありのままでいることです。嘘はくせになります。嘘を言うことに馴れてしまうと、仲間から見放されます。人に嘘を指摘されるのは、一生の恥だと心得なさい。

良い友だちを選びなさい。良友とは、よく学問に励む人物です。悪友は碁や将棋、笛や尺八など遊興にうつつを抜かす者です。こんなことは知らなくても恥になりません。人の善悪は友だちによって決まるので、遊んでばかりいる友は選んではなりません」

含蓄のある言葉で、今でも教訓として十分役立つ内容だろう。

だが、この「早雲寺殿二十一箇条」が早雲作であるか否かを疑う学者は少なくない。ただ、作成したのは北条氏関係者であり、北条一族や家臣の中で教訓として重んじられてきた可能性はあるようだ。

なお、早雲が亡くなる一年前の永正十五年（一五一八）、初めて虎の印判が北条領内で用いられている。「虎の印判はその後五代まで引き継がれ、北条家当主の発給する公的な文書に押された。この印判は個人に属する私的な印判ではなく、代々の北条家当主に属す家印として当主は戦場の際も携帯」（池上裕子著『日本史リブレット人０４２　北条早雲新しい時代の扉を押し開けた人』山川出版社）するものだったという。

同年、北条氏は国法を定めたが、そこには領民（百姓）の税や義務が記され、その数量を超えた場合、北条氏がきちんと代金を支払うことを明言。さらに「どんな少事でもまず虎朱印状で、定めて申しつけるので、それがなければ、たとえ郡代や代官の文書があっても応じてはならない、もし不法に申しつける者がいたら、その名前を記して北条氏に直訴」（前掲書）しろと定めている。

戦国大名自身が家臣を通さず、直接領民に対し義務を課すと共に、不正をしないことを確約し、不法を訴える権利を認めるのは非常に珍しい。だからこそ、「百姓は北条領国《りょうごく》の百姓であるという意識をもち」（前掲書）、北条氏は五代にわたって百年繁栄し続けることになったのだろう。

池上氏は、「戦乱で荒廃した京都を目の当たりにした早雲だからこそ、そして都を離れて地方に新天地を求め、外来者として新しい領国を築き、その主となった早雲だからこそ生み出したものであった」（前掲書）と評している。まさにそのとおりだと思う。

北《ほう》条《じょう》氏《うじ》綱《つな》

辞世の句・名言

「勝って兜の緒を締めよ」（遺言）

生年
1487年
（長享元年）
没年
1541年8月10日
（天文10年7月19日）
享年
55

死に際して、嫡男・氏康に伝えた訓戒が名言として遺る

北条早雲の子として生まれる。後北条氏の関東覇権の基盤を築いた第2代当主。嫡男の北条氏康への遺言が、名言として有名。

＊

プロフィール

1496年（明応5年）10歳　父、早雲が小田原城を奪う
1523年（大永3年）37歳　早雲の死の4年後、伊勢から北条に氏を改姓。北条氏綱を名乗る
1525年（大永5年）39歳　岩付（岩槻）城を攻め落として、武蔵国南部も支配下に
1538年（天文7年）52歳　第一次国府台合戦で、小弓《おゆみ》公方（足利義明）と里見氏の連合軍を破り、下総国へ勢力を拡大
1540年（天文9年）54歳　戦火で焼失していた鎌倉・鶴岡八幡宮を再建
1541年（天文10年）55歳　病に倒れる

氏綱は嫡男・氏康に五カ条の遺言を！

百年続く小田原北条氏の繁栄の礎《いしずえ》を築いたのは北条氏綱であった。前述のとおり、実は父の早雲は、北条姓を名乗ったことがなく、伊勢氏を称していた。それを氏綱が鎌倉幕府の執権にあやかり、北条に姓を変えたのだ。自分をかつての関東の支配者になぞらえることで、支配の正統性をアピールするのが狙いだった。

また氏綱は、朝廷から従五位下《じゅごいげ》・左京大夫の位階《いかい》を獲得、関白・近衛尚通《このえひさみち》の娘・北の藤を正妻に迎えている。北の藤の妹は将軍足利義晴の正室なので、氏綱は室町将軍と義兄弟になったわけだ。さらに、古河公方《こがくぼう》・足利晴氏《はるうじ》から関東管領《かんれい》（古河公方を助けて関東を支配する職）に任じられた上、自分の娘（芳春院）を晴氏に嫁がせ、古河公方家の外戚にもなった。関東の武将たちは当時、朝廷の官位を尊び、貴族や将軍とつながる人間を貴種とあがめる傾向が強かった。だから氏綱は、このように何重にも権威をまとったのだ。

こうして氏綱は伊豆・相模に加えて武蔵、下総《しもうさ》、安房《あわ》、駿河《するが》などにも進出、大大名に成り上がったのである。

天文《てんぶん》十年（一五四一）七月十九日、氏綱は五十五年の生涯を閉じたが、亡くなる二カ月前、嫡男の氏康に五カ条の遺言（置書）を与えている。

以下、その内容を意訳して紹介しよう。

冒頭で氏綱は、

「氏康よ。お前は私より勝っていると思うので、いまさら言うことでもないが、古人の金言名句は聞いても忘れてしまうかもしれないが、親の書きとめたことなら覚えておいてくれるだろうと思ったので、あえて書いておく」

と記している。氏綱という人の奥ゆかしい人柄がよく表れている。

そして氏綱は、次のように遺言を語り出した。

「大将のお前だけでなく、家来にも義を守らせなさい。義に背く行いをしてはならない。たとえ一国、二国を支配下におさめても、義に背けば末代までの恥辱になるからだ。天運が尽き北条家が滅びたとしても、義理を違えぬよう心得ていれば、後世の人々に後ろ指を指されることはない。人の命なんてわずかの間のことだから、下卑《げび》た心を持たないようにしなさい。義を守って滅亡するのと、義を捨てて繁栄するのとは天地の違いがある。大将がそうした気持ちを持っていれば、家臣たちも義理を思うはず。無道《むどう》の行いをして利を得た者は、必ず天罰を受けるものです」

このように氏綱は、「北条が亡びてもいいから、後世に悪評が残る行為はするな」と諭している。御家の安泰より、北条氏の歴史的評価を優先させているのは驚きである。

倹約による富国強兵を説く氏綱

続いて氏綱は、

「家中から領民にいたるまで必要のない人間はいない。弁舌や才覚が優れていていても、武勇に秀でていない者もいる。逆に何をやらせてもダメでも、戦では勇敢な者もいる。だから誰一人、捨てるべき者はいない。役に立ちそうにないと見限っては、大将としては失格だ。狭い心を持ってはいけない。どんな者にも憐れみをかけなさい。役に立つか立たないかは、すべて大将次第。賢人は稀である。大将が見識を持っていなければ、賢人を見誤るだろう。大夫に笛を吹かせ、鼓を打たせては能は成立しない。大夫に舞はせ、笛や鼓は専門の者がおこなうべき。大将が家臣を召し使うというのは、このようにするものなのだ」

氏綱は氏康に、大将は家臣を見捨てず、各自の性向《せいこう》を見定め、適材適所に配置せよと教えているのだ。

さらに氏綱は、

「侍たる者は驕らず諂《へつら》わず、己の分を守るべき。五百貫取りの武士が千貫の者を真似てはならない。禄が天から降ってきたり、地から湧いてくるはずもない。凶作の年もあるだろうし、軍役が多い年もある。火事にあったり、養う親族が増えることもある。そうなれば千貫の武士も九百貫や八百貫に減ってしまう。なのに分を超えた生活をしようとすれば、農民に無理な税をかけたり、商人から利潤を吸い上げたり、博奕で稼ごうとするようになる。このように北条の家臣が贅沢をすれば借金がかさみ、領民は家や田畠を捨て他国へ走ってしまう。残った者たちも、武士に思い知らせてやろうと一揆を企むだろう。こうして国中が貧しくなり、大将のお前は弱くなる。よくよくそれを心得、とにかく家中に分を守らせ、贅沢をさせてはいけない」

このように、家中に分限《ぶんげん》を守らせる大切さを説いた。さらに第四条では、「万事、倹約を守るべし」と倹約の徹底を説いた。

「華麗な生活をするには、民から貪《むさぼ》る以外、費用の出所はない。倹約を守っていれば民を痛めることはなく、武士だけでなく百姓も富貴になる。国中が富貴であれば、軍は強くなり、合戦の勝利は疑いない。亡父・早雲殿は、小身《しょうしん》より立身し、天性の福人《ふくじん》と世間に称賛された。確かに天道の冥加《みょうが》（運が良い）とはいえ、栄達できたのは第一は倹約を守り、華麗を好まなかったからなのだ。早雲殿は、『武士は古風なるを良しとするものだ。当世風を好むのは軽薄者である』そう常々おっしゃっていた」

と、質素倹約による富国強兵が早雲以来の北条家の伝統だと述べ、最後に氏綱は、

「手際よく合戦で大勝利を得たのち、驕りの心が生まれて敵を侮り、あるいは、不行儀《ふぎょうぎ》な事をしでかすことが必ずある。これを慎みなさい。慢心によって昔からどれだけ多くの家が滅亡してきたことか。合戦だけではなく、この心構えは万事に通ずるものだ。勝って、甲の緒をしめよ、という事を忘れてはいけない」と語っている。

よく知られる「勝って兜の緒を締めよ」という慣用句は、この氏綱の遺訓（遺言）が初

出なのだ。

北条氏康は父・氏綱の遺言をよく守り、さらに領国を拡大、こうして早雲に始まる小田原北条氏は、百年間繁栄を続けることができたのである。

斎《さい》藤《とう》道《どう》三《さん》

辞世の句・名言

「捨ててだに　この世のほかは　なき物を
いづくかついの　すみかなりけむ」

生年
1494年（明応3年）

没年
1556年5月28日
（弘治2年4月20日）

享年
63

息子・義龍との戦いで、長良川畔で討ち死にした、元祖下剋上、戦国大名の草分け

プロフィール

一介の油売り商人から美濃国の主にまで成り上がったという伝説の戦国大名。実際は、親子二代の話だった。織田信長を高く評価して、娘の濃姫を嫁がせた。

＊

１５３０年（享禄３年）　37歳　長井長弘を殺害して長井家を乗っ取る
１５３９年（天文８年）　46歳　居城稲葉山城を大改築
１５４２年（天文11年）　49歳　大桑城を攻め、美濃国守となる
１５４９年（天文18年）　56歳　宿敵の尾張・織田信秀と和議し、その子・信長に娘の濃姫を嫁がせる
１５５６年（弘治２年）　63歳　息子・義龍との対立の果てに、義龍の軍勢と激突（長良川の戦い）。小真木（小牧）源太に首を取られ討ち死に

いずれ信長の軍門に降ると予言する道三

斎藤道三は、僧侶から油商人を経て美濃国《みののくに》守護である土岐《とき》氏の家臣となり、やがて主家《しゅか》を追い出し、美濃国を奪い取った梟雄《きょうゆう》とされてきた。ところが近年、実は親子二代にわたる人生が、いつの間にか一人の生涯に凝縮されたことが判明した。つまり、僧から土岐氏の重臣に栄達したのが道三の父（長井新左衛門尉長弘）で、その子・長井規秀（斎藤利政へと改名）が美濃一国を手に入れた道三本人というわけだ。

道三は天文《てんぶん》十八年（一五四九）、宿敵である尾張の織田信秀と和議を結び、娘の濃姫《のうひめ》を信秀の嫡男・信長に嫁がせた。

天文二十一年に信秀が亡くなって信長が家を継ぐと、道三は富田の正徳寺《しょうとくじ》で婿と初めて会見した。うわさ通りの「うつけ」かどうかを確かめるためだった。

太田牛一《おおたぎゅういち》の『信長公記《しんちょうこうき》』によれば、道三は一足先に会見場に出向いて街道筋の民家に潜み、やって来る信長一行をのぞき見した。この時、信長は猿使いのような奇抜な格好をしていたが、多数の鉄砲隊や長槍隊を引き連れていた。しかも正徳寺に到着すると屏風を巡らせ、きちんとした正装に着替え、道三の入室を待ったのである。

道三が室内に入ると、信長は柱に寄り掛かったまま、平然と無視してあらぬ方向を眺めている。

たまりかねた道三の家臣が、信長に近づき「こちらが斎藤山城守殿…」と言うと、「…であるか」と述べ、形式どおりの対面を終えたという。二十代前半の若者とは思えない図太さだった。この時、道三は「さてはこのごろ、たわけをわざと御作り候よ」（太田牛一著『信長公記』）と悟った。帰り道、家臣の猪子兵助《いのこひょうすけ》が道三に「やはり、たわけでしたね」と語りかけると、道三は「残念ながら私の息子たちは、そのたわけの門外に馬をつなぐ（服従する）ことになるだろう」と述べたという。

このように道三は信長と比較して我が子の凡才ぶりに失望したが、後にそんな我が子に滅ぼされることになるのである。

道三とその長男義龍が激突する！

会見から二年後の天文二十三年、道三は長男の義龍《よしたつ》に家督を譲り、居城の稲葉山城を引き払って山下に移った。まだ五十一歳だったこともあり、道三は義龍の後見人として家中の権限を握っていた。

だが、翌弘治《こうじ》元年、愚か者だと思っていた息子の義龍が驚くべき行動に出た。

義龍は重病だと偽って弟の孫四郎と喜平次を城に呼び寄せ、彼らを斬り殺したのである。しかも義龍は、その事実を山下に屋敷を構えていた道三にあえて伝えたのだ。

予想外の事態に仰天した道三は、すぐに屋敷を焼き払って立ち退き、手勢を率いて山県という山中へと撤収した。

義龍がこうした暴挙に出たのは、『信長公記』によれば、父の道三が義龍を愚か者だと考え、弟の孫四郎と喜平次を寵愛したのが原因だという。このため弟たちもおごり高ぶって兄の義龍を軽んじるようになり、とうとう義龍は我慢できなくなったのである。

江戸初期に成立した『江濃記《ごうのうき》』には、道三が「家督ニハ孫四郎ヲスベシ」と語っているのを知り、父や弟たちを倒す決意をしたのだとする。

また、将軍家光の寛永期に成立した『美濃国諸旧記《みののくにしょきゅうき》』は、義龍は道三の子ではなかったと記している。道三は主君・土岐頼芸《よりのり》から与えられた女性を正妻にしたが、すでに彼女はこの時、頼芸の子を宿しており、それが義龍だったというのだ。

義龍は、父が自分を冷遇し弟たちを可愛がるのを不思議に思い、近臣の日根野弘就《ひねのひろなり》らに悩みを打ち明けた。すると弘就は、「（あなたは）道三とは父子にあらず。君の為には臣下たり、其上御実父頼芸公、道三が為に国を奪われ給へば、御父の仇なり、君早く心を改め、父子の因を切つて、速《すみやか》に勢を集め、道三を誅《ちゅう》し給ふべし」と、道三が実の父でないことを教えられた上、実父頼芸の仇なので倒すべきだと慫慂《しょうよう》されたとする。

結果、義龍は弟たちを殺して道三との対決を決意したという。

この逸話に関して研究者たちは否定的である。しかし、江戸時代早くから語られている話なので、事実ではないかもしれないが、義龍がこうした噂をあえて流し、父殺しを正当化しようとした可能性はある。

　こうして美濃国の武士たちは道三方と義龍方に分裂するが、そのほとんどは義龍側に加担した。そして翌弘治二年四月、いよいよ長良川をはさんで決戦が行われた。義龍の拠る稲葉山城には多くの兵がはせ参じ、『美濃国諸旧記』によれば、その数は一万七千五百に達したという。一方、道三のもとには二千七百人しか集まってこなかった。義龍軍のわずか六分の一以下の軍勢であり、勝ち目がないのは明らかだった。

　戦いは、義龍軍の竹腰道塵六百名がまん丸になって斎藤道三の旗本隊に突入したことで始まった。合戦は混戦となったが、ついに竹腰隊は壊滅し道塵も討ち取られてしまった。道三は床几《しょうぎ》に腰掛け、その首を見て大いに満足したというが、まもなく義龍が大軍を率いて長良川を越え、道三の旗本隊へ押し寄せてきた。こうして激しい攻防になったが、この折、義龍方の長井忠左衛門が道三と猛烈な太刀打ちを演じ、その身体に抱きついて、生け捕りにしようとした。ところが次の瞬間、荒武者の小真木（小牧）源太が道三の脛《すね》をないで倒し、そのまま首をはねてしまったのである。なんともあっけない最期だった。

道三の要請で信長は援軍に向かう

なお、先に道三に組み付いたのに先を越されて無念に思った忠左衛門は、「後の証《あかし》のため」として道三の鼻を切り落として持ち去った。

やがて、義龍のもとに道三の首が届けられた。すると義龍はその首に向かって「身ヨリ出ル罪ナリ。吾ヲ恨ムベカラズ」（『江濃記』）と語りかけたという。こうして父子の戦いは終わりを告げた。

だが、もう少し戦いが長引いていれば、勝敗の行方は変わった可能性がある。実は信長が舅《しゅうと》の道三を救うべく、尾張から出陣して木曽川を越え、美濃国大良《おおら》（岐阜県羽島市正木町大浦新田）まで進撃していたからだ。いま少し道三が持ちこたえていれば、義龍を信長と挟撃できた可能性があった。

おそらく信長は、道三から知らせを受けて援軍に向かったものと思われる。『江濃記』によれば、一報した際、道三は娘婿の信長に対し、美濃一国を譲ると申し送ったという。その後道三は、長年肌身離さず持っていた本尊の入ったお守りと信長への譲り状を末子の新五郎に委ねた。さらに新五郎に宛てて「美濃国のことは織田上総介《かずさのすけ》信長の存分に任せる。譲り状を信長に渡しなさい。明日、いよいよ決戦に臨む。おまえは京都の妙覚寺《みょうかくじ》へのぼり、出家せよ。一子が出家すれば、代々一族は天に生まれるそうだ。私は明日、一戦を遂げて討ち死にするだろうが、成仏は疑いないはずだ」と記したという。

ただ、新五郎は出家せず、信長の義弟として織田家に仕えた。信長は新五郎を加治田《かじた》城主として斎藤氏の家督（当主）とみなした。新五郎は大変な勇将で、石山戦争や伊勢長島の一向一揆攻めなどでたびたび戦功をあげたが、本能寺の変の際、織田信忠と共に二条御所で奮戦し、討ち死にを遂げた。なお、別の道三の息子が妙覚寺に入り、出家して日饒《にちじょう》と称し、のちに同寺の十九世住職となった。道三の願いは成就されたわけだ。

義龍軍に押され撤退を決意する信長

信長が美濃国大良に着陣すると、早速、義龍軍が攻め込んできた。はじめは、足軽同士の戦いであったが、道三を討って勢いづいた義龍軍に押され、織田方の山口取手介と土方彦三郎が討ち取られた。馬上で義龍方の千石又一と渡り合っていた森可成《よしなり》も、脛を切られて引き下がらざるを得なくなった。

こうした状況の中、「道三、討ち死に」の確報が信長の耳に入った。

太田牛一《おおたぎゅういち》の『信長公記』によれば、いったん大良の本陣で態勢を整えた信長は、撤退を決意した。といっても敵は一万七千を超える大軍である。背後には木曽川という大河が横たわっていた。迫り来る敵をあしらいながら、渡河《とか》して退却するのは至難の業であった。ところが信長はこの時、自らが殿《しんがり》を務めると公言したのである。

そして輜重《しちょう》隊や兵を叱咤して河を渡らせた。勇んだ敵の騎馬兵が河原まで駆けてきたが、信長が鉄砲を放ったため、それ以上近づくことができなかった。そして相手がひるんだところを見計らい、信長は一艘だけ残しておいた船に乗り込み、渡河に成功したのである。だが、領国に戻ってみると、混乱状態になっていた。尾張上四郡の守護代であった岩倉城主・織田伊勢守信安が斎藤義龍の誘いに乗って裏切ったのだ。これにより、信長は国内の平定に力を向けなくてはいけなくなった。義父の敵討ちどころではなくなってしまったのである。ようやく信長が美濃に侵攻できるようになるのは、それから四年後、桶狭間合戦で今川義元を倒してからであった。

なお、斎藤道三の首は、哀れにも息子の義龍によって長良川のほとりに晒された。

後日、その首を丁重に葬ったのは、道三を討ち取った小真木（小牧）源太であった。『美濃国諸旧記』によれば、源太は幼少のころから道三に仕えていたが、主君が非道な振る舞いが多かったので、ずっと恨みに思っていたという。だから戦いが始まると、他の敵には目もくれず、戦場で道三だけを探し続け、ついに見つけて首を討ち取ったのだ。ただ、主従関係を結んだよしみを思い、義龍から首をもらい受けて埋葬したのだという。その場所は道三塚と呼ばれたが、長良川の氾濫により何度も崩れ、江戸時代の後半に現在の岐阜市長良福光の地に移された。

「自分の息子たちは、婿の信長のもとにひれ伏すことになるだろう」とその才能を見抜いた斎藤道三だったが、それが息子によって滅ぼされるとは、何とも皮肉なものである。

毛《もう》利《り》元《もと》就《なり》

辞世の句・名言

「友をえて猶そうれしき桜花
昨日にかはるけふの色香は」

生年
1497年4月16日
（明応6年3月14日）

没年
1571年7月6日
（元亀2年6月14日）

享年
75

晩年に三人の息子たちへ、兄弟の和を諭した西国の最大の知将

プロフィール

安芸の国人領主・毛利弘元の次男として生まれ、陶晴賢、尼子義久を打ち破り中国地方最大の戦国大名となった。元就が臨終に際して長男の毛利隆元、次男・吉川元春、三男・小早川隆景の三人の息子たちに語ったといわれる「1本の矢はたやすく折れるが、三本の矢を束ねれば折れにくい」と、3人が結束して毛利家を支えることを諭した「三矢《みつや》の訓《おしえ》」が有名。ただし、この話は史実ではない。

＊

1517年（永正14年）　21歳　安芸国守護・武田元繁と有田で戦い初陣で勝利する

1554年（天文23年）　58歳　周防など西国七カ国の守護だった大内義隆を自害に追いやった元家老の陶晴賢に叛旗《はんき》を翻し、陶氏と絶縁

1555年（弘治元年）　59歳　安芸国厳島で陶晴賢と戦い（厳島合戦）勝利する

1562年（永禄5年）66歳　尼子氏征伐に大軍で出陣
1566年（永禄9年）70歳　月山富田城を包囲して兵糧攻めに持ち込む（月山富田城の戦い）。尼子氏を屈服させ尼子義久ら三兄弟を毛利の領地に幽閉、中国地方の覇者となる
1571年（元亀2年）75歳　病に冒され吉田郡山城で息を引き取る

元就は息子たちに教訓状を与えた

毛利元就は、安芸《あき》の国人《こくじん》（有力武士。国衆《くにしゅう》とも）から中国地方の大大名に成り上がった戦国時代の英雄である。

そんな元就の臨終といえば、「三矢の訓《みつやのおしえ》」がよく知られている。Jリーグのサンフレッチェ広島の由来になったり、安倍晋三内閣のアベノミクスの三本の矢など、今もそれに関連した名称が使われることが多い。

そこで、改めて「三矢の訓」の話を簡単に紹介しよう。

元就はいよいよ亡くなるという時、病床に三人の息子たちを呼びつけ、それぞれに一本ずつ矢を与え、折るように言った。三人が難なく矢を折ると、今度は束ねた三本の矢を折るよう命じる。だが、誰も折ることができない。

それを見た元就は息子たちに向かって「どうだ。たやすく折れる矢も、三本束になると折ることができぬもの。だから、兄弟三人の結束が大事なのだ。私が死んだあとは、三人が力を合わせて毛利家を守りなさい」と諭《さと》したという内容だ。

だが、この逸話は、もともと中国の古典などにある話で、それを毛利元就と結び付けたのである。

おそらくそれは、元就が六十一歳の時に息子たち（毛利隆元、吉川《きっかわ》元春、小早川隆景）に教訓状を与えたので、後に元就の逸話として「三矢の訓」が付会《ふかい》したのだろう。

ちなみに元就の教訓状には矢という語は記されていない。そもそも、この時三男の隆景ですら、三十五歳の壮年になっているわけだから、こんな幼稚な矢の話をしても心に響かないだろう。教訓状は十四箇条に及ぶもので、以下のような内容だった。

「おまえたちは、毛利の苗字が末代まで廃《すた》れないよう心掛けなくてはならない。元春と隆景は他家を継いでいるが、それは一時的なことであるから、毛利の二字を決しておろそかにしたり、忘れてはならない。もしおまえたちが協力していかなければ、毛利家は弱くなって三人とも滅亡するだろう。元春と隆景はしっかり兄の隆元の命に従い、これを助けなさい。隆元も二人の弟を親のような大きな気持ちで慈しむこと。兄弟が仲良く結束することは、おまえたちの母親で亡き妙玖《みょうきゅう》の願いでもあり、よい弔いになろうし、長く毛利家が保たれるはずだ」

兄弟の団結なくば毛利は滅亡する！

このほか、興味深いことも教訓状に記している。

「私は思いの外、多くの人を殺してしまったので、いずれ、その報いを受けるであろう」（五條小枝子著『戦国大名毛利家の英才教育』吉川弘文館）とか、「武勇も、度胸も、知恵才覚も人より優れているわけでもないのに、どういうわけか、戦乱の世をすり抜けてこられた」（前掲書）と述べているのだ。また、厳島の戦いで陶晴賢《すえはるかた》の大軍に勝利できたのも、厳島神社を信仰していたお蔭だと謙遜し、厳島神社を信仰するように勧めている。

戦国の英雄とは思えぬほどの謙虚さを持っているのだ。

ともあれ、教訓状で元就が一番言いたかったのは、「兄弟の団結がなければ毛利は滅亡する」ということであった。

しかしながら期待していた嫡男の隆元は、四十一歳の若さで急死してしまう。六十七歳の高齢で跡継ぎを失った元就の気持ちは察して余りある。

以後、元就は隆元の長男で十一歳の嫡孫の輝元を毛利家の跡継ぎと決め、彼が十三歳で元服したあとは自分のもとにおいてスパルタ教育をした。

輝元が十五歳になった時、七十一歳の元就は家督を譲って隠居しようとした。ところが輝元が「私はまだ十五歳。とても当主は無理です。あなたが隠退するなら、一緒に付いていきます」と猛反対。このため元就は隠居を撤回せざるを得なくなった。とはいえ、自分の命は長くないのだから、死後の輝元の補佐体制を作らねばならない。こうして元就は、吉川元春と小早川隆景の毛利両川《りょうせん》に、重臣の福原貞俊と口羽通良《くちばみちよし》の御四人《おんよにん》制を「毛利氏の最高意思決定機関」（前掲書）とする支配体制を整えたのである。

また、輝元の教育については、輝元の生母・尾崎局に指示を与え、彼女から本人に伝えるという手法を用いるようになった。

たとえば元就は、輝元の酒量が多いのを知り、尾崎局に「小さなお椀に一杯や二杯程度なら心配はありません。中くらいの椀に二杯も飲めば、人も（酔って）身体の器官の働きが失われるものですから、何とかしてお膳を取り下げるということです」（前掲書）と諭させている。

実は元就の祖父は三十三歳、父は三十九歳、兄は二十四歳で亡くなっていて、元就はその原因を酒の飲み過ぎだと考えていた。自分が長生きしているのは下戸だからであり、酒さえ飲まなければ、人は八十歳まで健康でいられると信じていたのである。実際、七十一歳で息子（のちの小早川秀包《ひでかね》）をもうけるほど、あちらのほうも元気だった。

だが、そんな元就もいよいよ人生の幕を閉じる時が訪れる。

七十三歳の時に病にかかり、以後、元就は自ら戦場に出向くことはなくなり、嫡孫の輝元や次男の吉川元春、小早川隆景らに指揮を委ねるようになった。

元就の病は重篤となり、輝元と隆景は戻る

元亀《げんき》元年（一五七〇）九月、元就の病は重篤となった。そこで尼子氏と戦うため出雲へ出陣していた輝元と隆景は、急ぎ元就のいる吉田城へ戻った。彼らの看病が効いたのか、快方に向かっていった。この時期に元就が書いた手紙には、「もう長くない。なんともくたびれてしまった」とあり、かなり体力を消耗していたことがわかる。ただ、どんな病なのかが判明していない。

当時の書簡や古記録には、「虫気《むしけ》」とある。「虫気」は寄生虫などによる腹痛を指す。そんな腹痛が何度か繰り返し起こり、四度目に死去したとあるから、脳卒中か何かの発作のようなものだったかもしれない。いずれにせよ、七十四歳なので何が原因で死亡してもおかしくなかった。

ともあれ、一時は重篤だった元就は、翌元亀二年三月には花見の宴を開くまでに回復している。

この時元就は、

「友をえて猶そうれしき桜花　昨日にかはるけふの色香は」（渡辺世祐監修『毛利元就卿伝』マツノ書店）

という歌を詠んでいる。

だが、それから二カ月後の五月、再び病気が重くなり、家臣が京都から医師を呼び寄せたり、僧侶に加持祈禱を行わせたりしたが、六月に入ってますます病状は進んでしまった。

このため、またも毛利輝元と小早川隆景は戦場から元就のために戻ってきた。ただ、次男の吉川元春は、元就の病床に赴かなかった。というより、見舞えなかったのである。中国地方の太守《たいしゅ》となった毛利氏だったが、出雲の尼子氏や備前の浦上氏、村上水軍の村上武吉《たけよし》や豊後の大友氏といった敵を相手に、当時も各地で激しい勢力争いを展開していた。だから、元春は出雲の陣中を離れることができなかったのである。

いよいよ病が篤《あつ》くなると、元就は枕元に息子たちや重臣を集め、彼らに向けて遺言を述べた。亡くなる数日前のことであった。

先祖代々の仕置き守るべしと説く元就

史料的価値の高い杉岡就房著『吉田物語』（長周叢書）には、その時の遺言が記されているが、かなり長文なので割愛しつつ、現代語訳にして紹介しよう。

「私は早世した甥・幸松殿にかわって毛利本家を継ぎ、十カ国余りを切り取った。結果、中国地方は申すに及ばず、畿内・四国・九州の武将まで使者を送ってくるようになった。だが、この栄達は私の手柄ではなく、一門、家老、家中の手柄である。ゆえに四カ国を手に入れたのち、私は重臣から足軽に至るまで、よくよくその業績を吟味してすべての者たちに加増した。さらに尼子氏を従え、七国を手に入れた時も同じように加増した。ゆえに今後も多くの国を従えた時には、一族・家老以下、すべての家臣に加増しなさい。ただ、大身《たいしん》の者や親族縁者、側近の手柄は、大将には良く聞こえるものである。逆に外様の武将や小身《しょうしん》なる侍の手柄は、上が中に、中が下になりがちだ。きちんと穿鑿《せんさく》して知行《ちぎょう》を与えないと、外様たちは命をかけて手柄をあげても無駄だと思い、家中の者たちも大将を怨むようになる。そうなってしまっては、毛利家は滅亡してしまうだろう。よくそれを心得ておきなさい。また、手柄をあげてもなるべく褒美の品で済ませ、多くの戦功をあげた者だけに知行を増やすようにせよ。

とはいえ今後は合戦も稀になり、戦いで手柄を立てる機会は減るだろう。だから、常の奉公であっても、忠信を尽くし諸人の上に置いても欠点がないと思う人物には、惜しみなく加増して取り立てなさい。

先祖からの仕置き（政治や法律など）を自分勝手に新しく変えてはならない。それは大将の奢《おご》りである。昔のやり方は古くさい。当世流が良いのだと改変し、諸士や民の憂いや困窮もわきまえず、屋敷を作ったり遊興を好み色に耽り、何事につけても金銀を費やすことは先祖に対して大不孝である。そんなことをすれば天道に憎まれ、神仏の罰をこうむり、家は滅亡して悪名が残るだろう。

家老たる者は、そうした奢りを主君に持たせないようにしろ。主君が間違った時は、これを諫《いさ》め、家臣や民が困窮しないようにしなくてはならない。かりそめにも家臣たちに主君を怨ませてはならない。また、良い人物を選んで主君の側近に取り立てるのが誠に忠臣なのだ」

このように元就は、当主の家臣に対する加増のあり方、先祖代々の仕置きを守ること、家老の主君への奉公の心得を説き、元亀二年六月十四日に七十五歳で逝去したのである。

遺体はその日の夜に吉田郡山城のふもとにある大通院に移され、初七日にあたる二十日に葬儀が行われた。法号は元就が私淑していた竺雲恵心が「日頼洞春大居士」と名付けた。幼い頃から元就が日輪（太陽）を信仰し、毎朝、朝日を拝んでいたからだとされる。その後、元就の遺体は荼毘《だび》に付された。この折、沈香（香木）を積んで火葬したので、辺りに良い香りが漂ったと伝えられる。遺骨は大通院境内に埋葬され、それから三年後、洞春寺が建立された。

毛利家は関ヶ原合戦後、大減封されて拠点を長州の萩に移すが、墓所はそのまま芸州《げいしゅう》（広島）に転封《てんぽう》してきた浅野家によって手厚く保護された。

松《まつ》永《なが》久《ひさ》秀《ひで》

辞世の句・名言

「平蜘蛛の釜とわしの白髪首の二つはお目にかけたくない」

生年
1510年（永正7年）※1508年（永正5年）説もあり

没年
1577年11月19日（天正5年10月10日）

享年
68

「信長を裏切り、信長が所望した天下の名茶器と共に爆死??」

プロフィール

京都の商人、阿波の農民など出自は諸説ある。三好長慶に仕え、次第に三好政権内で勢力を蓄えた。長慶の死後、三好三人衆と組んで室町幕府第十三代将軍・足利義輝の暗殺にかかわったとされる。また東大寺大仏殿焼失にも関与したとされ、梟雄、悪人と言われた。一方では、茶人、文化人としても評価される。織田信長が足利義昭を奉じて上洛した時には信長に仕えたが、石山本願寺攻めの時、突如任務を放棄して信長を裏切った。2万の大軍が送られ、孤立した久秀は信貴山城に立て籠もり、信長の説得も聞かず名茶器・平蜘蛛の茶釜を叩き割り、自ら城に火を放って自害したともされるが……。

＊

1560年（永禄3年）　51歳　興福寺を破って大和一国を統一。信貴山城を居城とする

1565年（永禄8年）　56歳　息子の久通と三好義継、三好三人衆が軍勢を率いて上洛、室町御所の足利義輝を襲撃して殺害

する（永禄の変）

1577年（天正5年）　68歳

信長を裏切り、信貴山城に立て籠もり名物の茶釜に爆薬を詰めこんで日本史上、最初の爆死といわれるが……

将軍と主君を殺し大仏殿を焼いた久秀

戦国大名の中で、松永久秀ほど劇的な最期を遂げた武将はいないだろう。謀反《むほん》を起こした久秀に対し信長は「平蜘蛛《ひらぐも》の茶釜を渡せば許してやる」と申し入れたが、久秀は茶釜を粉々に砕き、周りに火薬をまいて爆死したのである。ドラマや映画でもよく登場するシーンなので、知っている読者も多いだろう。

だが、その死に様は果たして事実なのか。それについて検証してみたい。

松永久秀の前半生は、よくわかっていない。いつの間にか、畿内《きない》を制圧した三好長慶《みよしながよし》の家臣に抜擢され、京都支配の一端を担うようになる。室町幕府の十三代将軍・足利義輝にも仕えていたようだ。信長が足利義昭を率いて上洛すると、久秀は名茶器「九十九髪茄子《つくもかみなす》」を献上して本領を安堵《あんど》された。以降、信長は茶器に強い関心を寄せ、名器狩りを行い、茶を政道に利用するようになった。

天正《てんしょう》五年（一五七七）八月、久秀は信長に叛旗《はんき》を翻した。石山本願寺攻めの最中、息子・久通《ひさみち》と共に天王寺の陣所《じんしょ》を引き払い、信貴山城《しぎさんじょう》に立て籠もったのだ。信長が自分の宿敵である筒井順慶に大和守護職を与えたことが理由だとされる。久秀にとって順慶は、大和の支配を巡って長年争ってきた仇敵であり、この措置は許しがたいことだったのだろう。

前年、毛利水軍が織田水軍を撃破しており、再び来攻すると噂されていた。越後の上杉謙信も上洛するという情報があった。だから籠城していれば、上杉軍や毛利軍が信長を駆逐すると判断したのかもしれない。が、毛利軍は動かず、謙信も上洛してこなかった。

久秀といえば、梟雄《きょうゆう》として有名だ。信長は徳川家康に久秀を次のように紹介したという。

「この者は将軍を弑《しい》し、主君の三好に叛《そむ》き、南都の大仏殿を焼いた。この三事はいずれも為し難きことなのに、久秀はそれを一人でやったのだ」（『織田信長譜《ふ》』林羅山編）

ずいぶんひどい紹介の仕方もあったものだが、このように久秀は江戸初期の段階で、将軍足利義輝を殺し、主君の三好長慶を毒殺し、東大寺の大仏殿を焼き払ったと考えられていた。ただ近年は、将軍の弑逆《しいぎゃく》（主君や親を殺すこと）は久秀の子・久通や三好三人衆の仕業であり、長慶の暗殺や大仏の焼き討ちも濡れ衣だという説が有力になりつつある。

とはいえ、大仏の焼き討ちについては、当時から久秀の仕業と信じられていた。興福寺の多門院英俊《たもんいんえいしゅん》は、久秀が死んだ翌日、その日記に次のように記している。

「昨夜、信貴山城に自ら火をつけて松永父子が切腹した。今日、久秀らの首が安土城に届けられた。ちょうど昨年の十月十日は大仏が焼けた日だ。しかもその翌日、雨が強く降ってすぐにやんだが、今日も同じように雨が強く降ってやんだ。何とも不思議なことである」

自害を前に久秀は頂頭に灸を据えた

太田牛一《おおたぎゅういち》の『信長公記』（江戸初期の成立）も、久秀が十月十日に猛火の中で果てたことについて「偏《ひとえ》に是れ、松永の云為《うんい》を以て」、「其の因果、忽《たちま》ち歴然にて」、「大仏殿炎焼の月日時刻易《かわ》らざる事、春日明神の所為なりと、諸人舌を巻く」（桑田忠親校注『改訂信長公記』新人物往来社）と記している。著者の太田は織田家の家老・丹羽長秀に仕えており、久秀没時は五十歳ぐらい。『信長公記』は太田の日記やメモなどを基に書いたとされ、信憑性が高い。

さて、太田は誰に聞いたのか、『信長公記』は英俊の日記より久秀の最期を詳しく記している。「松永、天主に火を懸け、焼死候」、「已れと猛火の中に入り、部類・眷属一座に焼き死に」とあり、天守にいた久秀は、建物に火をつけた後、自ら猛火へ飛び入り、それに一族が続いたようだ。

ただ、平蜘蛛の茶釜を砕いたことや爆死に関しては登場しない。

その記述が登場するのは、江戸初期に成立した『川角太閤記《かわすみたいこうき》』である。同書には、「平蜘蛛の釜と私の首は、信長に見せたくないと、平蜘蛛の釜を微塵に打ち割った。さらに、自分の死後、頸を鉄砲の火薬で焼いた上、微塵に砕かせたので、茶釜と同じようになった」とある。ただ、著者の川角三郎右衛門《かわずみさぶろうえもん》は、田中吉政に仕えた武将で、織田家にいたわけではない。このため『川角太閤記』は良質の資料とされるが、久秀の死の記述は信用できない。そもそも、首を砕いても茶釜と同じようになるはずがない。

なお、先述の『織田信長譜』では、久秀の最期の様子はますます詳細になる。信貴山城を囲む織田信忠《のぶただ》（信長の嫡男）は久秀に使いを送り、「降伏すれば許してやろう」と申し入れたが、久秀はたとえ骨になっても信長には謁見《えっけん》しないと述べ、信長が欲しがっていた平蜘蛛の茶釜を打ち砕いて溜飲を下げたとある。

さらに後に成立した『備前老人物語』には、切腹を決意した久秀は、自害するに及んで頂頭に灸を据《す》えた。不思議に思った家臣が理由を尋ねると、「俺は常々健康のために灸を据えてきた。もし死に際して中風などの発作を起こし、腹切りに失敗したら笑い者になるではないか」と答えたという。

このように、どんどんと尾ひれがついて、死に様が詳細になることがわかる。これらは基本的に脚色と考えるべきだろう。そもそも爆死なんて、当時はあり得ない。当時の火薬の威力では、周囲が吹き飛ぶような大爆発などあり得ないのである。おそらく爆死は、

『川角太閤記』の記述が基になって、近代に入って脚色されたのだろう。

これらを勘案すれば、実際には織田の大軍に囲まれた松永久秀は、自分の首を渡さぬよう、建物に火を放って自刃して果てただけなのだろう。真実とはつまらないものだ。

ただ、その死に方は、五年後の本能寺における信長と奇《く》しくも同じだった。しかも本能寺の焼け跡からは、松永久秀が、かつて献上した九十九髪茄子が拾い出され、豊臣秀吉に献上されている。

今《いま》川《がわ》義《よし》元《もと》

辞世の句・名言

「夏山の　茂みふきわけ　もる月は
風のひまこそ　曇りなりけれ」

生年
1519年
（永正16年）
没年
1560年6月12日
（永禄3年5月19日）
享年
42

桶狭間で急襲した武士を斬りつけるも、その隙に槍で突かれ首を取られた「海道一の弓取り」

プロフィール

足利将軍家の分家である名門今川家に生まれた。駿河、遠江、三河3国を支配し、「海道一の弓取り」と言われ、武田、北条氏との同盟を結んだ。尾張に侵攻した際、桶狭間の戦いで織田信長に敗れ討ち死にする。

＊

1537年（天文6年）　19歳　甲斐国の守護・武田信虎の娘（定恵院）を正室に迎え、武田氏と同盟を結ぶ（甲駿同盟）

1549年（天文18年）　31歳　織田家の人質となっていた松平竹千代（当時8歳、後の徳川家康）を人質交換で手に入れる

1554年（天文23年）　36歳　息子の今川氏真の嫁に北条氏康の娘（早川殿）を迎える。武田氏と北条氏と結んで甲相駿三国同盟を結成

1560年（永禄3年）　42歳　4万5千の軍を率いて尾張国への侵攻を開始するも、桶狭間で織田信長軍に急襲され、首級を

……取られた

今川勢四万五千！　対する織田は二千

今川氏は、室町幕府の将軍家足利氏と祖を同じくする名家で、将軍家一門として遇されてきた。代々、駿河《するが》国の守護を務め、今川義元は十一代目当主だった。義元は戦国大名として駿河・遠江《とおとうみ》に加え、松平元康（家康）を人質にして三河国を制し、さらに尾張にまで領土を拡張していった。

ところが、永禄《えいろく》三年（一五六〇）五月、大軍を率いて尾張へ攻め込んだ際、桶狭間《おけはざま》においてまさかの織田信長の軍勢に敗れ、命を落としてしまったのである。『信長公記』によれば、今川勢は四万五千（異説あり）、対して信長の軍勢は二千に満たなかったというから、驚くべき大番狂わせだった。

尾張国の鳴海城や大高城は今川方の城だったが、この時期、信長が二城を奪うため、周辺に五つの砦を造った。これを知った義元が、救援にやって来たのだと言われる。

巷説《こうせつ》では、今川軍が次々と織田方の砦を落とし、油断した義元が桶狭間で休息している時、義元の本陣が見える高台から信長が豪雨にまぎれて桶狭間へ駆け下り、今川の旗印を蹴散らし義元の首を奪ったと言われてきた。

けれど近年は、『信長公記』の記述に「御敵今川義元は、四万五千引率し、おけはざま山に、人馬の休息これあり」（『信長公記』太田牛一著・桑田忠親校注　新人物往来社）と明記されていることから、義元は山の上に本陣を置いており、信長は二千の小勢を引き連れ、今川の大軍に向かって正面から堂々と山を駆け上っていったと考えられている。

そんな大敵に織田軍が勝てた理由について、『信長公記』は次の信長の言葉を紹介している。信長は兵士に向かって、

「各《おのおの》よくよく承《うけたまわ》り候へ。あの武者（今川の兵）、宵《よい》に兵粮《ひょうろう》つかひて、夜もすがら来たり、大高（城）へ兵粮を入れ、鷲津・丸根（織田方の砦）に手を砕き、辛労して、つかれたる武者なり。こなた（織田の兵）は新手なり」

つまり今川の兵は、はるばる駿河から尾張まで遠征してきた上、織田方の諸城を攻めて疲れ切っていた。対して、清須城から出てきたばかりの織田の兵は元気いっぱいだったのだ。とはいえ、だからといって二十倍以上の敵を打ち破るのは難しかろう。おそらく何か理由があったはずだが、これについては確かな史料は存在せず、研究者の意見もバラバラである。

義元の死から九年　名族今川は滅亡！

では、義元はどんな臨終を遂げたのだろうか。

『信長公記』によれば、義元の本陣に織田軍が乱入すると、すさまじい混戦となっている。織田の兵も次々討ち死にしてわずか五十騎ばかりとなったが、なんとその中に信長本人がおり、信長は馬から降りて若武者と共に先を競って、敵を突き伏せ、突き倒し、突進していったというのだ。

最初に義元を見つけたのは、服部小平太という武士だった。すぐさま義元に襲いかかるが、義元が膝口《ひざぐち》を斬りつけたので、たまらず小平太は転倒してしまった。この隙に毛利新介が義元のところへ駆け寄って打ち倒し、首を取ったのである。

信長は義元の首を見て「御満足斜めならず」（『信長公記』）と大いに満足したという。そして、「御馬の先に今川義元の首をもたせられ、」（前掲書）清須城に戻ったのである。翌日、城内で首実検をしたところ、なんと今川兵の首数《しゅきゅう》は三千余りあったという。

戦利品として手に入れた義元の刀（左文字という名刀）は、何度も試し切りをさせたあと、これを気に入った信長が自ら差すようになったと伝えられる。

ちなみに、『信長公記』によると、信長は義元の鞭と弓懸《ゆがけ》を持っていた同朋衆を捕まえたが、首実検のあと彼に豪華な太刀と脇差を与え、義元の首を持たせて駿河へ送り届けさせている。さらに清須城から二十町南の熱田へ通じる街道沿いに義元塚と称する塚を築かせ、千部経を読ませて大きな卒塔婆を立て供養したという。

ただ、史実としては、義元の首は岡部元信が駿河に持ち帰ったようだ。元信は今川軍が瓦解した後も、鳴海城を拠点にして信長に抵抗し続けていたが、講和交渉により、信長が義元の首を引き渡すことで鳴海城を織田軍に明け渡したのである。

駿河に戻った元信は、義元の首級《しゅきゅう》を臨済寺（静岡市）の前の池で洗い清めたというが、その池の水が水田に流れ込んだ。以後、そこで採れる米には必ず赤米が混じるようになり、義元の血が米を赤くするのだという伝説が生まれた。

また、義元の命日になると、池から流れ出る小川に羽根の真っ黒い蜻蛉《とんぼ》が群舞し、その川の蜆《しじみ》を食べると腹を壊すという言い伝えが生まれた。無念な死に方をしたから、人々は怨霊として、今川義元を恐れるようになったのであろう。

さて、五月十九日に討ち死にした今川義元の葬儀は、臨済寺において盛大に執行された。法名は「天沢寺殿四品前礼部侍郎秀峰哲公大居士」。その後義元の菩提寺が創建されたが、法名にちなんで天沢寺《てんたくじ》と命名された。だが明治時代になって天沢寺は廃寺となったため、義元の墓は、臨済寺に改葬された。

二〇二一年五月、そんな臨済寺で義元の葬儀について記した「天沢寺殿秉炬《でんひんこ》」という記録が発見された。当時の葬送儀礼は八つの過程があり、その一部（火葬のため棺に火をつける）を担った臨済寺の住職・東谷宗杲《とうこくしゅうこう》が書いたメモだと考えられている。宗杲はその後も生涯にわたって義元の供養をし続けたと伝えられる。

なお、今川家は当主の氏真がそのまま領国《りょうごく》を保持しようと努力するが、今川から離れて織田信長と結んだ家康が、甲斐の武田信玄と示し合わせて東西から遠江・駿河に侵攻、支えきれずに氏真は敗北し、小田原北条氏に保護されることになった。ここにおいて名族《めいぞく》・今川氏は実質的に滅亡したのである。義元の戦死から九年後のことであった。

武《たけ》田《だ》信《しん》玄《げん》

辞世の句・名言

「大ていは　地に任せて　肌骨好し
紅粉を塗らず　自ら風流」

生年
1521年12月1日
（大永元年11月3日）

没年
1573年5月13日
（元亀4年4月12日）

享年
53

「三方ヶ原で徳川軍を撃破して西上する途次、唐突に臨終を迎え、その死は3年間秘匿された」

プロフィール

「風林火山」の旗の下、ほとんど負け知らずで、甲斐の虎と畏れられた。「人は城、人は石垣、人は堀」などの名言のとおり人材を大切にし、ライバルの上杉謙信とは12年間で5度も川中島で戦うも、最終的に決着はつかないままに終わった。

＊

1541年（天文10年）　21歳　父の武田信虎を追放し、第19代目武田家当主となる

1542年（天文11年）　22歳　領土拡大を目指して信濃攻めを開始、諏訪を掌握する

1553年（天文22年）　33歳　北信濃に進出したことで、越後の上杉謙信と川中島で対戦。以後、1564年（永禄7年）までの12年間で5度の合戦を繰り返す

1554年（天文23年）　34歳　武田信玄（甲斐）・北条氏康（相模）・今川義元（駿河）の3者による甲相駿三国同盟を結ぶ

1572年（元亀3年）52歳
石山本願寺などの要請を受け、上洛するために西進を開始、三方ヶ原の戦いで徳川家康を撃破。家康は浜松城に逃げ帰った

1573年（元亀4年）53歳
2月に野田城を攻略するも、信玄は体調を崩した。甲斐への撤退を命じ、その帰途、信濃国駒場で死去した

信玄の病は悪化し軍事行動は停止!!

元亀《げんき》三年（一五七二）十月三日、武田信玄は約三万（諸説あり）の大軍を率いて徳川家康の領内へ侵攻を始めた。その後は京都へ上って織田信長に痛撃を与えようとしたとか、信長の本拠地・美濃国を制圧しようとしたと考えられている。ともあれ武田の本隊は、信長と盟約を結ぶ家康領（遠江国《とおとうみのくに》）へ入り込み、次々と城や砦を落とし、十二月二十一日、家康の居城である浜松城へと迫った。ところが、浜松城を包囲せずに手前で進路を変更、西（三河方面）へと進み始めたのだ。

この時、徳川方の軍勢は信長の援軍を併せても一万一千人。武田軍の半数にも満たない。にもかかわらず、家康は城から出て追撃を始めたのだ。

案の定、翌二十二日の三方ヶ原の戦いは、家康の惨敗に終わった。

けれど信玄は、家康が逃げ戻った浜松城は包囲せず、遠江国刑部《おさかべ》という場所で数日間滞在して越年すると、正月早々から三河国へ侵入して徳川方の野田城を攻め立てたのである。家康は吉田城まで後詰《ごづ》め（先陣の後に控える）に赴いたが、指をくわえたまま動くことができず、結局、二月初旬に野田城は陥落してしまった。信玄はまもなく近くの長篠城へ入ったが、その後、軍事行動は停止してしまう。

大将である信玄の体調が悪化してしまったのだ。

ここから先の出来事は、当時の手紙や日記では詳細を知ることができない。このため、江戸時代に成立した『甲陽軍鑑《こうようぐんかん》』（信玄のことを詳しく書いた軍学書）の記述に頼らざるを得ない。これまで同書の史料価値は低いとみなされてきたが、近年の研究により、その史料的な評価が高まっている。

そんな『甲陽軍鑑』によると、信玄は二月中旬に具合が悪くなっている。ただ、背中や腰に灸をすえたり、様々な薬を服用したことで、二月下旬には健康を取り戻したという。信玄の体調不良の事実は外部に漏れたようで、この頃、「信玄が野田城を攻めている時、鉄砲に当たって命を落とした」というデマが織田家や徳川家に流れている。

信玄の病は三月になると、再び悪化してしまう。この頃、信玄は庭の築山に生えている桜樹がようやく花を開かせたのを見て、次のような歌を詠んだ。

「太山木《みやまぎ》の其梢とはみへざりき　桜は花にあらはれにけり」（『甲陽軍鑑』）

深山の樹木だったのでわからなかったが、その梢に花が咲いて初めて、その木が桜だとわかったという意味である。つまり、桜の木は花が咲いて初めて、山の中でその美しさが際立つように、能力のある人はその機会を得ると力を発揮するという意味だ。

有象無象《うぞうむぞう》の戦国武将の中で、時を得て大軍で上洛し、己の強さを天下に見せつけようという気持ちを表したのだろうか。

ただ、この歌は信玄のオリジナルではなく、古歌であった。歌ったのは、以仁王《もちひとおう》を奉じて平氏打倒に立ち上がった源頼政だ。頼政の挙兵を機に源平の争乱が始まり、やがて平氏は滅び去るが、それ以前に頼政はあっけなく平氏に討伐されてしまっている。そういった意味では、これからの門出（天下取り）の歌としてはふさわしい気がしない。

一族と多くの人々に遺言を語り始める

いずれにせよ、歌を詠んだあと信玄は、「早々に陣触れせよ」と出陣の用意を急がせた。この頃、石山本願寺や越前の朝倉氏など、反信長勢力から連日のように上洛を求める要請が信玄のもとに届くようになった。

だが、信玄の病は回復することなく悪化の一途を辿り、誰の目にも本復《ほんぷく》の見込みがないことが明らかになった。

四月十一日未《ひつじ》の刻からは急に病状が悪化し、脈も速くなった。翌十二日の夜には口の中にはくさ（歯周病による歯茎の炎症か口内炎？）ができ、歯が五つも六つも抜けてしまい、ますます体力が落ち、ついに死脈（死にかけた時の弱い脈拍）があらわれた。

それでも信玄の意識は、はっきりしていた。ここにおいて信玄は、一族と譜代の侍大将などを集め、次のように語り出した。

「六年前に駿河《するが》へ出陣する際、侍医の板坂法印から『あなたは膈《かく》という病にかかっている』と言われた。この思いは、思いを巡らせ努力を重ね過ぎ、心がくたびれてしまうと患うそうだ。ちなみに私が若い時から弓矢を取っては日本一であるのは、他の武将と大きく異なるからだ。他の大名たちは同盟を結んで助け合ったり、もっぱら剛勇だけを頼んで誉れを得ようとしたり、大大名になってからも他の大名の武功に恐れをなして人質を差し出したりしている」

そう述べたあと、具体的に信長、家康、上杉謙信、毛利元就などの事例を挙げ、

「しかし、私は若い時から他国の武将を頼み、援軍を頼って戦ったことは一度もない。いったん囲んだ城の包囲を解いて撤収したこともない。味方の城を一つとして敵に奪われたこともない。本拠地の甲斐《かい》に城郭を作って用心することもなく、屋敷をかまえて居住しているだけだ」

と豪語し、北条氏の小田原城攻めや三方ヶ原合戦、信長が領する美濃への侵攻作戦を自

慢げに語った。

死に臨んでこれまでの武将人生が走馬灯のように脳裏をかすめていたのだろう。ひとしきり語ったあと、いよいよ武田信玄は、自分の亡きあとの武田家について詳細な遺言を語り始めた。

信玄は四男勝頼を跡目に指名せず!!

信玄は、自分の跡目には四男の勝頼ではなく、その息子で七歳の信勝（信玄の孫）を指名したのである。そして、彼が十六歳になった時、武田家の家督を正式に相続させるよう一同に申し渡した。また、勝頼が武田累代《るいだい》の旗、風林火山の孫子の旗、将軍地蔵の旗、八幡菩薩の旗を使用することを禁じ、これまで通り大文字の小旗を持てと厳命した。さらに、先祖伝来の諏訪法性《すわほっしょう》の兜は身に付けてかまわないが、信勝が十六歳になったら必ず引き渡すよう申し伝えたのである。

この折、信玄は勝頼に陣代《じんだい》を仰せつけている。陣代とは、当主に代わって合戦に出向いて指揮を執る役目だが、おそらく信勝を奉じて勝頼に武田家を率いさせようということだろう。ならば当主に据えてもよいのに、どうして信玄は勝頼を後継者（御屋形《おやかた》）としなかったのだろうか。

ちなみに、すでに信玄の長男・義信は、家臣の謀反《むほん》に加担したことで幽閉され、三十歳で病死している。次男は目が不自由で武田家の当主を務めるのは難しい。三男も夭折《ようせつ》していた。なので本来ならば、最年長の勝頼が家督を相続してしかるべきだった。

なのにそうしなかったのは、勝頼は敵の諏訪氏の娘から生まれた上、人間的にも未熟だったので、家臣たちの同意を得られないと考え、このような形をとったという説がある。けれど信玄の死後、勝頼が武田家の御屋形として振る舞っていることは、一次史料（当時の手紙や日記）から確認できる。そういった意味では、『甲陽軍鑑』が意図的に史実を歪めているという説も強い。ただ近年は、『甲陽軍鑑』の史料的価値が見直されており、やはりこの遺言は事実だったという説も出ている。まさに諸説が錯綜している状態だ。

信玄は遺言する！　三年の間死を隠せ

ともあれ『甲陽軍鑑』によれば、信玄は甥の典厩《てんきゅう》信豊と義理の息子・穴山信君《のぶただ》（梅雪《ばいせつ》）に対し「勝頼を屋形のように盛り立ててくれ。そして、信勝が十六歳になった暁には当主にしてほしい」と依頼。続けて「私の弔いは無用である。三年経ったら甲冑を着せて諏訪湖に沈めて欲しい」と遺言した。つまり、三年の間はその死を隠せというわけだ。当時、四方は敵だらけだったから、自分が死んだとわかれば領国に彼らがなだれ込んでくると心配したのだ。逆に「信玄わづらひなりといふ共、生て居たる間は、我持の国々へ手さす者は有間敷候《あるまじく》」(『甲陽軍鑑』)と確信していた。

だから、自分の死をごまかすため、信玄は己の花押《かおう》や朱印を押した白紙を多く作り、死後も書状を発給させ、さも生存しているように偽装させたのである。また、ごく少数の一族・重臣しか信玄の素顔を知らないことを利用し、弟の「逍遙軒《しょうようけん》を見て信玄は存命なりと申すべきは必定」(前掲書)だから、「お前は明朝、私のふりをし、発病したと称して甲府へ帰るように」と、逍遙軒(武田信廉《のぶかど》)に自分の影武者を演じるよう命じたのである。

『関八州古戦録』によると、「武田信玄死す」の噂がささやかれ始めた時、小田原城主・北条氏政は外交僧の板部岡江雪斎《いたべおかこうせっさい》を甲府の躑躅ヶ崎館《つつじがさきやかた》に派遣した。この時武田家では、逍遙軒を病臥《びょうが》させて屏風を引き回し、夜に江雪斎と対面させた。このため江雪斎は逍遙軒を信玄だと思い、「信玄は生きている」と氏政に報告したという。

また信玄は、勝頼に向けて「上杉謙信は立派な武将ゆえ、和議を結びなさい。若い勝頼を苦しめることはしないだろうし、頼りになる。私は大人げもなく謙信を頼らなかったが、彼は必ずおまえを大切にしてくれるだろう」と長年の宿敵に対して意外な評価を告げている。

対して、他の敵対大名については全く信用していない。

「もし信長が攻め込んできた時は難所に陣をかまえて長く対陣せよ。敵は大軍で遠征してきているので、織田の軍勢は大いにくたびれるはず。そうなれば、焦って無理な戦いを仕掛けてくる。それを好機として一撃を加えよ。家康も私が死んだと知ったら駿河に侵入してくるだろう。その時は徳川軍を駿河奥深くへ誘い入れ、討ち取ってしまえ。小田原の北条氏政は押しつぶすのに手間はかからないが、戦う心構えだけはしっかりしておけ。また、合戦にふけらずに信長と家康の果報が尽きるのを待て。私が手に入れた国々をしっかり守れ。わが身を飾り、栄耀に耽り、高慢になるな。敵が無理な戦いを仕掛けてきたら領内に巧みに引き入れ、一致団結して決戦を挑め」そう細々《こまごま》と戦術を語った。

そして一同に対して再度、「信玄が病気だといっても、生きているかぎり武田領に手を出す者はあるまじ。三年の間は深く慎め」と念を押した。

こうして四月十二日、五十三歳で息絶えたのである。亡くなった場所は諸説あるが、一般的には駒場（長野県下伊那郡阿智《あち》村）だとされる。武田家は遺言に従って信玄の死を秘したが、話し合いの末、信玄の遺体を諏訪湖に沈めるのは取りやめにした。ただ、逝去の噂はすぐに謙信など諸大名に漏れてしまった。それにしても五十三歳での死は、さぞかし信玄も無念だったろう。それは、いよいよ最期の時を迎えた時、夢うつつの状態の中で信玄が、重臣の山県三郎兵衛《べえ》に対して「明日はその方の旗を瀬田（滋賀県大津市）に立てろ」とうわごとを言ったことでもよくわかる。

柴《しば》田《た》勝《かつ》家《いえ》

辞世の句・名言

「夏のよの　夢路はかなき跡の名を
雲ゐにあげよ　山ほとゝぎす」

生年
1522年
（大永2年）
没年
1583年6月14日
（天正11年4月24日）
享年
62

「信長の死後、対立した羽柴秀吉に越前北ノ庄城を包囲され、妻とした信長の妹・お市の方と共に城に火を放って自害した」

プロフィール

出自は不明ながら、信長が当主になる前から織田家に仕え、信長のもとでも、さまざまな戦で武功を上げ、重臣となった。勇猛な戦ぶりで「鬼柴田」の異名をとった猛将。信長が本能寺で自害したあと、織田の後継者争い（清洲会議）で秀吉と対立、賤ケ岳の戦いで秀吉に敗れ、妻のお市の方と共に北ノ庄城で自害する。

＊

1580年（天正8年）　59歳　勝家は一向一揆の拠点・金沢御堂を攻め滅ぼし一向一揆を制圧。加賀を平定する

1582年（天正10年）　61歳　織田信長が本能寺で討たれる。この時勝家は、越中の魚津城を攻め落とし、信長の死を知って、光秀追討に向かった時には、すでに秀吉が中国大返しで明智光秀を討ったあとだった。

1583年（天正11年）　62歳　賤ヶ岳の戦いで、羽柴（秀吉）軍と激突するも、

柴田軍は北ノ庄城に敗走、羽柴軍に城を包囲され切腹

秀吉の強大化に我慢ならない勝家

本能寺の変の後、信長の遺領《いりょう》分配で織田家の宿老《しゅくろう》・柴田勝家は越前八郡（四十九万石）、さらに羽柴秀吉の領する長浜城を中心とする近江三郡を得た。しかし一方で、信長の仇を討った秀吉は、山城と丹波の二国を獲得、河内の一部も手に入れた。これにより秀吉の勢力は一気に膨張した。こうした秀吉の強大化に我慢ならない勝家は、信長の三男・信孝や滝川一益《かずます》と結んで秀吉と対立するようになった。

最初に動いたのは、秀吉のほうだった。天正《てんしょう》十年（一五八二）十二月になると、秀吉は五万の兵を率いて近江の長浜城を囲んだのである。

長浜城には、城代として勝家の養子・勝豊が入っていたが、勝豊は抵抗せずに城を開いてしまう。勝豊は、勝家に実子（権六《ごんろく》）が生まれると、勝家から疎んじられるようになっていた。だから、すんなり秀吉の調略《ちょうりゃく》に乗ったようだ。

同月中旬、秀吉は勝家と同盟を結ぶ信孝の岐阜城を攻めて降伏させた。秀吉が果敢な行動に出たのは、雪で動きのとれない越前の勝家を見越してのこと。

しかし翌天正十一年三月、雪解けを待って勝家が動き出す。二万八千の軍勢で北近江の内中尾山に陣を構え、周囲の別所山、林谷山、中谷山、行市山などに兵を配置したのだ。

そこで秀吉も佐和山城から長浜城を経て木ノ本に本陣を据え、長期戦を想定して周辺の東野山、堂木山、岩崎山、賤ヶ岳《しずがたけ》、田上山などに兵を分置《ぶんち》して柴田軍と対峙《たいじ》した。その数は二万五千程度だが、湖北や敦賀《つるが》にも兵を配置したので総勢六~七万となり、柴田軍を圧倒した。

だが、思いがけないことが起こった。いったん秀吉に降伏した織田信孝が、勝家の出陣に触発され叛旗《はんき》を翻したのである。そこで秀吉は四月十七日、二万の兵を率いて長浜城から大垣城へ入った。岐阜城の信孝を攻め潰すためである。

この動きを知った柴田方の佐久間盛政は、「秀吉不在の隙に中川清秀の大岩山を奇襲したい」と勝家に申し入れた。勝家は当初難色を示したが、たびたび盛政が求めてくるので、攻撃を終えたら速やかに帰陣するのを条件に攻撃を許可した。

勝家は、盛政が大岩山を攻撃し始めたら、遠征している秀吉が慌てて戻ってくると読み、そうさせることで秀吉本隊を疲弊させて勝機を見出そうとしたのだという。

二十日、盛政は八千を率いて集福寺坂から余呉湖の西を進んで尾野路浜へ出、大岩山へ攻め上った。戦いは未明から午前十時頃まで続き、将の中川清秀は討ち死にし、近くの岩崎山にいた高山右近も退いた。

戦勝に気をよくした盛政は、清秀の首を勝家に贈って出馬を促し、大岩山と岩崎山に兵を配置、翌日、近くの賤ヶ岳を攻める計画を立てた。けれど勝家は、深入りし過ぎた盛政に撤退を命じた。が、なんと盛政はその命令を黙殺したのである。

勝家は切腹を決意し、妻お市を道連れに

ところが同日夜、盛政は秀吉の本隊が木之本まで戻って来たと知る。実は秀吉は、岐阜城を攻めていなかったのだ。大雨で揖斐《いび》川が氾濫、大垣城に留まっていたのだった。そんな時、「大岩山が落ちた」という急報が入ったので、ただちにとって返したというわけだ。しかも秀吉は、通常は二日ほどかかる道程を、たった五時間という猛スピードで駆け抜けたのである。馬や兵の中には、息絶える者さえいたという。

さすがの盛政も、秀吉本隊と戦っても勝てないと即断、部隊を引き始めた。が、この時にはもう、羽柴軍の先鋒が姿を見せるようになっていた。

さらに、驚くべきことが起こる。後方で盛政を援護するはずの前田利家が、急に戦線から離脱したのである。茂山にいた前田隊は、敵と遭遇したばかりの盛政隊の背後を遮って敦賀方面へ遁走したのだ。秀吉と親友だった利家が、寄親《よりおや》という柴田勝家との関係よりも

友情を取ったというが、やはり秀吉につくほうが有利だと考えたのだろう。

いずれにせよ、前田隊の行動が勝家の本陣や柴田方の諸将からは、あたかも盛政隊が敗れて逃走したように見えた。そこに羽柴軍が肉薄してきたものだから、あっけなく柴田本軍は瓦解《がかい》してしまった。ただ、これはあくまで軍記物の記録であり、詳しい戦いの経緯を記した手紙や日記はないので、本当のところはよくわからない。

敗れた勝家は、少数の部下と共に本城である越前国北ノ庄城《きたのしょうじょう》へ逃亡した。途中、寄子《よりこ》だった前田利家の府中城に入り、利家も快く勝家を助けて食事や馬を提供したという。だが、この美談については史実とは思えない。

一方、賤ヶ岳で勝利した秀吉は、攻撃の手を一切緩めなかった。逃げる柴田軍をさらに追いかけ、とうとう勝家の本拠地・越前国へ乱入し、北ノ庄城を包囲した。そして、秀吉は北ノ庄を睥睨《へいげい》できる愛宕山に本陣を置き、激しく北ノ庄城を攻め立てた。

お市は勝家に、冥土黄泉までお供すると

秀吉が大村由己《ゆうこ》に編纂させた『柴田退治記《たいじき》』によれば、城兵はおよそ三千人程度だったという。羽柴軍が城下に火を放ったので、濛々《もうもう》たる煙によって暗闇のようになった。

秀吉に仕える老臣たちは勝家の助命を進言したが、秀吉は「池に毒蛇を放ち、庭で虎を

養うようなものだ」とはねつけ、ますます激しく北ノ庄城を攻め立てた。

ここにおいて勝家も観念し、潔く腹を切ろうと決意する。そして一族・重臣や女房たち約八十名を九重の天守に招いて盛大な酒宴を開いたのである。勝家は自ら一人一人に酌をしてこれまでの労をねぎらった。会場には名酒の樽が並び、珍しい肴や菓子が山のように積まれ、若い芸妓も呼ばれ、音曲や舞も披露され、夜は更けていった。

本能寺の変後、勝家は正妻を娶《めと》った。信長の妹・お市の方である。

最後の夜、勝家はお市に対して「あなたは信長公の妹なれば、城を出ることを許されるはず。明朝、敵陣に落ち行きなさい」と生きながらえることを勧めたのである。

それを聞くとお市は泣きながら「昨秋あなたのもとに輿《こし》入れしたのは前世の宿業《しゅくごう》。いまさら驚くことではありません。城を出るなど思いも寄らないことです。冥土黄泉《めいどよみ》までお供いたします。女人といえども男子には劣りませぬ」とお市は頑として勝家と行動を共にすると言って聞かなかった。

ただ、お市は、前夫・浅井長政との間に三女（茶々、初、江）をもうけており、この子らの助命を願ったのだった。勝家は快諾した。

茶々ら娘たちは「母上と共に同じ道をたどりたい」と嘆いたが、勝家の側近・中村文荷《ぶんか》斎《さい》が三人を連れて城の外へ離脱させた。

勝家は切腹に先立ち女たちを手にかけ

いよいよ最後の時である。勝家夫妻は辞世の句を詠んだ。

さらぬだに　打ぬる程も夏のよの　夢路をさそふ　時鳥かな　お市

夏のよの　夢路はかなき跡の名を　雲ゐにあげよ　山ほとゝぎす　勝家

翌二十四日未明、柴田軍の精鋭が籠もる天守に秀吉の軍勢が乱入した。勝家は天守の外に出て、たびたび敵を撃退したあと、天守の九重目にのぼり、眼下の敵に向かって「勝家はこれから腹を切る。敵の中でも心ある侍は、よく見物するがよい」と叫んだ。

城中には敵に勝家の首を渡さぬために、各所に草が積まれていた。勝家は軽輩《けいはい》たちを城から逃したあと、火を放たせた。

お市をはじめ十二人の勝家の妾や女房たちが最後の念仏を唱えていた。その場にやってきた勝家は、愛する女たちを一人一人引き寄せては刺し殺していった。

こうして妻妾《さいしょう》を旅立たせたあと、勝家は弓手《ゆんで》（左手）側から腹に刃を突き立てて一文字に引き、刀を引き抜いて今度は心臓からへそ下まで切り下げた。そして腹からあふれ出る五臓六腑を搔き出したのである。

戦国時代の切腹は、武将が絶体絶命の窮地に立った時、敵の手にかからず、しかも己の勇気を誇示するために行う行為であった。

ただ、腹を割いて内臓を引き出したとしても、なかなか死ぬことができない。どうしても介錯が必要であった。

その役目は中村文荷斎が果たした。腹を割いた勝家の背後に回り、見事その首をはねたのである。

主君にとどめを刺したあと文荷斎は、辞世の句を詠んだ。

「節義にあたって不変者なれば、同じ道に侍らんとて。契あれや　すゝしき道に　ともなひて　後の世までも事へ仕えん」（『賤嶽合戦記』）

そして自らも割腹して果てたのである。

勝家の最後を見届けた家臣約八十名は、あるいは自害し、あるいは刺し違えて命を断った。

この勝家一統の立派な最期は、武将だけでなく庶民までも感涙にむせんだという。

勝家には一人息子の権六《ごんろく》がいたが、賤ヶ岳からの敗走時、別行動を取っていたので北ノ庄城では自害しなかった。だが、秀吉の執拗な探索により府中の山林で捕縛された。秀吉は権六を各地を引き回して見せしめにして、佐和山城において殺害した。そして京都で処刑した佐久間盛政の首と共に六条河原で獄門に処した。まだ十四歳だったというから、なんともむごいことである。

なお、お市の子で長女の茶々は秀吉の側室となって秀頼を産み、三女の江は徳川秀忠の正妻となって将軍家光を産んだ。

いずれにせよ、織田家一の宿老《しゅくろう》・柴田勝家を倒した秀吉は、石山の地に大坂城を築き始め、自らが天下人たるを宣言し、それから二年後に関白となり、朝廷の威光を背景に豊臣政権を樹立するのである。

三好長慶《みよしながよし》

辞世の句・名言

歌《うた》連《れん》歌《が》　ぬるき者ぞと　いふ人の
梓《あずさ》弓《ゆみ》矢《や》を　取りたるもなし

生年
1522年3月10日
（大永2年2月13日）

没年
1564年8月10日
（永禄7年7月4日）

享年
43

畿内から四国にかけて十数カ国を支配、織田信長以前に最初の「天下人」となった

プロフィール

室町幕府の管領・細川晴元の被官（家臣）だった三好元長の嫡男として阿波国（徳島県）で生まれる。11歳の時に、父・元長が細川晴元に謀殺される。長慶はそのまま晴元に仕えながら、16年後に晴元と将軍・足利義晴、義輝父子を京都から放逐する。上洛して朝廷の下で三好政権を樹立し、畿内全域から四国まで十数カ国を支配下においた。しかし長慶を補佐する弟たちや息子が相次いで病死、戦死し、三弟を誅殺するなど一族の不幸が続いて気力を失い、自らも病気で43歳の若さで死去した。

＊

1532年（享禄5年）　11歳　父・三好元長が主君の細川晴元の策略により謀殺される

1539年（天文8年）　18歳　将軍・足利義晴から京都の治安維持を命じられ摂津越水城に入城

1549年（天文18年）　28歳　父を殺した細川晴元、将軍・足利義晴・義輝ら

1558年（永禄元年）37歳
足利義輝（13代将軍）と和睦、室町幕府の実権を握る
1564年（永禄7年）43歳
弟の安宅冬康を誅殺する。長慶自身も飯盛山城で病死する

弟たちが補佐した長慶の支配体制！

近年、三好長慶《みよしながよし》は「最初の天下人」とか信長・秀吉・家康と共に「四天下人」などと呼ばれている。実際、その領国《りょうごく》範囲は畿内《きない》全域から四国にかけて十数カ国におよび、室町将軍を追放して、京都で独自の政権運営を行った。

そんな長慶は、大永《だいえい》二年（一五二二）に幕府の管領《かんれい》・細川晴元の被官《ひかん》（家臣）三好元長の嫡男として阿波国（徳島県）で生まれた。ところが長慶が十一歳の時、強大化する元長を恐れた晴元が、一向一揆をそそのかして元長を滅ぼしたのである。

まだ子供だったこともあり、長慶はやむなく父を死に追いやった晴元に臣従《しんじゅう》、たびたび戦功を上げて重臣に成り上がっていた。そして十六年後、力を蓄えた長慶は晴元勢力と戦い、晴元や将軍足利義晴・義輝父子を京都から追い払ったのである。こうして幕府の将軍と管領が不在の中、上洛を果たした長慶は、朝廷のもとで三好政権を樹立する。その後も

旧主・晴元は長慶に抵抗し続けたが、やがて没落していった。一方、永禄《えいろく》元年（一五五八）、長慶は将軍義輝と和睦し、彼が帰京することを認めた。
長慶は軽輩《けいはい》であっても有能な人物を次々と抜擢していった。キリスト教にも理解を示し、家臣たちが入信するのを認めている。また、堺の商人と結んで積極的に交易を行った。畿内を制すると、越水城《こしみずじょう》、芥川山城《あくたがわさんじょう》、飯盛城《いいもりじょう》と次々に居城を変えていった。特に晩年の飯盛城では多くの石垣を使用し、山の頂に御殿を作り、人々にその偉容を知らしめて権力を誇示した。

　こうした諸政策が織田信長のやり方とよく似ていることから、一説には信長が長慶の手法を参考にしたのではないかと言われている。

　三好政権の支配構造だが、長慶は京都周辺を拠点とし、次弟の三好実休《じっきゅう》に本拠地である阿波国の支配を一任し、三弟の安宅冬康《あたぎふゆやす》を淡路において水軍を統率させ、四弟の十河一存《そごうかずまさ》に讃岐を統括させた。また、重臣の松永久秀に大和や摂津の経営を任せた。重要事項については、兄弟が集まって決定することが多かった。このように、弟たちが天下人・長慶を補佐する体制が構築されていたのだ。

松永久秀の讒言を信じて弟を誅殺？

ところが永禄四年（一五六一）、十河一存が岸和田城で急死した。翌年、今度は久米田の戦いで三好実休が討ち死にしてしまう。さらに翌永禄六年、嫡男の義興《よしおき》が重病にかかり、二十二歳の若さで病死してしまったのである。このように一族が短期間に次々と鬼籍に入り、三好政権が大きく動揺し始める。

他に男児がいない長慶は、仕方なく故・一存の長男・義継を跡継ぎに決めた。

ちなみに一存の急死と義興の病死は、松永久秀の毒殺によるものという説（『足利季世記』など）がある。さらに翌永禄七年、三弟・安宅冬康の逆心《ぎゃくしん》を疑った長慶は、冬康を飯盛城に呼びつけて誅殺した。実はこれも、久秀の讒言《ざんげん》を信じての処罰だといわれる。

だが、こうした久秀の陰謀説については、近年の研究によって明確に否定されている。

おそらく、一存と義興は病死だったと思われる。冬康の殺害についても、研究者の天野忠幸氏は「少年の三好義継が家督を継承することに不安を覚えた被官らが冬康を担ぎ、三好氏が分裂することを、長慶は回避したのではないか」（『三好一族――戦国最初の『天下人』』中公新書）と推論している。

さて、自ら冬康を始末した長慶だったが、『足利季世記』によれば、この頃、長慶自身も病気にかかっており、やがて冬康に叛意《はんい》がなかったことがわかると、久秀の言葉を鵜呑みにして弟を殺したことを大いに後悔して苦悩し、それがゆえに病がますます重くなり、名医の曲直瀬道三《まなせどうさん》や半井驢庵《なからいろあん》の治療の甲斐もなく、冬康の死から二カ月後に没してしまったという。

ただ、先の天野氏は、「長慶の愁嘆は、松永久秀の讒言に乗せられたためではない。足利将軍と戦うためには、義継を後継者に据えねばならず、義継の地位を安泰にするには、弟であっても斬らねばならないという政治的判断に苦しんだことが原因である」（前掲書）と述べている。

いずれにせよ、長慶はまだ四十三歳という若さで亡くなってしまった。おそらく長生きしていれば、三好政権を盤石《ばんじゃく》にしたと思われ、織田信長が京都に進出する余地はなかったかもしれない。

長慶が死んだ頃、三好一族と将軍義輝の関係は再び悪化しており、三好政権は不安定になっていた。だから長慶の死は一族・重臣によって厳重に秘匿《ひとく》された。実際、当時の公家の日記などには、長慶が死んだことはまったく記されていない。

遺体も居城（飯盛城）の御体塚曲輪《ごたいづかくるわ》に仮埋葬され、正式な葬儀はそれから三年後に挙行された。

近年、御体塚曲輪で三メートル×三メートルの試掘が行われたが、「多くの土器とともに、銅銭、中国製の高級磁器、建物に使われた瓦、塼《せん》（レンガ）、壁土、鉄釘などがみつか」（四條畷市ＨＰ）り、建物跡の可能性が高くなった。さらに発見された「土器のなかには、この時代に類例のない台付きの灯明《とうみょう》皿があり、特殊な用途が想定され」（四條畷市ＨＰ）るという。

今後の調査、研究で明らかにしていくそうだが、長慶の墓と関係があるのか気になるところである。

明《あけ》智《ち》光《みつ》秀《ひで》

辞世の句・名言

「心しらぬ人は何とも言はばいへ
身をも惜まじ名をも惜まじ」

生年
1528年（享禄元年）
※諸説あり

没年
1582年7月2日
（天正10年6月13日）

享年
55

「にわかに主君、織田信長に謀反、秀吉に追い詰められ、逃亡中に農民に刺され、自害して果てた」

プロフィール

明智氏は、美濃国明智城の出身で、土岐氏の出といわれ、光秀は斎藤道三に仕えたというが、すべて後世の記録で事実は不明。浪人して各地を放浪、越前の朝倉氏に仕え、やがて織田信長が足利義昭を奉じて上洛するにあたって義昭と信長の関係を仲介したというが、これも確証はない。やがて信長に仕えて数々の戦で頭角を現し、近江・坂本城主となり、柴田勝家や羽柴秀吉と共に最高司令官の一人となる。ところが、1582年（天正10年）、謀反し本能寺で信長を自刃させた。しかしすぐに摂津・山崎の戦いで秀吉に敗れ、居城の坂本城に逃げる途中、京都近郊の小栗栖で落ち武者狩りの農民の槍に刺され、自害したという。

＊

1562年（永禄5年）35歳　各地を放浪後、越前の朝倉氏に仕えたという

1571年（元亀2年）44歳　比叡山焼き打ちで軍功を挙げ、近江国に5万石を与えられ坂本城を築城

本能寺の変の十三年前に登場！

丹波国《たんばのくに》亀山城にいた明智光秀は、天正《てんしょう》十年（一五八二）六月一日、中国地方で毛利氏と戦っている羽柴秀吉の応援に向かう予定だった。ところが同日夜、急に明智秀満、斎藤利三《としみつ》ら重臣に謀反《むほん》の決意を告げたと『信長公記』（太田牛一《ぎゅういち》著）にある。

よく映画やドラマでは、出陣した光秀が老の坂まで来た時、にわかに刀を抜き放ち「敵は本能寺にあり！」と叫んで京都方面へ軍を向かわせたという場面が出てくるが、あれは俗説に過ぎない。元禄時代に成立した軍記物の『明智軍記』に似た表現があり、それに尾《お》鰭《ひれ》が付き、江戸後期に学者頼山陽《らいさんよう》が『日本外史』に「敵は本能寺に在り（原文は漢文）」と書いたことで巷間《こうかん》に広まったらしい。当然のことながら『信長公記』にある通り、明智

1575年（天正3年）48歳　長篠の戦い、越前一向一揆の鎮圧に参加
1578年（天正6年）51歳　亀山城を築城
1580年（天正8年）53歳　丹波を平定して福智山城を築城
1582年（天正10年）55歳　信長に命じられ、安土城での徳川家康への接待役を務めるが、同年6月　本能寺の変で織田信長を討つ。山崎の戦いで秀吉に敗れ、逃亡途中に落ち武者狩りの農民の槍に刺され、自害

の重臣間では事前に合意がなされたうえで、本能寺へ向かったのである。

光秀は美濃の土岐《とき》源氏の名族《めいぞく》で、斎藤道三に仕え、明智城が落ちると浪人となって各地を転々として越前朝倉氏の重臣となり、義昭と信長の仲を取り持ったとされるが、全て軍記物などの記述であり、その前半生は謎に包まれている。

歴史上に光秀が姿を現すのは永禄《えいろく》十二年（一五六九）のことである。将軍義昭と信長に両属し、京都支配の一翼を担っていたようだ。本能寺の変のわずか十三年前のことなのだ。おそらく、その少し前に織田家に中途採用されたのだろう。だがその二年後には織田家で初めて城持ち大名（坂本城）となり、さらに丹波一国を与えられ、織田家一の重臣に成り上がった。優れた武将であり、能吏《のうり》だったのは間違いない。

光秀が謀反を起こした動機は、全くわからない。本能寺の変後、ある武将に宛てた書状には「信長父子が悪逆で天下の妨げになるから殺した」とあるが、具体的な理由は語られていない。信長に受けた折檻《せっかん》を恨んだとか、天下取りの野望があったという説は全て後の編纂《へんさん》資料に載る話だ。黒幕説も朝廷、将軍義昭、秀吉、家康など諸説あるが、どれも決定打に欠ける。要は、真実はわからないのである。

安土城の金銀財宝は気前良く配られた

確かなことは、光秀が信長を自刃《じじん》に追い込み、歴史の流れを大きく変えてしまったということだ。光秀は信長と共に長男の信忠も襲撃して自殺に追い込んだ。ただ、信長父子の遺体が見つからず、光秀は洛中《らくちゅう》の町屋までしらみつぶしに探索させている。なお、安土城のある近江の織田勢が攻めてくると考えた光秀は、その日のうちに勢多へ向かい、勢多城主の山岡景隆・景佐《かげすけ》兄弟に人質の提供と加勢を要請した。ところが山岡兄弟はこれを拒絶し、瀬田の橋を焼き落とし、城に火をかけて山の中へ逃げ込んでしまった。何とも幸先《さいさき》の悪い光秀であった。

仕方なく、いったん近江国坂本城へ戻った光秀は近江の平定を進め、六月五日に信長の居城・安土城に入った。すでに信長の一族や妻子は蒲生賢秀《がもうかたひで》に伴われて日野谷に避難しており、城はもぬけの空だった。イエズス会の宣教師であるルイス・フロイスの記録（『日本史』）によれば、光秀は天守に登ったあと、城内の金銀や財宝を気前良く兵士たちに分配してしまったという。

信長父子の討ち死にで、京都の治安は極度に悪化したため、朝廷は吉田神社の神官で公家の吉田兼見《かねみ》を六月七日に光秀がいる安土城に送った。兼見と光秀が昵懇《じっこん》の仲だったからだ。そこで光秀は、摂津国を平定する途上で京都に立ち寄り、正親町《おおぎまち》天皇や誠仁《さねひと》親王に拝謁し、治安の維持を約束した。九日、光秀は再び京都にやって来た。この時大勢の公家たちが光秀を新たな主として出迎えたという。光秀は兼見の屋敷に入り、公家や大寺社に気前良く金銀をばらまいた。こうして朝廷を味方につけた光秀だったが、心中では強い焦燥感にかられていた。自分に味方すると確信していた大名たちに助力を断られたからである。盟友の細川藤孝は髻《まげ》を切って引きこもってしまった。藤孝の嫡男《ちゃくなん》・忠興《ただおき》は光秀の娘・玉（のちの細川ガラシャ）を妻としていたが、彼もやはり父（藤孝）に従った。いったんは兵を出してくれた大和の筒井順慶も非協力的な態度を取り始め、摂津の高山右近も敵対する態度を見せた。

そこで光秀は九日、細川父子に宛てて「髻を切ったことについて当初は腹立たしく思ったが、改めて親しく交わりたい。摂津国を与えるつもりであなたがたを待っていたが、来なくて残念だ。若狭国が欲しいのであれば与えるつもりだ。自分が信長を殺したのは、婿の忠興殿を取り立てるためであり、近国を平定したら我が子・十五郎と忠興に政務は託すつもりだ」と必死に味方に誘った。だが、ついに細川親子が動くことはなかった。

この頃すでに秀吉は毛利との講和をまとめて中国から大返しを断行、姫路城から京都へ向かいつつあった。

光秀もその動向は察知しており、翌十日には下鳥羽に着陣し、決戦場となる山崎に兵を散開させた。秀吉自身もこの日、兵庫に到着している。十一日夜辺りから、各地で散発的な戦いが始まりつつあったが、六月十三日についに両軍が激突した（山崎合戦）。秀吉は大坂にいた織田信孝の軍勢と合流し、その勢力は約四万（異説あり）。対して光秀軍は一万程度（諸説あり）だった。数の差が大きく、光秀に到底勝ち目はなく、合戦は短期間で決着がついた。光秀はいったん勝竜寺《しょうりゅうじ》城に退いたが、秀吉の大軍が迫ってきたので持ちこたえられないと判断、包囲される直前に城から逃れ、近江坂本城を目指したのである。

農民の槍でしたたか脇腹をえぐられる

当初は大勢の家臣が従ったが、日が暮れるとほとんどが逃げ散ってしまい、光秀を守る兵はわずか百人足らずになった。光秀一行は伏見へ向かい、さらに小栗栖《おぐりす》まで来た時、先頭を駆けていた村越三十郎が藪の中からいきなり槍を突き出された。落ち武者狩りの農民の仕業《しわざ》であった。幸い頑丈な具足が穂先をはじいて三十郎は無傷だったが、これに続く騎馬武者が槍でしたたか右脇腹をえぐられてしまう。なんと、それが光秀本人だったのである。驚いた家臣たちは傷ついた光秀の周りを固め、農民たちに向かって「私たちは敵ではない。味方討ちをするな。慎まれよ」とたしなめた。

だが、そんな見え透いた嘘が通じるはずもなく、農民たちは法螺貝を吹いてさらに仲間を呼び集め、大勢で光秀一行に群がり襲ってきた。深手を負った光秀は、やがて明智勝兵衛尉（溝尾茂朝＝溝尾庄兵衛）の手を取り、腸の飛び出した傷口を触らせたうえで、「もはや命を長らえることはできない。私の首を持って京都の知恩院へ行き、荼毘《だび》に付《ふ》してほしい。胴体は田の中に埋めて隠せ」と命じたのである。

勝兵衛尉は「情けないことを申されるな。坂本城がある大津まではあとわずか。どうか堪《こら》えてください」と叱咤《しった》したものの、光秀はまもなくしてしゃべることができなくなり、意識がもうろうとしてしまった。そこで仕方なく勝兵衛尉は、光秀の首を打ち落とし、その首級《しゅきゅう》を持って京都へ向かった。だが、落ち武者狩りが激しく、とてものこと京都まで到達できそうにない。このため勝兵衛尉は、光秀の首を草むらに投げ入れて隠し、ほうほうの体でその場から逃れた。

しかし不運にも、光秀の首は村井春長軒の家臣が見つけ出し、秀吉の元に届けたという。秀吉は光秀の胴体も探しあて、首と胴をつなげ、六月十四日に日の岡（粟田口《あわたぐち》付近）で磔《はりつけ》にして見せしめとしたのである。

今述べた光秀の最期は、小瀬甫庵《おぜほあん》が江戸時代に著した『太閤記』に載る逸話である。本能寺の変から半世紀以上経ち、脚色も多い書物なので、全て史実とは思えない。

この年に編纂《へんさん》された記録としては『惟任退治記《これとうたいじき》』がある。「惟任」とは光秀のことで、本書は秀吉が光秀を倒した功績を大村由己《おおむらゆうこ》にまとめさせたもの。だが、光秀の最期の様子はほとんど記されていない。明智軍と戦った者たちから続々と首級が届き、その中に光秀の首があり、秀吉が大いに喜んだとあるだけだ。その首は『太閤記』同様、胴体とつなげ、重臣の斎藤利三と共に粟田口に晒したと記されている。

光秀の顔の皮は剝がされ埋められた

なお、秀吉自身が書状で「光秀は山科《やましな》の藪《やぶ》の中に逃げ込み、百姓に首を拾われた」と記していることから、落ち武者狩りで殺されたのは間違いない。

ただ、殺された場所は、小栗栖ではなく山科としている。当時の公家の日記にも山科や醍醐《だいご》という記述が見られ、こちらのほうが正しいと思われる。現在、光秀が小栗栖で襲われた場所は「明智藪《あけちやぶ》」と呼ばれ、さらに二キロほど離れたところに光秀の胴を埋葬した胴塚があるが、これらは後世の創作だろう。また、晒された首を葬ったとする首塚は複数存在するが、正直、どれも確定的な証拠はない。

さらにいえば、『太閤記』や『惟任退治記』では磔場所は粟田口とあるが、公家や僧侶の日記では本能寺の焼け跡に晒したと記されている。しかし、彼らが直接見物したわけではなく伝聞であるうえ、比較的信憑性の高い太田牛一《おおたぎゅういち》の「大かうさまくんきのうち」も粟田口に晒したとあるので、磔は本能寺ではなく粟田口でなされた可能性が高い。

ところで、光秀は死なずに生き延び、天海僧正として活躍をしたという説がある。

光秀の死から百年後に成立した『明智軍記』には、光秀を介錯した溝尾庄兵衛が光秀の首だと露見しないよう顔の皮を剝ぎ、土の中に埋めたとある。その後、首は発見されて磔にされたと記すが、この『明智軍記』が広く読まれたことで「顔の皮を剝いだので、見つかった死体は別人に違いない。光秀は生き延びたのだ」という説が生まれたらしい。江戸中期の『翁草《おきなぐさ》』にも死んだのは光秀の影武者で、本人は関ヶ原合戦の年まで生きていたとある。

なお、光秀が天海と結びついたのは、天海の前半生がはっきりしない上、本人も自分の素性を語ろうとしなかったからだとされる。そんなことから「言えない事情があり、天海は室町幕府の十一代将軍足利義澄《よしずみ》の御落胤《ごらくいん》ではないか」という説も生まれている。

天海は慶長《けいちょう》十三年（一六〇八）に初めて家康と会ったとされる。なのにすぐに絶大な信頼を得て帷幄《いあく》で活躍し、秀忠や家光にも重んじられたので、明治時代に天海＝光秀説が定着していった。証拠を提示する歴史作家なども現れた。ただ、残念ながら、どれも根拠に乏しく、天海を光秀の後身だと断定することはできない。

近年の歴史研究により、天海は会津の蘆名氏の一族として生まれ、比叡山で修行し、三《み》井寺《いでら》や奈良などで各種の教学を学び、信長の比叡山焼き打ちで難を逃れて武田信玄の領地へ入り、その後、川越の喜多院の住職となったことがわかっている。

いずれにせよ、織田信長を倒してからわずか十一日後、歴史の流れをねじ曲げた明智光秀は骸《むくろ》となり、その遺体は磔にされ惨めな姿を衆人《しゅうじん》にさらしたのである。

龍《りゅう》造《ぞう》寺《じ》隆《たか》信《のぶ》

辞世の句・名言

「紅炉上一点の雪」

生年
1529年3月24日
（享禄2年2月15日）

没年
1584年5月4日
（天正12年3月24日）

享年
56

獰猛な性格で「肥前の熊」の異名をとるも、奇襲を受け戦死、重臣たちは遺骸を戦場に放置したまま逃亡

プロフィール

肥前の地頭だった龍造寺家の分家筋に生まれ、7歳の時に出家。祖父の家兼が実質的に龍造寺本家を支配するようになった。隆信はやがて、還俗して水ケ江龍造寺家の家督を継いだ。鉄砲を戦に取り入れたのは、織田信長よりも早かったといわれ、苛烈な戦術で「肥前の熊」と恐れられたが、晩年には酒色に溺れ、冷酷で残虐な性格から、家臣にも謀反の疑いをかけ血の粛清を行った。そのため、戦場で隆信が討たれた時、重臣たちは戦場に遺骸を放置したまま逃げたという。それほど、人望に乏しかった。

＊

1546年（天文15年）　18歳　水ケ江龍造寺氏の家督を相続

1548年（天文17年）　20歳　本家の主が亡くなり、その未亡人と結婚、龍造寺本家を相続

1578年（天正6年）　50歳　大友宗麟が耳川の戦いで島津義久に大敗、その機に乗じて大友氏の領国に侵攻

1580年（天正8年）　52歳　筑前、筑後、肥後、豊前などの多くの部分を勢力下に置く
1584年（天正12年）　56歳　島津・有馬晴信連合軍との戦いで戦死

謀殺と皆殺し！　冷酷非道な隆信

己一代で肥前一国（現在の佐賀県と長崎県）を支配下に置いた龍造寺隆信《りゅうぞうじたかのぶ》は、九州六国に版図《はんと》を広げた豊後《ぶんご》の大友宗麟が耳川《みみかわ》の戦いで島津氏に敗れると、大友の影響下にあった筑後や肥後の攻略に乗り出した。ただ、その過程で薩摩の島津氏と勢力範囲が接するようになり、敵対関係に入っていった。

すると天正八年（一五八〇）、筑後柳川城主の蒲池鎮漣《かまちしげなみ》が島津氏に寝返ってしまった。鎮漣は隆信の娘を妻としていた。激怒した隆信は、嫡男の政家に三万の大軍で柳川城を包囲させたが、三百日以上も城を落とすことができず、和を結ばざるを得なかった。

翌年、隆信は政家に家督を譲り、佐嘉城《さがじょう》から須古城《すこじょう》へと移った。

それからまもなくして講和した鎮漣を猿楽見物に須古城に誘い、彼が与賀の地まで来た時、襲撃して自刃に追い込んだのである。さらに田尻鑑種《たじりあきたね》ら筑後の武将たちに、蒲池一族の抹殺を命じた。この冷酷な措置は、配下の武将達の気持ちを龍造寺氏から離す結果とな

った。天正十年には、田尻鑑種と肥前の有馬晴信が龍造寺氏に叛旗《はんき》を翻し、島津氏と通じてしまっている。

特に島原の有馬晴信は、島津氏の援軍を得て龍造寺方に奪われた千々石城《ちぢわじょう》（釜蓋城《かまぶたじょう》）を奪回、天正十二年三月には島津家久（義久の弟）の助勢を得て、島原純豊《すみとよ》の島原城を危機に陥れた。そこで隆信は同年三月十八日、兵を率いて有明海を渡って島原半島北端の神代に上陸、それから五万七千（諸説あり）の兵を島原から三軍に分け、晴信が拠る三十キロ先の日根野城へ進撃させた。

隆信本人は山の手側を進み、海沿いは江上家種《えがみいえたね》や後藤家信が将となり、中央軍は龍造寺氏の当主・政家と重臣の鍋島信生《のぶなり》（直茂）が行軍していった。

大軍の襲来を知った有馬晴信が島津方に後詰めを求めると、三月二十三日、島津家久率いる七千が駆けつけた。

晴信と家久は籠城はせず、島原北方の沖田畷《なわて》で迎え撃つことに決めた。

沼や深田が点在する湿地帯で、日野江城へ向かう道は一本だけであった。しかも葦が鬱蒼と生え、伏兵を置くのに最適だった。

龍造寺隆信は高所から沖田畷辺りに陣を敷く島津・有馬連合軍を見て、「大声を発して笑い、いつも傲慢かつ尊大な口調で（こう）言った。『よもやこれほど少数の者どももと戦うために（これまで）準備していたとは思わなかった。せめても（後世）日本の諸国が我が勝利で語られ、有名になるため薩摩の全軍がここにいてほしいものだ』」（ルイス・フロイス著／松田毅一・川崎桃太訳『日本史』中央公論社）と述べたという。

このように敵数の少なさを大いに侮り、陣替えを行ったのだ。自らが兵を率いて中央を突破しようと考えたのだ。なんとも豪胆な武将である。

島津・有馬軍と龍造寺軍が激突！

三月二十四日午前中から沖田畷で戦闘が始まった。

その模様はイエズス会宣教師のルイス・フロイスが詳しく記している。前掲書を参考に、戦いの内容を紹介しよう。

同書には「老齢の隆信は、六人の部下が肩に担ぐ駕籠《かご》に乗って、軍勢の中央を進んだ」とあるが、老齢に加えて隆信は驚くべき肥満体だった。満足に歩くこともできなかったのではなかろうか。ともあれ、隆信率いる龍造寺軍は沖田畷の大城戸に殺到し、銃隊が千挺の鉄砲ですさまじい銃撃を加えた。あまりの攻撃の激しさに、島津・有馬の兵たちは一斉に身をかがめ、銃声が止むのを待つしかなかったそうだ。ただ、音が止んだ瞬間、今度は龍造寺軍の槍隊が猛攻撃を仕掛けてきた。

このため島津・有馬軍はたちまち危機に陥り、あらかじめ設置しておいた柵の内側に避難せざるを得なくなった。崩れ去るのも時間の問題だった。

ところが、そんな状況は大きく変わった。轟音《ごうおん》を立てて、龍造寺の陣営に次々と砲弾が落ち始めたのである。

有馬軍の家老が所有する軍船に二門の西洋式大砲が搭載されており、海上からその大砲が火を噴いて龍造寺軍に立て続けに着弾したのだ。この家老は敬虔《けいけん》なキリシタンであり、砲手はアフリカ人が務めていたといわれる。

龍造寺軍は大軍なので、弾が落ちる場所には必ず兵がいた。中には一度で十人を倒したケースもあり、中空から襲ってくる悪魔の砲弾に龍造寺軍は浮き足立ち、隊列は大きく乱れ、後退する兵も現れた。だが、それを知らない後続隊は前進を続け、龍造寺軍はたちまち混乱に陥った。

この時、島津家久は馬にまたがり、薩摩の武士たちに「お前たちの背後には海しかない。前面には大軍の敵。ゆえに死は避けられぬぞ。ならばその行動はただ一つ。前進あるのみ。臆病風に吹かれて島津の名を汚すな!!」と大音声をあげた。

大将・家久の言葉に奮い立った兵たちは、先を競って龍造寺の大軍に突進していった。死兵《しへい》と化した島津軍は有らん限りの鉄砲を放ち、やがて弾を込める間を惜しんで武器を弓矢に替え、次々と敵を倒していった。

一方、隆信は周囲の部下に「恐れるな。我が軍は敵よりはるかに兵と武器が多い。勝利は疑いなし!!」と叱咤《しった》した。このため両軍入り乱れてのすさまじい混戦となり、兵士たちは手にした武器で手当たり次第に切りつけ、突き、引き金を引いた。そんな混戦から密かに抜け出したのが川上左京亮忠堅《さきょうのすけただかた》らだった。どうやら忠堅らは、大将の隆信の所在を探し、その首を奪おうとウロウロしていたらしい。そこに隆信本人を乗せた駕籠が偶然現れたのである。そこで川上らは駕籠を目指して駆けて来た。驚いた龍造寺の旗本たちがこれを防ごうとして戦いになった。

抱きついた隆信の寵童も切り殺され

隆信は駕籠《かご》に載っていたが、担ぎ手がたまらなくなって駕籠を放置して逃げ出した。ここで初めて隆信は異変に気づいた。ただ、味方の諍《いさか》いだと思ったようで、「今は味方同士が争ったりしている時ではあるまい。そのようなことをしている間に予がここまで来たのが判らぬか」(ルイス・フロイス著/松田毅一・川崎桃太訳『日本史』中央公論社)とたしなめた。

しかし、この時、自分の名を呼ぶ声を聞いた。そこで外に出ると、目の前に薩摩の川上左京亮忠堅が立っており、「我等は、あなたを探していたのだ」と叫び、そのまま槍を繰り出したのである。隆信は何ら抵抗できず致命傷を負い、首を掻《か》かれてしまった。驚くほどあっけない隆信の死であった。

フロイスによれば、この時、美麗な少年が隆信に抱きついたという。それは隆信の寵童《ちょうどう》だった。隆信は常にこうした少年数名を戦に伴っていたのだ。川上は容赦なくその少年も斬り殺してしまったという。

けれど、隆信の最期については日本側の一次史料（当時の手紙や日記）がなく、軍記物（のちの編纂《へんさん》資料）ではいろいろな描かれ方がされている。味方が崩れる中で「我こそが隆信なり」と声を張り上げて敵陣に駆け込んで川上に討たれたとか、川上に討たれる前、「紅炉《こうろ》上《じょう》一点《いってん》の雪《ゆき》」と辞世を述べたなど。

ともあれ、討ち死にした隆信の首は、槍先に突き刺して「島原の柵塁の傍に曝され、その後、（薩摩の）国主に見せるため、土産物として薩摩に持って行かれた」（前掲書）という。

なお、大将の死を知った龍造寺軍には衝撃が走り、志気を阻喪《そそう》した兵たちが我先にと逃げ出し、大軍は瓦解《がかい》した。

いずれにせよ、龍造寺隆信は敵を甘く見たため、まさかの討ち死にという結末を迎えたのである。

義弟・鍋島信生が佐賀藩を乗っ取る

ただ幸い、島津・有馬連合軍のほうも、攻め疲れていたため、十分な追撃を行うことができず、龍造寺軍は潰滅を免れた。

隆信の義弟である鍋島信生《のぶなり》は、どうにか戦場から逃げ延びると、すぐに「殿の弔い合戦をいたし、恥辱を雪《すす》ぐ」と龍造寺方の諸将たちに書簡を遣わし、配下の中野式部を呼んで「軍兵の用意をせよ。薩摩へ向けて出発する」と告げた。

龍造寺氏の重臣である信生の言葉は、島津義久の耳にも入り「信生に率いられた龍造寺軍が近く領内に侵攻してくる。用心して防衛体制を整えよ」と命じている。つまり島津方は、信生の策略にひっかかったのである。本来ならば隆信が討ち死にして動揺する龍造寺氏の本拠地を突くのが鉄則だったが、それが信生の策略で阻止されたのだ。

さらに、信生の知謀は光る。

先述の通り、隆信の首は薩摩に送られ、当主の島津義久がその首を確認、その後、河上助七郎を使者として龍造寺政家のもとに送り返してきた。この時、応対に出たのが、龍造寺氏の重臣・大隈安芸守であった。驚くべきことに大隈は河上に対し「お情けありがたく存じます。しかし、こんな不甲斐なき不運者の首を受け取っても益無きこと。何処なりとも打ち捨ててくだされ」ときっぱり引取りを拒否したのである。大隈がそう答えるように言い含めたのは、鍋島信生であった。

隆信の死など龍造寺氏にとってはさしたることではなく、当主・政家のもとにこれからも島津と戦っていく気概を見せたのである。いずれにせよ、こうした巧みな信生の策略により、沖田畷合戦後、龍造寺氏の領国は島津軍に蹂躙《じゆうりん》されずに済んだのである。

ちなみに、隆信の首級《しゆきゆう》だが、それをもたらした薩摩の「使者はやむなく薩摩への帰途についたが、高瀬川まで来た時、突然首桶が重くなり、盤石《ばんじやく》のように動かなくなった。使者は『高瀬川が龍造寺・島津の境界であるため、隆信の霊もこの地から去ることを好まぬのではなかろうか』と言ったため、寺僧が手厚く葬」（川副義敦著『戦国の肥前と龍造寺隆信』宮帯出版社）ったという。

さて、隆信亡き後の龍造寺氏である。当主の政家は病弱だったので隠棲《いんせい》した。その子・高房はまだ幼かったので、家督は高房が継ぐが、政務は鍋島信生が担うことになった。だが、九州を平定した豊臣秀吉は、信生を独立の大名のように扱うようになった。信生はその後、名を直茂と改め、龍造寺家での支配力も強化していき、江戸時代になると、実質的に御家（佐賀藩）を乗っ取るかたちとなった。

とはいえ、龍造寺家の当主・高房に娘（養女）を嫁がせ、表面上は目上の存在として敬っていた。ところが、自分に藩の実権がないことに不満を募らせた高房は、慶長十二年（一六〇七）三月、江戸で正室（直茂の養女）を刺殺し、切腹したのである。幸い、命を取り留めた高房だったが、自暴自棄になって九月に馬の曲乗りを行い、傷が悪化して亡くなってしまった。これにより佐賀藩は直茂・勝茂父子のものとなった。寛永十二年（一六三五）、高房の子・伯庵と龍造寺の重臣の一部が、将軍家光に直茂・勝茂の悪行と龍造寺の再興を訴えたが、却下され、正式に佐賀藩主は鍋島氏が継承することになった。

もし隆信が慢心して横死《おうし》しなければ、歴史は大きく変わっていたことだろう。

上杉謙信《うえすぎけんしん》

辞世の句・名言

「四十九年　一睡の夢
一期の栄華　一盃の酒」

生年
1530年2月18日
（享禄3年1月21日）

没年
1578年4月19日
（天正6年3月13日）

享年
49

正義・大義のために戦った「越後の龍」、関東遠征の直前に病に倒れる

プロフィール

越後の守護代、長尾為景の子。兄の晴景が家督を継いだため幼少の頃に出家させられた。父の為景が急死したので還俗させられ、景虎と名乗る。その後、守護の上杉憲政が北条氏に敗れたので保護。憲政の希望で上杉家を相続、関東管領も継いだ。「謙信」は仏教に帰依した法名。自らを戦の神である毘沙門天の化身であると信じていたので、合戦では非常に強かった。川中島では好敵手・武田信玄とは生涯に5度、12年余にわたって戦った。関東管領としてしばしば北条氏や武田軍の侵攻を受けた地域の要請を受けて、関東各地へ遠征した。足利義昭を追放した織田信長とも対立するが、謙信自身には領土拡張の野心は少なく、大義のために戦い、越後の龍と畏怖された。

＊

1548年（天文17年）19歳　長尾家の家督を相続し、越後国守護代となる

1550年（天文19年）21歳　室町幕府第13代将軍・足利義輝から越後守護を代行することを命じられ、実質的に越後国主と

なる

1553年（天文22年）24歳 川中島で武田信玄と初めて戦う。以後12年余にわたって断続的に戦う

1561年（永禄4年）32歳 上杉家の家督と関東管領職を継ぐ

1577年（天正5年）48歳 加賀国・手取川の戦いで、柴田勝家率いる織田軍を撃破する

1578年（天正6年）49歳 関東の北条を攻める大号令をかけ、遠征に出発する6日前に厠で倒れて死去

目前だった！ 信長との全面対決

天正《てんしょう》四年（一五七六）に織田信長と断交した上杉謙信は、同年十一月、大軍を率いて信長方の畠山氏の能登国七尾《ななお》城を包囲した。だが、七尾城は松尾山という天然の要害に築かれた石垣造りの大規模な山城。しかも本丸を中心に数多くの曲輪《くるわ》が巧みに配置され、川や深い堀で各曲輪が仕切られていた。このため謙信は攻めあぐねて越年を余儀なくされ、翌天正五年二月、宿敵の小田原北条氏が不穏な動きを見せたので兵を引かざるを得なかった。

しかし同年閏《うるう》七月、謙信は再び七尾城に襲来して連日激しく攻め立てた。この折、城内では感染症が蔓延《まんえん》し、城主の義春をはじめ多くの兵士が病没していった。畠山氏は織田

信長に援軍を哀願。そこで信長は八月、柴田勝家を大将に滝川一益《かずます》、羽柴秀吉、前田利家らを能登へと向かわせた。

しかし九月、畠山家臣団の一部が内応《ないおう》して上杉軍を城内に引き入れたので、謙信はあっけなく堅城《けんじょう》七尾を手に入れた。その後、謙信はすさまじい早さで加賀と能登の国境を扼《やく》する末森城を制圧した。

そうとは知らず、織田軍は続々と手取川《てどりがわ》を渡河《とか》してしまう。しかも前日の大雨で川は増水していた。やがて事態を知った勝家は、九月二十三日夜に撤退を命じたが、そこに上杉軍が襲いかかり、混乱した千人余の織田兵が討ち取られ、あるいは手取川に転落していった。

織田軍を撃破した謙信は、二十六日に七尾城へと入った。本丸から見る景色は、正に絶景だったので、幕末の頼山陽《らいさんよう》の『日本外史《にほんがいし》』によれば、この時謙信は次の詩を詠んだという。

「霜満軍営秋気清（霜は軍営に満ちて秋気清し）数行過雁月三更（数行の過雁月三更）

越山併得能州景（越山併せ得たり能州の景）遮莫家郷憶遠征（遮莫家郷の遠征を憶ふは）」

また謙信は「織田軍は思いの外、弱かった」と豪語したというが、越後のみならず越中・能登を手に入れ、さらに加賀へも進出したことで、いよいよ織田信長との全面対決を決意したのだった。

だが、人の運命はわからない。それから数カ月後の天正六年三月、謙信は急死してしまったのである。

亡くなるひと月前、肖像を描かせた謙信

天正六年正月、謙信は信長と対決する前に関東に遠征して宿敵・小田原北条氏を叩いておこうと決意、諸将に対して陣触《じんぶれ》を行った。

謙信は上杉憲政から関東管領《かんれい》（室町幕府の、関東を統治する職）を引き継いで以来、十数回にわたって関東遠征を繰り返してきた。南関東に力を伸ばす北条氏を滅ぼし、室町時代の秩序を取り戻すためだった。

こうしていよいよ春日山城を出立しようとしていた三月九日午《うま》の刻（正午頃）、にわかに城内で昏倒《こんとう》し、二度と目を開けることなく十三日に死去したのである。まだ四十九歳であった。

臨終の様子は一切伝わっていない。死因は上杉景勝の手紙（三月二十四日付）に「虫《むし》気《け》」とある。虫気とは寄生虫などによる腹痛のこと。謙信はいきなり腹の痛みを訴え、倒れたのかもしれない。腹部大動脈瘤の破裂の可能性もあるが、何ともいえない。脳卒中と

いう説も昔から強い。

江戸時代後期の『名将言行録』などの二次史料によれば、謙信は酒を好み、梅干を肴に頻繁に酒宴を開いていたといい、また、左の脛に「気腫《きしゅ》」（ふくらみ、浮腫《ふしゅ》）があり、筋肉が固まり動かしづらかったとある。もしかすると、軽い脳卒中の発作を起こしていたのかもしれない。

亡くなるひと月前、謙信は京都の絵師を呼び、自分の肖像を描かせているが、絵が完成した日に亡くなったと言われる。

「四十九年　一睡の夢　一期の栄華　一盃の酒」

これは謙信が事前に用意しておいた辞世だが、なんとも彼らしい言葉である。

ただ、謙信は跡継ぎを決めていなかったので、謙信本人が亡くなると、甥の景勝（謙信の姉の子）と景虎（北条氏政の弟）という二人の養子の間で跡継ぎ争いが勃発した。

早くも三月末には景勝が春日山城の実城（本丸）へ移って後継者を名乗り、二の曲輪《くるわ》にいた景虎と戦うようになった。家臣団も二つに割れ、上杉の領国《りょうごく》は混乱状態（御館《おたて》の乱）になった。

劣勢な景虎は、兄の北条氏政に救いを求めたので、氏政は同盟を結んでいた甲斐の武田勝頼に援軍を依頼した。そこで勝頼は仲介役を務めるが、やがて手を引いてしまう。上杉景勝が武田側に莫大な賄賂《わいろ》を送り、勝頼の妹を正室に迎え、上野国《こうずけのくに》東部を割譲すると約束したからだと伝えられる。

織田信長は謙信の死を知ると、越中や能登に兵を入れ、会津の蘆名盛氏《あしなもりうじ》も上杉領国を侵し始めた。

最終的に御館の乱は、翌年三月に景虎が自害したことで終焉を迎えた。だが上杉の領国は崩壊し、景勝は越後を制圧できたのは天正八年末のことであった。

しかし天正十年前後から信長の調略によって重臣の新発田重家《しばたしげいえ》が叛旗《はんき》を翻し、同年三月には同盟者の武田勝頼が信長に滅ぼされてしまった。景勝は会津の蘆名氏や小田原北条氏とも戦っており、まさに四面楚歌に陥った。同年五月には越中の魚津城も織田軍に落とされてしまう。が、ひと月後の六月、本能寺の変が起こり、景勝は命拾いしたのである。ただ、信長の仇を討った羽柴秀吉が力を持つと、天正十二年、ついに羽柴（豊臣）への臣従を誓い、天正十四年、上洛して秀吉に謁見、独立大名から豊臣の一大名として生きる道を選んだのである。

おそらく謙信があと十年、いやあと五年生きていたら、日本の歴史は大きく変わったのではなかろうか。

大友宗麟《おおともそうりん》

辞世の句・名言

豊後の王（大友宗麟）は、日本に在る王侯中最も思慮あり、聡明叡智の人として知られたり。六箇国を領し、その保有に心を尽し、ほとんど戦うことなくしてこれを領有し、また統治せり。（ルイス・フロイスがポルトガルのイエズス会に送った書簡より）

生年
1530年1月31日
（享禄3年1月3日）

没年
1587年6月28日
（天正15年5月23日）
※命日は諸説あり

享年
58

「優秀な家臣たちに戦を任せ、キリシタン大名として、南蛮貿易と外交に活躍した」

プロフィール

大友氏は、九州の豊後（大分県）や築後（福岡県）の守護職などを歴代務めてきた九州の名門。宗麟はそんな義鑑《よしあき》の嫡男として生まれた。二階崩れの変と呼ばれる事件で父・義鑑が殺されたが、家督争いの果てに大友家の家督を相続。その後、立花道雪ら優秀な家臣らの活躍もあって、北九州の6国の守護となり、九州最大の勢力となった。イエズス会のフランシスコ・ザビエルを呼び寄せて、キリスト教の布教を支援し、宣教師を通じて火薬や大砲を始め南蛮貿易を盛んに行った。キリスト教の洗礼を受け、大村純忠、有馬晴信らキリシタン大名と協力して、ローマ教皇に謁見するための天正遣欧少年使節団を派遣した。

＊

1550年（天文19年）　21歳　二階崩れの変の後、家督を相続し、大友氏21代目の当主となる

1551年（天文20年）　22歳　イエズス会のフランシスコ・ザビエルを招いてキリスト教布教を手厚く保護、同時に南蛮貿易

1578年（天正6年）　49歳　キリスト教の洗礼を受け、フランシスコの霊名を授かる。薩摩・島津氏との耳川の戦いで大敗し、大友氏は衰退し始める
1582年（天正10年）　53歳　天正遣欧使節を派遣
1586年（天正14年）　57歳　島津軍の攻勢に耐えきれず豊臣秀吉に救援を求め、豊臣氏に仕えることに
1587年（天正15年）　58歳　病気のため死去

大坂城の秀吉に救援を求めた宗麟

大友宗麟（義鎮《よししげ》）は大友氏二十一代目にあたり、先代から豊後・筑後・肥後の守護職を継承した。周防《すおう》の大内氏が滅んだ時、大内領だった豊前・筑前・肥前も支配下に治め、さらに海を渡って四国の伊予《いよ》へも力を伸ばした。永禄《えいろく》二年（一五五九）には、室町幕府の将軍義輝から九州六カ国に加え、日向《ひゅうが》と伊予の守護に任じられた。

だが同年には安芸《あき》の毛利氏との戦いが本格的に始まると共に、薩摩の島津氏も盛んに領土拡大に乗り出すようになり、決して大友王国が安泰だったわけではない。

四十二歳の元亀《げんき》二年（一五七一）前後、宗麟は嫡男の義統《よしむね》に家督を譲ったといわれるが、天正四年（一五七六）までは宗麟が実権を握っていたようだ。翌天正五年、日向国都於《との》

郡の国衆であった伊東義祐は、薩摩の島津義久の侵略に耐えかねて豊後へ逃れ、大友氏に領国《りょうごく》を取り戻してくれるよう日向への遠征を頼んだ。

これ以後、大友氏と島津氏は敵対関係に入り、天正六年秋に大友軍は大兵力を率いて遠征を行った。が、十一月の耳川《みみかわ》の戦いで大敗北を喫し、四千人を超える犠牲者を出した。この時宗麟は後方の務志賀《むしか》にいて、キリシタン王国の建設に励んでいたが、味方の敗北を知ると取る物も取り敢えず逃亡を始めた。宣教師もその場に見捨てたという。

耳川の戦いから大友王国の瓦解《がかい》が始まり、大友家の重臣たちは宗麟・義統から離反し、薩摩の島津義弘や肥前の龍造寺隆信と結ぶようになっていった。

こうして九州は大友・島津・龍造寺の鼎立《ていりつ》状態が生まれたが、天正十二年に龍造寺隆信が戦死すると、にわかに活気づいた島津氏が、大友領国への侵略を強めていった。

こうした危機的な状況において、とうとう宗麟は天正十四年、自ら大坂城の豊臣秀吉の元へ赴き、救援を求めたのである。

そこで秀吉は島津氏に停戦命令を出したが、それを無視して島津氏は天正十四年十月から大友氏の領国豊後へ侵攻。次々と大友方の城を落とし、豊後の府内《ふない》に入り込んで大友義統の館で掠奪の限りを尽くした。義統は手も足も出ず、豊前へ逃亡してしまった。

一方、宗麟は臼杵城《うすきじょう》に籠もった。宗麟が永禄六年（一五六三）前後に築いた臼杵城は、三方を海で囲まれ、建物は山塊の上に高くそびえ、城へ入る通路も一本の小道しか存在せず、容易に敵を寄せつけぬ堅牢な城郭だった。城内に教会を建てキリスト教を積極的に保護したこともあって、ポルトガル商人が盛んに来航するようになった。宗麟は美術品の蒐集癖があり、ポルトガルに加え、明や朝鮮とも交易を行った。

臼杵城には、島井宗室《そうしつ》や神屋宗湛《かみやそうたん》などの豪商や公家を招き、盛んに茶会を催し、能を鑑賞したり蹴鞠《けまり》を楽しんだりするなど文化的な生活を送っていた。

ただ、島津軍が臼杵城に殺到した際には、宗麟は堅城を利用して守りを固め、ポルトガル製の大砲を効果的に用いて島津軍を撃退したのである。

そうした中、翌天正十五年三月に秀吉が大軍で九州に上陸。島津と大友の戦いは、形勢が一気に逆転し、島津軍は豊後から撤収し、やがて秀吉に降伏したのである。

宗麟は罪を告白し自分を鞭打った！

九州を制圧した秀吉は、戦後の論功行賞を行った。豊後府内から逃亡した大友義統だったが、秀吉は豊後一国を安堵《あんど》した。いち早く秀吉に通じた肥前の龍造寺政家も本領を認められた。大功のあった小早川隆景は筑前一国に加え、筑後と肥前の二郡を賜わった。佐々成政《さっさなりまさ》には肥後一国が与えられた。そのほか黒田孝高《よしたか》、森吉成らが新たに所領を九州に与えられた。島津氏については、薩摩と大隅の二国が安堵された。

ちなみに秀吉は、これより前、宗麟に対して日向一国を与えようとした。臼杵城での奮戦もあったので、これはある意味、秀吉の温情だったのかもしれない。

しかし、宗麟はこれを固辞したといわれる。

キリスト教宣教師の書簡によると、宗麟は臼杵城で島津氏の攻撃に耐えている間に心身を衰弱させ、病にかかったようだ。ルイス・フロイス著『日本史』（松田毅一・川崎桃太訳　中央公論社）によれば、籠城中にはしばしば宣教師に自分の罪を告白し、自分の体に鞭を打つ激しい苦行をして罪の許しを乞うていたという。

実は宗麟は、天正六年（一五七八）にイエズス会宣教師・カブラルから洗礼を受け、フランシスコという霊名《れいめい》を与えられていた。

戦後、宗麟は臼杵城から出て津久見に隠棲しようと決意した。しかし出発の数日前に熱を出し、津久見に到着してから三日後に死去した。宣教師の記録によれば、宗麟の病はチフスだったという。津久見では屋敷内の小さなキリスト教の礼拝堂に横たわり、宣教師に罪を告白し、高熱に苦しみながらもコンタツ（数珠）の玉を爪繰《つまぐ》りながら祈りを捧げ続けた。枕元には聖母マリアの木像が置かれた。いよいよ臨終の時には小さな十字架が宣教師から与えられたが、宗麟にはそれを持てる力がなかった。そこで宣教師が持たせてやったと伝えられる。

宗麟が危篤だと知ると、大勢の人々が津久見に集まり、神に宗麟の回復を祈ったが、その願いは天に届かなかった。天正十五年五月（死去日は諸説あり）、宗麟は妻と次男に見守られながら五十八年の生涯を閉じた。その死に顔は非常に安らかだったといわれる。葬儀は宗麟の希望により、キリスト教の形式で行われた。

織《お》田《だ》信《のぶ》長《なが》

辞世の句・名言

人間五十年　下天のうちを比ぶれば
夢幻の如くなり

生年
1534年6月23日
（天文3年5月12日）

没年
1582年6月21日
（天正10年6月2日）

享年
49

「天下取りを目前に、明智光秀の裏切りで、京・本能寺に散った」

プロフィール

1534年（天文3年）尾張守護代の庶流の家臣だった父・織田信秀の子として生まれる。幼少から青年時代には、しばしば奇行のために「尾張の大うつけ」と呼ばれたが、1560年、27歳の時に桶狭間の戦いで大大名だった今川義元を破った。美濃を平定すると、「天下布武」の印判を用い、畿内における将軍政治の復活を目指した。

＊

1548年（天文18年）　15歳　和睦のため斎藤道三の娘・濃姫と結婚
1560年（永禄3年）　27歳　桶狭間の戦いで今川義元を討ち取る
1568年（永禄11年）　35歳　足利義昭を奉じて京に上り、義昭を第15代将軍に据え室町幕府を再興
1570年（元亀元年）　37歳　姉川の戦いで、浅井・朝倉氏を破った
1571年（元亀2年）　38歳　比叡山延暦寺を焼き打ちする
1573年（天正元年）　40歳　足利義昭を京から追放し、室町幕府を滅ぼす

信長は白い着物を着ていると女が証言

1575年（天正3年）42歳　長篠の戦いで、武田勝頼を粉砕。弱体化させる
1576年（天正4年）43歳　近江・琵琶湖畔に安土城を築城
1582年（天正10年）49歳　本能寺の変　家臣だった明智光秀の謀反に遭い自刃

天正《てんしょう》十年（一五八二）六月二日。この日に何があったかは、歴史好きでなくても答えられる方が多いだろう。そう本能寺の変、織田信長が自刃した日である。

彼の最期がどのようなものであったかを詳しく見ていこう。

天正十年三月に甲斐《かい》の武田勝頼を滅ぼした信長は、同盟者の徳川家康に駿河《するが》一国を付与した。これまでの苦労に報いたのだ。家康はお礼のため、同年五月に安土城を訪問した。接待役は明智光秀だったが、まもなく職を免じられ、中国地方で毛利氏と戦う羽柴秀吉の援軍を命じられた。家康のもてなし料理に腐った魚を出したので懲罰だったなどといわれるが、事実はよくわからない。

信長は五月十九日に安土城にやって来た家康に舞や能を見物させ、なんと自ら家康のところまで膳を運んだという。食後には家康とその家臣たちに帷子《かたびら》を与えている。信長にし

ては大サービスだ。

五月二十一日、家康は安土を離れて上洛した。信長が上方見物を勧めたからである。そんな信長も五月二十九日、わずかな供回りを連れて京都の本能寺にやってきた。やはり秀吉の戦を支援すべく、自ら中国地方へ出馬するためだった。

本能寺は定宿とはいえないが、これまで何度か宿泊している寺院だった。信長は京都に自分の城は持たず、上洛時には寺に泊まることが多かった。すでに日本の過半を平定しつつあり、京都は自分の庭同然、敵に攻められる心配がなかったからだろう。だからまさか家臣に襲われるとは夢にも思わなかったはず。

ところで、なぜ光秀は謀反《むほん》に及んだのだろうか。

この謎については、これまで多くの研究者や作家が自説を開陳しているが、確かな史料がないので、本当のところはわからない。いずれにせよ、六月一日夜、光秀は一万三千人（諸説あり）を率いて亀山城から出陣し、老の山を越えて中国地方へは向かわず、京都盆地になだれ込んできたのだ。そして桂川を越えたところで、空が白んできた。

明智軍は時を移さず、信長の宿所である本能寺を包囲した。

明智軍として参加した本城惣右衛門《ほんじょうそうえもん》が、この時のことを約六十年後に回想した記録（『本城惣右衛門覚書』）が存在する。信長に仕えていた太田牛一《おおたぎゅういち》の『信長公記《しんちょうこうき》』では、「本能寺取り巻き、勢衆、四方より乱れ入るなり」（桑田忠親校注　新人物往来社）と、一気に境内へ攻め入ったように記されているが、惣右衛門の記憶が本当なら、拍子抜けするような戦いだったことがわかる。

そもそも惣右衛門は、自分たちが信長の命を奪いに行くとはまったく知らなかったそうだ。光秀の重臣・斎藤利三《としみつ》父子が本能寺のほうへ向かったので、それに付いていき、寺の塀づたいに移動して本道に出たところ、門前に兵が立っていた。そこで首を奪い、門が開いていたのでそのまま境内に入ったという。なんと、境内には誰もおらず静まり返っていたそうだ。後述するが、前日深夜まで及んだ茶会のため、皆、眠りこけていたのかもしれない。

明智軍から「首は討ち捨てにせよ」という指示が出たので、惣右衛門は先ほど奪った首をお堂の下に投げ入れ、そのまま本能寺本堂の広間に入った。蚊帳《かや》が吊ってあったものの人の気配はなかった。庫裏《くり》のほうへ向かうと、女が飛び出してきたので捕まえて尋問すると、「信長は白い着物を着ている」と証言した。惣右衛門はその女を光秀の重臣・斎藤利三に引き渡したが、やがてバラバラと敵が姿を見せ、戦いが始まり、この時さらに一人の首を奪った。この頃になってようやく明智の軍勢が境内に入り込んだが、信長勢はあっけなく総崩れになったという。惣右衛門はさらに一人を倒して首をとったので、主君から報償として槍を与えられたというが、何ともあっけない結末だったことがわかる。

光秀の謀反と知り「是非に及ばず」！

さて、今度は信長方の視点から本能寺の変を見ていこう。当時の手紙や日記は存在しないが、太田牛一が本能寺にいた女たちの聞き取りをもとに『信長公記』の中でその状況を再現している。

『信長公記』には記録がないが、前日の六月一日、信長は前関白の近衛前久《このえさきひさ》を始め、多くの公家、僧侶、商人などを招いて茶会を開いている。信長自慢の選りすぐりの茶器や掛軸が三十八点もその場に展示されたという。信長は参加者に向かって「西国へ出陣するが、すぐに平定できる」と豪語し、さらに京都と関東で異なる暦の統一を命じたという。ただし、暦の統一を巡っては一筋縄ではいかなかったようだ。ともあれ、名物《めいぶつ》を陳列しての茶会が終わったのは夜中だった。

そして翌日未明、信長は表の騒がしさで目を覚ました。信長も小姓たちも、当初は喧嘩だろうと思っていたが、やがて鉄砲が境内に撃ち込まれるに及んで、謀反だと悟った。

信長は「如何なる者の企てぞ」（前掲書）と森蘭丸に尋ねると、蘭丸は「明智が者と見え候」（前掲書）と応えたので、「是非に及ばず」と述べたという。「仕方ない」と言う意味だとされる。わずか数十人だったが、信長を守るため御番衆《ごばんしゅう》や小姓たちは一団となり、激しく抵抗、二十四人が厩《うまや》で討ち死にした。さらに本堂でも森蘭丸ら二十数名が戦って死んだ。信長は初め、自ら弓をとって敵に射かけ、さらに二つ、三つと弓を取り替えて応戦したが、すべて弦《つる》が切れてしまい、その後は槍に持ち替えて抵抗したが、肘を敵に槍で突かれてしまい、奥へ引き退《の》いた。この時信長は、近くに仕えていた女たちが付いてきたが、「女はくるしからず、急ぎ罷《まか》り出でよ」（前掲書）と逃がした。そしていよいよ信長は最期の時を迎えることになる。

信長の首を取れぬ光秀の大失態

当時の記録では、信長の首について見つかったとか、晒《さら》されたという手紙や日記は存在しない。同じ日に信長の長男・信忠も明智軍に囲まれ、二条の新御所で自刃している。この際、部下に命じて自分の死体は火葬させたという。つまり、親子の首を取れなかったというのは、光秀の完全な失態であった。

実際、光秀は変後すぐに「落人《おちうど》がいるだろうから、家々を徹底的に探せ」と命じており、町屋の中までずかずかと明智勢が入り込んできたという。おそらく信長が本能寺から逃げた可能性も考え、こうした指示を出したのではなかろうか。

また近年、明智軍が本能寺を襲った際、光秀本人は現場にはおらず、数《すう》キロ離れた鳥羽にいたという二次史料が出てきた。事実なら、きっと、鳥羽街道を押さえようとしたのだろう。実は大坂には一万を超える織田軍が在陣しており、信長が本能寺から離脱できた場合、この街道を通って必ず大坂へ向かうと読んでいたのかもしれない。

いずれにせよ、信長の首が発見されなかったことは、大名たちに光秀に加担することを躊躇《ちゅうちょ》させた可能性が高い。本能寺の変から三日後（六月五日）、毛利と講和して中国地方から京都へ向かう秀吉は、摂津の中川清秀に宛て「信長様は無事、信忠様と危機を切り抜け、近江国《おうみのくに》膳所《ぜぜ》にいるそうです。私もこれから姫路へ戻りますので、油断無きように」と偽の情報を流している。現存する手紙はこの一通だが、当時、同じ情報を秀吉は他の大名たちにもばら撒いた可能性は否定できない。実際、畿内で光秀に味方した大名はほとんどいなかった。

信長は遺骸を敵に渡すなと！

さて、信長の遺体だが、実は事変の直後に駆けつけた阿弥陀寺の清玉《せいぎょく》上人が埋葬したという伝承がある。これについて紹介しよう。

「阿弥陀寺由緒略記」によれば、近江坂本に阿弥陀寺を創建した清玉上人が、信長の帰依《きえ》を受け、京都に塔頭《たっちゅう》十三カ院を連ねるほどの巨大な伽藍《がらん》を設け、戦乱で焼失した東大寺大仏殿の再建にも尽力したという。本能寺の変の当日、清玉上人は二十人余りの僧を連れて本能寺に駆けつけたところ、表門は軍兵が囲んでいて入ることができなかったが、裏道から境内に入ると、すでに堂宇《どうう》は炎に包まれ、信長は割腹したという。この時、近くの竹林で十余名の武士が集まって火をたいていた。清玉が近づくと、武士の一人が「信長は遺《い》骸《がい》を敵に渡すなとおっしゃったが、敵兵が囲んで逃れることができない。だからやむなく火葬にして隠そうとしているのだ」と話したとされる。この非常事態にのんきに信長を火葬している暇があるとは思えないが、『阿弥陀寺由緒略記』によれば、清玉が火葬した信長の骨を法衣に包んで持ち帰り、阿弥陀寺の境内に埋葬したのだという。さらにその後、光秀に、本能寺と二条御所の織田方の死者の埋葬許可を得て、両所で信忠をはじめ織田兵の遺体を持ち帰り、信長父子の葬儀を執行し墓所を建てたとする。

いずれにせよ、信長はまさかの家臣の謀反によって、あっけなく人生の幕を閉じたのである。まだ四十九歳だったので、おそらくあと十年は生きて活躍できたであろう。すでに関東から近畿については信長に服しており、中国地方の平定も年内に決着が付いたろう。四国（長宗我部元親）攻めのための軍勢も大坂に待機しており、こちらもやはり年内に方がついたと思われる。とすれば、遅くても二、三年の内に信長は天下人になったはずだ。

歴史に「if」はないが、たとえ信長が死んでも、二十六歳の信忠が生きていれば、すでに多くの戦を経験し、名将たることは明らかだったので、織田の天下は揺るがなかったと思われる。なお、この時最も早く光秀を討つことができたのは、大坂にいた丹羽長秀と織田信孝（信長の三男）の軍勢だった。だが、陣中に光秀の婿・津田信澄《のぶずみ》（信長の甥）がいたことで、疑心暗鬼になって同士討ちをして役に立たなかった。徳川家康も六月五日の段階で三河に戻り、信長の仇討ちを宣言して領内に動員をかけたが、なかなか出立せず、ついに秀吉に後れを取ってしまった。家康の動きが鈍くなったのは、信長の仇討ちより、信長の死によって空白となった旧武田領（甲斐と信濃）のほうが欲しくなったからだ。

いずれにせよ、信長の死によって織田家は力を失い、中国大返しによって信長の仇を討った羽柴秀吉が信長の事業を引き継いで、天下人に駆け上がっていくことになった。

これは、泉下《せんか》の信長が一番驚いたことだろう。

豊臣《とよとみ》秀吉《ひでよし》

辞世の句・名言

「露と落ち　露と消えにし　我が身かな
浪速のことは　夢のまた夢」

生年
1537年3月17日
（天文6年2月6日）※諸説あり

没年
1598年9月18日
（慶長3年8月18日）

享年
62

天下統一、史上稀にみる大出世を遂げ関白になるも、晩年は我が子の行く末を案じつつ逝った

プロフィール

農民（足軽）から関白、天下人にまで上り詰めた。尾張の織田信長に仕えて信長の信頼を得、浅井氏を滅亡させたあとの近江3郡12万石が与えられ長浜城主となる。信長の下で数々の戦功を挙げ、本能寺の変で信長が討たれると、謀反人の明智光秀を討ち、信長の後継者として名乗りを挙げる。さらに柴田勝家を合戦で倒し徳川家康など各地の有力大名たちを臣従させて、天下統一を成し遂げた。女好きで数多くの側室を持ったもののなかなか世継ぎができず。晩年に生まれた秀頼の行く末を案じ、病の床で家康ら五大老を集め、「秀頼を頼む」と言いながら最期を迎えた。

＊

1554年（天文23年）　18歳　尾張を統一しつつあった織田信長に仕官
1561年（永禄4年）　25歳　浅野長勝の養女（ねね）と結婚
1570年（元亀元年）　34歳　織田軍が越前の金ヶ崎城を落とした直後、浅井長政が裏切り、信長は朝倉と浅井軍に挟撃され

る。この折、撤退戦で殿《しんがり》を務める

１５８２年（天正10年）　46歳　本能寺の変を知ると、すぐに中国から引き返し、山崎の戦いで信長の仇・明智光秀を討ち、清洲会議で事実上の織田家臣団トップとなる

１５８３年（天正11年）　47歳　近江・賤ヶ岳の戦いで柴田勝家を敗走させ、越前・北ノ庄城を攻めて、勝家と妻のお市の方を自害に追い込む。大坂城に拠点を移す

１５８５年（天正13年）　49歳　従一位・関白となる

１５８６年（天正14年）　50歳　朝廷から豊臣姓を下賜され、太政大臣に就く

１５９３年（文禄２年）　57歳　本拠を伏見城に移す。秀頼が誕生する

１５９８年（慶長３年）　62歳　醍醐の花見を開催する。伏見城で死去

五十七歳で誕生した秀頼を溺愛する秀吉

豊臣秀吉は足軽から織田家の城持ち大名となり、信長亡き後はわずか八年で天下を統一した。その軍事・政治的手腕はまさに天才的であった。

ただ、豊臣政権を継ぐべき実子になかなか恵まれなかった。天正《てんしょう》十七年（一五八九）、側室の淀殿が秀吉の最初の子・鶴松（幼名＝棄《すて》）を生むが、天正十九年八月に三歳で夭折してしまった。

秀吉は悲しみのあまり、翌日、髻《もとどり》を切ってしまい、京都を離れて有馬温泉で傷心を癒やしたが、政治に対する意欲が失せたのか、関白職を甥の豊臣秀次に譲ってしまった。

だが文禄《ぶんろく》二年（一五九三）、再び淀殿が妊娠し、秀頼（幼名＝拾《ひろい》）を産んだのである。待望の男児であり、年をとってからの子だったので、秀吉は秀頼を溺愛した。秀吉が秀頼にあてた手紙（現代語訳）を紹介しよう。

「本当に愛おしい。やがてお前のもとに行って、口を吸ってあげたい。私の留守中に、他のに口をすわせてはだめだよ」

この手紙から、秀吉は息子の秀頼に会うたびに接吻していたことがわかる。五十七歳で誕生した子が、愛しくて可愛くて仕方がないのである。やがてどうしても秀頼を跡継ぎにしたいと考えるようになった秀吉は、関白の秀次に対し、日本全土を五つに分け、そのうち五分の一を秀頼に与えてほしいとか、秀頼を秀次の娘と結婚させ、その婿養子にしてほしいと言い始めたようだ。

当然、秀次は面白くないし、警戒もしたようである。すると文禄四年（一五九五）七月、秀次を謀反《むほん》の罪で高野山に入れ、切腹を命じたのだ。さらに約四十名に及ぶ秀次の妻妾とその子供たちを三条河原に引き出し、秀次の首の前で皆殺しにした上、大きな穴に放り込んだ。慈悲の心がみじんも感じられない残虐な所業である。

すでに、天下を統一した数年前から秀吉は、東アジアや東南アジアの各国に対し、自分への服属《ふくぞく》を命じる書簡を送りつけていた。そこには自分が日輪の子だと記されていた。誇大妄想に取り憑かれていたのか、明国の征服を公言し、朝鮮に対してその先兵を命じたのである。驚いた朝鮮政府がこれを拒むと、大軍を渡海させて朝鮮の侵略を始めたのだ（文《ぶん》禄《ろく》の役）。だが、明の参戦や義兵の抵抗、制海権を握れないこともあって、次第に日本軍は苦戦するようになった。豊臣政権の大名たちは明との和睦を画策するが、秀吉はこれを拒絶、再度、大軍を渡海させた（慶長《けいちょう》の役）。

花見の参加者は女性のみ千三百人

そんな慶長三年（一五九八）三月十五日、秀吉は一大イベントを挙行した。この男、いわゆるパリピで、北野の大茶湯《おおちゃのゆ》をはじめ、あちこちでさまざまな大規模イベントを行ってきた。今回は、醍醐《だいご》寺での花見を企画したのだ。実は前年の春、秀吉はこの醍醐寺で花見をしており、その時、この興行を思い立ったのだろう。

ただ、当日の参加者は原則女性に限られた。秀吉の正妻・ねねや側室の淀殿など秀吉の妻妾とその女房たち、さらに諸大名の正妻とその女房、合わせて千三百人ほどが参加し、盛大なお花見となった。そもそも醍醐山は修験の修行場ゆえ女人禁制だったが、天下人にかかっては、そんな規則はあってなきがごとしで、続々と艶《あで》やかな女たちが入り込んできた。

この花見のため、醍醐寺の山腹には四カ国から集められた七百本もの桜が植樹され、寺の建物なども新たに造営された。秀吉も準備のために何度も醍醐寺に足を運んで庭や塔の造営を指示したという。当日は八つの茶屋、湯殿、休息所などが備えられた。ただ、北野の大茶湯と異なり、誰でも自由に参加できるものではなかった。というより、醍醐寺の周辺は惣構えが巡らされ、各所に望楼が作られ、多数の兵が厳重に警備していた。暗殺を警戒したのかもしれない。

女性たちは華やかな衣装で境内を散策したが、秀吉は彼女たちに二度の衣装替えを求めたという。そんな女たちを引き連れて境内を散策した秀吉だが、朝鮮では必死に大勢の部下が戦っているのに、ずいぶんいい気なものである。

醍醐の花見を描いた屛風絵が現存するが、この中に描き出された秀吉の姿は、とても六十二歳とは思えないほど、よぼよぼの姿に描かれている。神経痛や咳が酷く、体力はひどく落ちており、精力をつけるため朝鮮にいる武将たちに虎の肉を送るよう申しつけていた。

翌年、秀吉は、この醍醐寺に天皇を招こうと企画していたが、それが実現することはなかった。醍醐の花見からわずか五カ月後に亡くなってしまったからだ。

側近の五奉行に政務分担を命じた

慶長三年（一五九八）になると、豊臣秀吉の体力は急速に落ちていった。もともと数年前から神経痛や咳が酷く、体調は良くなかったが、三月に大規模な醍醐の花見を開催した二カ月後の五月になると、ますます衰弱していき、端午《たんご》の儀式で大名たちに謁見《えっけん》したあと、貧血のためか昏倒《こんとう》してしまい、その後は床に就くことが多くなった。それでも、気分の良い時には伏見の普請《ふしん》場《ば》に出向くこともあった。

秀吉は晩年、隠居の城として伏見城を作ったが、入城からわずか二年後の文禄五年（一五九六）の慶長大地震により、倒壊してしまった。このため、元の場所から少し離れた木幡山《こはたやま》に新たに城が築かれ、翌年に新城に移った。そんな新伏見城近くの醍醐寺の再建現場に出向いたのである。なんと醍醐寺の金堂は高野山から解体して持ってきた堂宇《どうう》で、秀吉は移築工事の様子を見に外へ出たのだ。

ただ、六月に入ると、食事が喉を通らなくなってしまった。「五もじ」という女性にあてた六月十七日の手紙（現代語訳）を紹介しよう。

「万が一のときのために、この手紙を書いた。病気になって心許ないまま、筆を走らせている。私はこの十五日間、飯を食べることができなくなり、とても閉口している。昨日は気を紛らわすために城の普請場に出てみたが、かえって調子が悪くなり、ますます衰弱してしまったよ。お前も病気だと聞いたが、ぜひ養生してほしい。元気になったら顔を見せておくれ」

しかし、翌七月に入ると、ほとんど寝たきりの状況になり、七月一日に行われた神楽の効果もなく、尿失禁や気絶することもしばしばだった。もちろん豊臣政権は秀吉の治療に手を尽くした。篠田達明氏によれば、秀吉が病臥《びょうが》すると「医師たちは侍医団を構成して輪《りん》番《ばん》診脈による集団治療をおこなった。伏見城奥殿に集められた顔ぶれは秀吉の側近で医師団の総指揮をとった施薬院全宗《せやくいんぜんそう》をはじめ、長老格の曲直瀬玄朔《まなせげんさく》、半井通仙院《なからいつうせんいん》、半井明英《なからいみんえい》、竹田定加《たけださだます》、盛方院坂浄慶《せいほういんさかじょうけい》、祐乗坊瑞久《ゆうじょうぼうずいきゅう》、秦宗巴《はたそうは》といった当時の錚々たる名医たちだった」（『戦国武将のカルテ』角川ソフィア文庫）という。

秀吉の病だが、学者たちは胃ガンだったのではないかと考えている。

さすがの秀吉も、もはや回復の見込みがないと悟った。ここにおいて最も心を砕いたのは、己が実力で手にした天下を幼い秀頼に確実に継承させることであった。

そこで五人の有力大名（五大老）が話し合いによって政治方針を定め、五人の側近（五奉行）が政務を分担するよう命じたのである。

五大老は徳川家康、前田利家、宇喜多秀家、上杉景勝、毛利輝元。五奉行は前田玄以《げんい》、浅野長政、石田三成、増田長盛、長束正家である。

権力と愛息に執着　秀吉六十二歳絶息

病が篤くなった頃から秀吉は、秀頼に忠誠を誓う誓詞《せいし》を頻繁に諸大名より提出させるようになった。また、五大老と五奉行間でも誓詞が交換された。たとえば家康は、八月五日に五奉行にあてて八カ条の起請文《きしょうもん》を送ったが、そこには「①秀頼への奉公、②法度置目《はっとおきめ》の遵守、③私の遺恨を企てないこと、④徒党しないこと、⑤知行方については秀頼が成人する前には執り行わないこと、⑥奉行衆に対する讒言《ざんげん》を取りあげないこと、⑦公私とも隠密の儀は他言しないこと、⑧家康の一類《いちるい》・家来に不届きがある時は申し出るよう依頼する」（藤井譲治著『人物叢書　徳川家康』吉川弘文館）といったことが記されていた。

秀吉が死んだ後に不安定な政情に陥ることを予測しているような文書だ。

八月、意識がもうろうとすることが多くなり、完全に寝たきりになってしまった。ただ、家康が誓詞を提出した八月五日は一時的に意識がはっきりしたのだろう。家康や前田利家ら五大老たちを枕元に集め、自ら書いた遺言を披露した。

「返す返す、秀頼事、頼み申し候。五人の衆（五大老）頼み申し上げ候〳〵。委細五人の物（者）に申し渡し候。名残惜しく候。以上。秀頼事、成り立ち候やうに、此の書付の衆として、頼み申し候。何事も、此のほかには思ひ残す事なく候。かしく」

とにかく心配だったのは、最愛の息子・秀頼の将来だった。秀頼が天下人としてなり立つよう、豊臣政権を支えて欲しいと五大老に哀願している。たぶん涙や鼻水を流しながら、枕元に集まった家康たちに手を合わせてひたすら頼んだのではないだろうか。この期に及んでまで権力と愛息に執着する姿は、醜悪で哀れに思えてくる。だが、ある意味、こうした妄念にとらわれるのは、私たちも同じなのかもしれない。

八月十八日の午前二時頃、ついに豊臣秀吉が絶息した。六十二歳であった。当時としては決して短命ではなかったが、当人は無念だったろう。

秀吉の死については、一部の大名以外には完全に秘匿された。武家社会に動揺が走るのを避けるためであった。当時、朝鮮半島では大勢の大名たちが必死に戦っていた。そんな武将たちが太閤の死を知ったら士気にかかわってくるからだ。

ルイス・フロイスは、「うっかり秀吉の死を口外したある大名の下僕は、すぐさま磔《はりつけ》となり、関係者は仰天して一切口をつぐんだ」とその著書『日本史』で語っている。

こうして家康が中心になって、朝鮮からの撤兵作業がすみやかに行われていった。秀吉の遺体は、立派な棺に納められ、伏見城の庭園に安置された。

九月三日、五奉行と五大老との間で、「遺恨を企てたり、徒党をくんだり、勝手な行動をしない」ことを誓った起請文が作成された。同時に、秀吉が生前に企画した壮大な企てを急ピッチで進めていった。実は秀吉は、新八幡という神になり、豊臣家を守ろうとしていたのだ。

神になろうとした本邦初の男・秀吉

神武天皇や応神天皇など天皇が神としてあがめられたり、この世に恨みを残して死んだ人間が怨霊と恐れられ、神に祀《まつ》り上げられた例はいくつも存在する。しかしながら、功成り名を遂げた人間が己の意志で神になろうというのは前代未聞のことであった。一説には、秀吉の旧主だった織田信長がそうした思考を持っていたと言われているが、明確な一次史料は存在しない。そういった意味では、権力者として神になろうとした我が国最初の人物は、豊臣秀吉なのである。

実はこれより百年近く前、穢《けが》れを嫌う神道において、吉田神社の神官・吉田兼倶《かねとも》が大明神号を授けることを始め、その曾孫である吉田兼見《かねみ》や梵舜《ぼんしゅん》の慫慂《しょうよう》（すすめ）もあって死後、神になろうと決意したようだ。秀吉は生前、軍神で清和源氏の氏神でもある八幡大菩薩（応神天皇のことでもある）として祀られることを希望した。新しい八幡神ということで、秀吉は新八幡と呼ばれた。

翌慶長四年正月、秀吉の死が公にされた。田邉博彬氏によれば、

「当初の神格化構想では、奈良東大寺と手向山八幡宮との関係と同じように、京都東山大

仏の鎮守として新八幡に祀る予定であった」

（『徳川家康と日光東照社』随想舎）という。

実は秀吉は生前から、京都の東山地区に豊臣宗教ワールドを作ろうと考えていた。おそらく、すでにこの頃から神成《かみな》り構想を抱いていたのかもしれない。

死してなお、秀吉は豊臣家を守護する

天正十六年頃には、木食応其《もくじきおうご》を造営奉行として三十三間堂の境内地に方広寺《ほうこうじ》の大仏の造立を始めている。応其は高野山の僧侶で、秀吉が高野山を焼き討ちしようとした時、これを防ぎ、以後、秀吉の大きな信頼を得ていた。

こうして約十九米《メートル》の木造仏と大仏殿が文禄四年（一五九五）に完成した。が、翌五年（一五九六）閏七月の慶長大地震で大仏殿は倒壊してしまう。すると秀吉は、「地震で壊れる程度の大仏なら、御利益がないのでうち捨てておけ」と腹を立て、かわって武田信玄が甲斐に移した善光寺の本尊・善光寺如来像（阿弥陀如来）を応其に移送させた。しかし、法要を営む予定の四日前に秀吉は死去してしまった。その後、善光寺如来は善光寺へ戻された。

さて、秀吉を八幡として祀る新八幡宮は、この応其によって秀吉の死が公表された頃に

はほぼ出来上がっていたようだ。慶長四年二月に神社を見物した義演准后《ぎえんじゅごう》はその日記に、「応其の案内で新八幡宮を見物したが、目を驚かすほど美しい。社殿はほぼ完成し、楼門も過半が出来上がっている」

といったことが記されている。ただ、三月に意外な事態が起こる。

先の田邉氏によると、五奉行の前田玄以が後陽成天皇に秀吉の新八幡という神号を披露して勅許を得ようとしたところ、なんと天皇が再検討を指示したというのだ。

「新八幡の神号が天皇の勅許をえられなかった背景には吉田家や家康が関与したという説がある。八幡宮は清和源氏の氏神であり、家康の崇敬する源頼朝も武人の守護神として鶴岡八幡宮を建立している。新田源氏の子孫と称したい家康にとって、秀吉が新八幡を称するのは認めがたく勅許に反対したというのもうなずける」（前掲書）

このように田邉氏は、家康の妨害によるものと推察している。

結局、秀吉は豊国大明神として祀られることになった。日本を示す「豊葦原中津国《とよあしはらのなかつくに》」と豊臣姓からとられたネーミングであろう。

慶長四年四月十三日、秀吉の遺骸は、密かに京都の伏見城から阿弥陀ヶ峯へ移された。この時、迎えに出たのは木食応其であった。

秀吉が死後に神になったのは、死しても豊臣家を守護するためであった。だが、その願い空しく、翌年の関ヶ原合戦で家康が覇権を握り、秀頼はおよそ六十万石程度の大名に転落する。しかしながら、家康も秀吉との生前の約束に従い、孫の千姫と秀頼を結婚させたり、自分の次に高い官職を与えるなど、豊臣家を大切に扱った。一説には秀頼を関白に据え、西国を豊臣家に任せ、東国を徳川が支配する体制も考えていたという説もある。そんなことで、秀吉の七回忌にあたる慶長九年八月には、大規模な豊国大明神の臨時祭礼が執行された。巨費を投じた豪奢な祭礼となった。

だが、家康は二条城で豊臣秀頼と会見した慶長十六年以後、立派に成長した姿に不安を覚え、最終的に豊臣家を抹殺することに決めたという。こうして大坂の陣で豊臣家は強引に滅ぼされてしまった。

戦後、家康は京都の豊国神社に大明神として祀られていた秀吉から神号を剥奪したうえ、豊国神社の社領を没収し、さらに社殿を徹底的に破壊しようとした。しかし、北政所（秀吉の正妻。ねね）が嘆願したため壊すのはやめた。が、社殿を修理することを一切禁じた。結果、壮麗な豊国神社はやがて朽ち果てていった。何ともみじめなものである。

前《まえ》田《だ》利《とし》家《いえ》

辞世の句・名言

「散らさじと　思ふ櫻の　花の枝
吉野の里は　風も吹かじな」

生年
1538年
（天文7年）※諸説あり

没年
1599年4月27日
（慶長4年閏3月3日）

享年
62

「豊臣秀吉との友情を貫き、秀吉の死後8カ月後に後を追うように逝った槍の又左」

プロフィール

若い頃は派手な格好で暴れん坊のかぶき者だった。14歳の頃に織田信長に臣従し、槍の名手だったところから「槍の又左」と呼ばれる。柴田勝家の下で与力として北陸方面を転戦し、能登一国23万石を拝領した。信長の死後、賤ヶ岳の戦いでは柴田勝家を裏切って、若い頃からの親友だった秀吉に仕え、その後の豊臣政権で五大老のナンバー2となる。晩年には秀吉の遺児・秀頼の守役、後見を託されるが、秀吉の死の8カ月後に後を追うように、大坂城下屋敷で病死した。

＊

1551年（天文20年）　14歳　尾張の織田信長に仕える
1558年（永禄元年）　21歳　孫四郎利家から通称を又左衛門と改める
1559年（永禄2年）　22歳　信長の同朋衆を斬り殺したことで、出仕停止処分を受け、2年ほど浪人となる
1561年（永禄4年）　24歳　前年の桶狭間の戦いなどに無断で参加し、数々

1581年（天正9年）44歳　の戦功を挙げたことで帰参を許される
1583年（天正11年）46歳　3月、信長の命により、能登一国を与えられる
賤ケ岳の戦いで柴田軍として参加するも、戦線を離れて秀吉軍に降伏。以後、秀吉に仕える
1590年（天正18年）53歳　豊臣利家として、正四位下に叙され、その後、従二位・権大納言に昇叙される
1598年（慶長3年）61歳　秀吉より五大老の一人に命じられ、秀頼の後見人となる
1599年（慶長4年）62歳　秀吉の死後、利家の病気も悪化し死去

利家は常に算盤を携帯し財産を築く

織田信長に仕えた前田利家は、たびたび武功を上げて「槍の又左《またざ》」の異名を持ち、天正三年（一五七五）の長篠の戦いでは千名の鉄砲隊を指揮する身分となり、信長の命で柴田勝家（織田家の家老）の与力《よりき》（応援）として北陸方面で戦うようになった。

勝家は天正十一年二月、山崎合戦で信長の仇を討った羽柴秀吉と激突した（賤《しず》ケ《が》岳《たけ》合戦）。利家は柴田方として戦場に出向いたが、味方の佐久間盛政が崩れると戦わずして戦線から離脱し、領地の越前府中へ戻ってしまった。その後、秀吉軍が来襲するとただちに降伏した。若い頃から秀吉と仲が良く、利家は友情を取ったと言うが、やはり、家の存続

を考えて有利な羽柴方に寝返ったのだろう。

以後は盟友秀吉に仕えて絶大な信頼を受け、豊臣政権では五大老制（家康と利家の二大老制だったとの説あり）の大老の一人となった。秀吉は、臨終に際して跡継ぎである秀頼の後見を利家に委ねた。慶長四年（一五九九）正月、豊臣秀頼が大坂城に入り、利家も秀吉の遺言に従って秀頼に同行した。一方、家康は伏見城で豊臣政権の政務を担っていたが、勝手に他の武将と縁戚関係を結ぶなど、政権の結束を乱す行動を見せた。利家はこれを看過できずに他の三大老と共にその行動を詰問した。すると家康は、翌二月、四大老と五奉行に「遺恨《いこん》に思わず、皆さんと昵懇《じっこん》にする。今後は十人で話し合っていく」などと記した起請文《きしょうもん》を提出。逆に四大老と五奉行も家康に同様の起請文を差し出し、和解した。一説には、家康は自分に味方すると信じていた武将たちが少なからず利家側に加担したので、天下を取るのは時期尚早と判断したと言われる。

巷説《こうせつ》とはいえ、利家には人望があったのは事実だ。利家は「自分より下の地位にある者への手紙は、丁寧に書くべきである。それを見た相手はかたじけなく思うだろう。目下だからといって、乱暴でいい加減に書くのは、私とお前はこんな立場が違うのだと言っているようなもので、愚か者のやることだ」と述べている。「槍の又左」の異名から武人的なイメージが強い利家だが、礼節を重んじる人だったことがわかる。さらに意外だが、卓越した経済観念を持っていた。金銭の力というものを大変重視し、よく家臣たちに、「とにかく金を持つことだ。金を持てば、人も世の中も恐ろしくなくなる。逆に貧乏すると、世の中が恐ろしく思えてくる」と教えていた。そして常に算盤《そろばん》を携帯し、みずから領内の収入や戦費の計算を行い、莫大な財産を築き上げた。若い頃、信長に追放され貧窮生活に追い込まれた体験が、大きく影響しているのだろう。

嫡男の利長は家康暗殺計画を阻止!

そんな利家から融資を受けた大名も多かった。利家が金を貸したのは、利子で儲けるためや、単なる親切心からでもなかった。

利家は、亡くなる前に嫡男の利長に諸大名の借金証文の束を手渡し、「俺の死後、前田家の味方になった大名にはこの証文を返し、借金を免除してやれ。そうすれば前田家の勢力は増大するだろう」と遺言したと言われる。その中には伊達政宗、細川忠興、堀秀治といった錚々《そうそう》たる武将も含まれていたそうだ。

秀吉が亡くなる前から利家は体調が良くなかったようで、慶長三年三月から五月まで草津で湯治をしており、家康と起請文を交換した頃、口から細長い虫を吐き出している。寄生虫により内臓がむしばまれていたことがわかる。

死去する二月ほど前(二月二十九日)、利家は病を押して伏見城の家康の邸宅を訪ねている。細川忠興の仲介により、起請文騒ぎで悪化した家康との関係を修復しようとしたのである。この時、息子の利長が利家の身を案じて同行を願った。しかし利家はそれを拒み、「お前は戦の準備をし、私が家康に斬られたら、即座に弔い合戦をせよ」と鞘から刀を抜き放ち、抜き身を眺めたという。ただ、両者の対面は和やかな内に終わった。

それから数日後の三月八日、今度は家康が大坂の利家邸を訪問した。すでに利家の病は篤《あつ》く、病気見舞いであった。この時、利家は密かに家臣たちを武装させ、家康を暗殺してしまおうと計画していたという。

そして家康がやってきた際、息子利長に向かい「家康が入ってきた。心得ているな」と念を押した。ところが利長は、「はい、今朝からご馳走の件は、家臣たちに申しつけてあります」と見当はずれな返事をした。

これに失望した利家は暗殺を断念し、対面は滞りなく終わった。

家康の退出後に利家は利長を呼びつけ、布団の下から太刀を取り出し、「お前に器量があれば俺は家康を殺したろうが、お前は天下を奪える柄ではない」とため息を吐き、「お前のことは、よく家康に頼んでおいたから、安心しろ」と語ったという。

だが、どうやら利家は、利長のことを甘く見すぎていたようだ。

おそらく利長はわざと家康の暗殺を阻止するために、的はずれなことを言ったのだろう。利長は、すでに次の天下は家康のものだと考え、家康に近づきつつあったのである。一説によれば、家康を殺害しようとしていた前田家の家士《かし》や弟の利政を諫止《かんし》したのも、利長だったと伝えられる。知らなかったのは、病床にあった利家だけであった。

「何の罪ゆえ地獄に落ちねばならぬ」と

それから一月後の閏《うるう》三月一日、いよいよ利家は危篤状態に陥ったが、この時正室のまつ(芳春院《ほうしゅんいん》)が、枕元で次のように言った(『加賀藩史料　第一編』より)という。

「若い頃からあなたは、手ずから刀や槍で、あるいは、部下に命じて多くの者を殺めてきました。その罪業はまことに恐ろしいものです。あなたは見苦しいと嫌がっていますが、私が仕立てた経帷子《きょうかたびら》(死に装束)を着せて納棺させていただきます」

これを聞いた利家は笑みをもらし「確かに私は乱世に生まれ、ここかしこの戦場で敵対する者を殺してきたが、ゆえなく人びとを苦しめたことはない。何の罪があって地獄に落ちねばならぬのだ。もし地獄の牛頭馬頭《ごずめず》(獄卒)らが俺をあなどり、みだりに責め立てようとするなら、先んじて世を去った当家の勇士たちを従え、鬼どもを攻めなびかせ、武威を冥土で振るうつもりぞ。まつよ、つまらぬ事を申すな」と反論したという。そして、「俺は死後の行き先より、今生に思い残すことがある。それは秀頼様のことだ。幼くして父・秀吉公が没したあと、家康と俺を召して『江戸の祖父』、『加賀の祖父』と慕ってくれるので、愛おしくて仕方ない。なのに、むざむざと煩い死ぬのは、何とも情けないことだ。せめて五年、七年の余命があれば、秀頼公が天下を治める様子を見届けることができたのに。生命に限りあることが口惜しい。もはや見ることがかなわぬと思うと、何となく怒りが湧いてくる」

そう言って目を見開いて歯ぎしりをし、側にあった新藤吾国行（新藤五国光《しんとうごくにみつ》）の脇差を鞘のまま手に取って胸に押し当て、何度かうめき声を発したあと息絶えたのだった。享年六十二。閏三月三日朝のことであった。

十一カ条の遺言は後世の偽作と断言

その日の内にまつは剃髪し、数人の重臣や側近たちも頭を丸めたり、髻《もとどり》を断ち切った。なお、利家が逝去したという情報が流れたのだろう、諸大名たちが騒ぎ出し、不穏な空気が流れ、町民たちは恐れおののいた。前田利家という大老が亡くなり、豊臣政権の政治バランスが大きく崩れたのである。事実、まもなく加藤清正や福島正則など七人の武功派大名が、五奉行の石田三成の所業を弾劾《だんがい》、家康がこれを調停する事態が発生している。

利家の遺言に従って、その遺体はすぐに長持（棺）に納められ、翌四日には国元の金沢に向けて大坂城から出立した。

没する直前、利家は跡継ぎの利長に宛てて十一カ条に及ぶ見事な遺言を述べ、まつに筆写させたと伝えられる。

その概要だが、まずは死後、遺体を長持に納めて金沢へ移し、野田山に葬り塚を作ることを命じ、同時にまつらの妻女を大坂から金沢に移せと指示している。

ただ、新当主の利長は大坂に残って利政（利長の弟）を金沢へ派遣し、前田軍を大坂と金沢の二つに分散させ、もし秀頼に対する謀反《むほん》が起これば、利政は金沢から八千を引き連れて上坂し、兄の利長と合流するように命じた。おそらく自分が亡き後、大坂で天下の大乱が起こると予想したのだろう。利長に対しても三年間、国元へ帰ってはいけないと述べており、中央の政局から離脱せぬよう戒めている。

さらに利長・利政兄弟の結束を説き、具体的に領地や形見の分配などに言及した。

このほか、合戦は相手の領地に踏み入って戦うことが大切で、決して敵の侵入を許してはならないと信長の例をあげて兵法の極意を力説したり、家臣の能力を公正に評価してえこひいきをせず、たとえ新参者であっても能力があれば抜擢《ばってき》すべきだと人使いのコツを教えている。重臣たちの扱い方についても詳しく指示した。

なかなか多種多様な内容を含んだ遺言である。

ところが研究者の大西泰正氏は、「利家の遺言状が実際に存在したとは到底考えられない。利家の死後はるかな後世に（略）あれこれと想像を膨らませて創作されたのが、現在残される遺言状である」（「前田利家・利長　創られた『加賀百万石』伝説」平凡社）と断言する。

詳しいことはぜひ大西氏の著作を読んでいただきたいが、要するに、後世に作られた偽作だというのである。現在、この説が主流となっている。

とはいえ、利家の側近が記した「国祖遺言」（利家の言行録）が遺言状の元になっており、利家の行動原理が偽書とされる遺言状には含まれている。しかも江戸時代半ば以降、加賀藩に利家の遺言状は広く流布しており、藩士たちはこれを藩祖の遺言として信じて疑わなかった。そういった意味では、偽作であるとはいえ、それが加賀藩士たちの精神的支柱になったのは間違いないだろう。

さて利家が亡くなると、前述のとおり、加藤清正らに弾劾された石田三成が失脚して佐和山城に蟄居《ちっきょ》。こうした不穏な状況なのに、なぜか前田利長は父の遺言を破って金沢に戻ってしまっている。すると家康がその間、大坂で政権奪取に動いていく。その中で家康と金沢にいる利長の関係は険悪になり、結局、利長は家康に屈して母のまつ（芳春院）を徳川に人質に出すことになった。草葉の陰で利家も嘆いたのではなかろうか。

長《ちょう》宗《そ》我《か》部《べ》元《もと》親《ちか》

辞世の句・名言

「一芸に熟達せよ。多芸を欲ばる者は巧みならず」

生年
1539年
（天文8年）

没年
1599年7月11日
（慶長4年5月19日）

享年
61

長身で色白のイケメン武将。四国統一を果たすが、わずか1年後に秀吉に臣従

プロフィール

幼少の頃、色白で軟弱な美少年だったので、家臣たちは「姫若子《ひめわこ》」と陰口をたたいた。しかし22歳の時に、寡兵で多勢の敵を蹴散らし、獅子奮迅の活躍で初陣を飾り「鬼若子」と称賛された。父・国親が病死して家督を相続すると、次々に周辺の有力豪族を従え土佐を統一。阿波、讃岐、伊予を攻め四国統一を成し遂げるが、四国征伐に乗り出した豊臣秀吉に降伏して臣従した。嫡男の信親が討ち死にした後は、重臣たちを粛清するなど独裁を強めた。

＊

1539年（天文8年）　1歳　長宗我部国親の嫡男として生まれる
1560年（永禄3年）　22歳　本山氏との長浜の戦いで初陣を飾る
1575年（天正3年）　37歳　四万十川の戦いで一条氏を破り土佐を制圧
1580年（天正8年）　42歳　臣従するよう迫る織田信長の要求を拒絶
1582年（天正10年）　44歳　信長の四国攻撃が始まろうとした矢先に本能寺で信長が討たれる

1585年（天正13年）47歳　四国全土をほぼ統一することに成功するが、羽柴（豊臣）秀吉軍が四国に襲来、秀吉に臣従を誓い、土佐一国のみを安堵される

1586年（天正14年）48歳　秀吉の九州征伐で嫡男の信親と共に従軍。信親が討死する

1599年（慶長4年）61歳　京都伏見で、病死

嫡男が戦死し腹を切ろうとした元親

土佐の国人《こくじん》（国衆《くにしゅう》）・長宗我部《ちょうそかべ》国親《くにちか》の嫡男として岡豊城に生まれた元親《もとちか》は、周辺の国人である本山氏、安芸氏などを次々倒し、天正《てんしょう》三年（一五七五）、土佐に土着した公家・一条氏を駆逐《くちく》して土佐一国を平定した。その後は隣国に勢力を広め、畿内の織田信長と結びつつ、その了解のもと進撃を続けて四国に覇を唱えるまでになった。ところが、信長が態度を豹変させ、「土佐一国と阿波国の一部の領有しか認めない」と言い始め、ついには天正十年六月、長宗我部氏を攻めるべく大坂に大軍を集結させたのである。しかし、その月、信長はあっけなく明智光秀に殺されてしまった。

その後元親は、柴田勝家や徳川家康などと連携しながら、信長の後継者・羽柴秀吉を牽制し、天正十三年に四国統一を果たしたが、その数カ月後、羽柴秀長（秀吉の弟）率いる

大軍が四国に乱入。元親は降伏して土佐一国のみを安堵《あんど》された。天正十四年、元親は秀吉の命を受けて九州平定の先鋒《せんぽう》として豊後へ渡るが、戸次川《へつぎがわ》の戦いで二十二歳の嫡男・信親が戦死してしまう。これを知った元親は腹を切ろうとし、家臣たちに止められた。以後、元親は意気消沈し、秀吉が大隅国をくれるというのも断り、家中では意固地になり独裁を強めたと伝えられる。こうした中で跡継ぎ問題が勃発する。元親は次男の五郎次郎に家督をなかなか譲ろうとしなかった。このため憔悴した五郎次郎は病没（没年は諸説あり）してしまう。すると元親は、津野氏の養子に入った三男親忠《ちかただ》ではなく、まだ十六歳の四男盛《もり》親《ちか》に家督を譲ろうとしたのだ。さらに「この措置に重臣の吉良親実《きらちかざね》が反対している」と告げ口した久武親直《ひさたけちかなお》の言を信じ、親実を自刃させたと伝えられる。一次史料がないので事実はわからないが、親実を含め数名の重臣を元親は死に追いやったようだ。おそらく、盛親新体制を見据えた家中の粛清だと思われる。

その後、元親は盛親と共に朝鮮出兵のため渡海。水軍を率いて活躍すると共に巨済島《コジェとう》に長門浦城を築き、文禄五年（一五九六）に帰国した。帰国後、家督を盛親に譲ったようで、盛親は単独の文書を発給し始めた。ただ、親子連署の文書も多いことから、元親は後見として政務を補佐、ゆるやかな盛親への権力移譲を目指したようだ。翌慶長二年（一五九七）、親子は再び朝鮮へ渡った（慶長の役）。

元親は分国法で大酒禁止令を出す

この朝鮮出兵中、元親は分国法「長宗我部氏掟書（長宗我部元親百箇条）」を制定している。完成したのは、慶長二年のことだと考えられている。条文中ユニークなのが、「諸奉行儀は言ふに及ばず、上下共大酒禁制の事」とあることだ。当初は禁酒令を出した元親だが、自分が隠れて飲酒していたことを重臣にとがめられ、大酒禁止に改めたとされる。また、「どんなことも分をわきまえてたしなむ事。奉公の合間には、第一に書学ならびに芸能を心がけなさい」とあり、家中教育を重視していた元親の姿勢がうかがわれる。

分国法を完成させた翌年（一五九八）、元親は秀吉がいる伏見に上ったが、同年十一月に徳川家康が長宗我部邸を訪問している。八月に秀吉が没しており、家康は元親を自派に取り込もうとしたのかもしれない。このように風雲急を告げる中、まもなく土佐に戻った元親は、翌慶長四年正月、三男の親忠を幽閉して津野家を改易《かいえき》してしまう。この数カ月後に元親は死去するので、自分の死を悟り、盛親体制の邪魔になる親忠の力を削いだのだろう。とはいえ我が子ゆえ、誅殺《ちゅうさつ》することはなかった。

同年、元親は盛親と再度伏見へ上っている。閏《うるう》三月に、大老の前田利家が没したことで家康派と反家康派の対立は抜き差しならない状況になっており、おそらく政局を見極めるために上方へ出向いたのだろう。ただ、この時元親の病はかなり進行していたと思われる。

軍記物『土佐物語』（土佐藩士・吉田孝世《たかよ》の著作。宝永五年〈一七〇八〉成立）によると、春から体調が悪化した元親は、「日を逐《お》うて心身苦痛し、名医の良薬も効なく、貴僧の懇《こん》祈《き》も叶わず、同年五月十九日」（前掲書）に死去した。

江戸後期に成立した『名将言行録』（岡谷繁実《おかやしげざね》著）によれば、元親は臨終に際して盛親に家臣団の名簿作成を指示。特に軍功のある者は特筆せよと命じたという。そこで重臣の久武親直が土佐中を巡り、家士《かし》九七三六名を書き上げ、うち六十一名を「練武《れんぶ》者」と特記した。また、『桑名弥次兵衛一代記』によると、自分の死後における、合戦での先手・中備え・後備えなど、各部隊の配置を遺言したと言われる。すでに天下分け目の合戦が近いことを悟り、その準備を整えようとしたのだろう。

元親が没すると、その遺体は翌日、伏見から京都の天龍寺に移されて荼毘《だび》に付され、遺骨は土佐に送られて菩提寺の長浜村慶雲寺に葬られた。生前から雪蹊恕三《せっけいにょさん》という法名を持っていたが、それに因んで慶雲寺は雪蹊寺と改名された。

盛親は、翌月に父・元親の肖像を描かせ、画に名僧・惟杏永哲《いきょうえいてつ》の賛をもらい、雪蹊寺に奉納した。これは秦《はだ》神社に現在も所蔵されている。その後、盛親は父の木像と位牌も同寺に納めたと伝えられる。なお、同じ長浜村の天甫寺山《てんぽじやま》には元親の墓が建てられたというが、どうやらそれは息子の信親の墓である可能性が高い。逆に、雪蹊寺にある信親の墓石だと伝えられているものが元親の墓らしい。江戸時代になって墓石に墓碑銘を間違って刻み込んだことで勘違いが起こったようだ。

いずれにせよ、一代で四国を平定した長宗我部元親は、天下分け目の合戦の直前、その勝敗を見ることなく、六十一歳の生涯を閉じたのである。

徳川家康《とくがわいえやす》

辞世の句・名言

「先にゆき　跡に残るも　同じ事　つれて行ぬを　別とぞ思ふ」「うれしやと　二度（ふたたび）さめて　ひとねむり　浮世の夢は　暁の空」

生年
1542年1月31日
（天文11年12月26日）

没年
1616年6月1日
（元和2年4月17日）

享年
75

長い人質生活ののち、信長と同盟を結んで勢力を拡大。秀吉と対立後、臣従するが、その死後にようやく天下人となった

プロフィール

三河国（愛知県）の松平広忠の嫡男として生まれるが、6歳の頃に尾張（岐阜県）の織田氏、8歳以降は駿河（静岡県）の今川氏の人質として過ごし、16歳で義元の一族（後の築山殿）を妻にして松平元康《もとやす》と名乗った。今川義元が桶狭間の戦いで敗死すると、信長と同盟を結ぶ。その後、姉川の戦いや長篠の戦いなど、多くの戦いに参加。25歳の時、三河国を統一し、この頃に徳川家康を名乗る。信長の死後は、豊臣秀吉と対立するが、のちに臣従した。秀吉の死後、関ヶ原の戦いに勝利して江戸幕府を開いた。

＊

1547年（天文16年）　6歳　織田家の人質、8歳の時、今川氏の人質となり以後19歳まで駿府で過ごす

1557年（弘治3年）　16歳　今川義元の姪（築山殿）と結婚

1560年（永禄3年）　19歳　桶狭間の戦いで今川義元が織田信長に討たれると、岡崎に戻って今川家から独立。翌年、信長

		と清洲同盟を結ぶ
1575年（天正3年）	34歳	長篠の戦いで織田・徳川連合軍が武田勝頼軍に勝利
1584年（天正12年）	43歳	小牧・長久手の戦いで豊臣軍に勝利
1586年（天正14年）	45歳	上洛して秀吉に臣従を誓う。駿府城に移る
1590年（天正18年）	49歳	秀吉によって所領を関東に移される
1600年（慶長5年）	59歳	関ヶ原の戦いで、石田三成ら西軍を破る
1603年（慶長8年）	62歳	征夷大将軍に任命され、江戸幕府を開く
1615年（慶長20年）	74歳	大坂夏の陣に勝利し、豊臣家を滅ぼす
1616年（元和2年）	75歳	駿府城で病死する

豊臣が滅んで一年　家康七十五歳で死去

慶長《けいちょう》二十年（一六一五）五月、大坂夏の陣で豊臣秀頼を滅ぼした徳川家康は、翌年の四月十七日に七十五歳の生涯を閉じた。

夏の陣後、わずか一年ほどしか生きなかったわけだ。

しかし豊臣家を滅ぼした二カ月後の閏《うるう》六月、大名（主に西国大名）に対して「城は居城のみに限り、その他の城は全て取り壊せ」という一国一城令《いっこくいちじょうれい》を発した。これにより、大名は領国《りょうごく》内の支城を全て撤去することになり、大名の防衛力は著しく弱体化してしまった。

さらに翌七月、将軍秀忠の名をもって、大名を押さえつけるための基本法「武家諸法度《ぶけしょはっと》」を制定した。以降、この法令によって多くの大名が処罰されたり、改易《かいえき》に処されることになった。さらに同月、「禁中《きんちゅう》並《ならびに》公家諸法度《くげしょはっと》」を制定し、天皇や公家の生活、公家の席次や昇進も法で縛った。江戸幕府は軍事政権だが、形式的には朝廷（天皇）が徳川の当主を征夷大将軍に任命し、政権を委ねる形をとっているから、朝廷を尊崇《そんすう》させ、その権威を維持する必要があった。が、一方で朝廷や天皇・公家が大名と結びついたり、独自の行動をすることを恐れた。このように家康は大坂の役後、たった数カ月で政権を盤石《ばんじゃく》なものにしていった。あたかも己の命が尽きることを知っているようであった。

元和二年（一六一六）一月二十一日、家康は駿河国《するがのくに》田中で鷹狩りを楽しんだ。この時、京都から茶屋四郎次郎《ちゃやしろうじろう》が来ており、鷹狩りに同行した。茶屋は豪商であると共に家康の家臣だった。家康は茶屋に「近頃、上方で何ぞ珍しきことはないか」と尋ねた。

すると茶屋は、「この頃、京阪では鯛を榧《かや》の油で揚げ、そのうえに薤《らっきょう》をすりかけた料理が流行っております。私も食べてみましたが、とても良い味でした」と答えた。

ちょうど家臣の榊原清久が献上した鯛があったので、それを用いて天ぷらを作らせ食べたところ、その夜から腹痛に見舞われた。そこで急に駿府《すんぷ》に戻り療養することになった。いったんは快方に向かうかに思えたが、老年ゆえ、その後は、はかばかしく回復していかない。

家康の病気は鯛の天ぷらによる食中毒だったといわれるが、記録に残っている症状から判断すると、胃ガンの可能性が高いようだ。

腹の中の固まりを寄生虫と自己診断

病に伏せった家康は、医師たちの処方した薬を、ほとんど口にしようとしなかった。側近の本多正純が、侍医《じい》・片山宗哲の薬を手ずから飲ませたものの、服用してまもなく盥《たらい》に吐き出してしまう始末だった。それからは「こんな薬は効きそうにない」とそのまま放置するようになり、「腹の中に固まりがあるから、これは寄生虫だ」と勝手に判断し、家康は自分で調合した虫下しの薬「万病円（満病円とも）」ばかり飲むようになってしまう。

よく知られている通り、家康は大の薬マニアだった。

若い頃から平安時代に伝わった薬学の大書「和剤局方《わざいきょくほう》」を暗誦《あんしょう》するくらい読み、自分で薬剤を調合してさまざまな自家薬を作り、「万病丹」「銀液丹」といった名を付けて常用し、健康維持に努めていた。晩年、駿府城にも薬作りのための薬園を設けていた。体調の悪い大名にも自分の薬を与えたり、孫の家光が三歳で原因不明の重病にかかった時も、自ら診察して自家薬を与え回復させている。

こうした熱烈な薬マニアだったこともあり、病は寄生虫の仕業だと判断し、虫下しの薬ばかり飲むようになったのである。

心配した宗哲は、「ただ万病円だけ飲んでいても病は回復せず、かえって悪化して本復《ほんぷく》が難しくなります」と言上《ごんじょう》したが、家康は言うことを聞いてくれなかった。こうして家康は次第に憔悴《しょうすい》していった。

この状況を見た侍医の宗哲は、二代将軍秀忠に事情を話した。そこで秀忠は、家康の側近たちを呼び集め「父が万病円を服用しているが、その効果がない。お前たちがあの薬を飲まないよう父を説得せよ」と命じた。

しかし誰も家康を恐れて、諫言《かんげん》しようとする者がいなかった。そこで秀忠は宗哲に対し、「おまえが直接、父に自分の薬を服用するように伝えよ」と命じたのである。

仕方なく宗哲が家康に「医師の薬も飲んでいただきたい」と勧めたものの、かえって家康は、万病円の自慢をする始末だった。そこで宗哲ははっきりと、「その薬は良い薬ではありません」と断言したところ、立腹した家康は「お前の薬などいらぬわ！　もう二度と俺の前に現れんでよい」と言い放ったのである。

こうして面会が叶わなくなった宗哲だったが、侍医の責任としてそれからも毎日駿府城に登り、昼夜次の間に控えていた。だが、その事実を南光坊天海《なんこうぼうてんかい》から聞いた家康は、「厳しく叱りつけたのに、宗哲は私の意を理解もせず、そのまま登城しているというのか。なんという不届きなヤツだ」と激怒し、同三月十五日に宗哲を改易処分としたのである。それだけで怒りはおさまらなかったようで、二日後の十七日、信濃国諏訪の高島へと流罪にしてしまった。なんとも哀れな宗哲だったが、家康はその後ますます病が篤くなり、四月十七日に七十五歳でその生涯を閉じたのである。

ただ、死ぬ一月《ひとつき》前ぐらいから、盛んに息子の秀忠や大名たちに遺言を語るようになっていく。

反乱が起きぬよう外様大名を牽制!

そのやりとりが江戸幕府の正史『徳川実紀《とくがわじっき》』に載るので紹介していこう。

家康は訪れた外様《とざま》大名たちに「秀忠の政治が道理にかなわず、多くの民が苦しむことがあれば、その地位に取って代わってかまわない。なぜなら天下は一人の天下にあらず、天下は天下の天下なりというから、他人が政務をとって万民が恩恵を蒙《こうむ》るならば、それが私の本意ゆえ恨《うら》まない」と伝えたという。

また、強大な外様大名である加賀の前田利常、薩摩の島津家久、仙台の伊達政宗の三名を病床に呼び出し、それぞれに刀を授けたあと、「もし騒乱が起こった時、北陸は利常、西国は家久、東北は政宗にその鎮撫《ちんぶ》を任せる」と述べている。

死去する三日前には、広島城主の福島正則に対面し、名物の茶入れを与え、次のように語ったという。

「お前は秀吉子飼いの武将なので、将軍秀忠は大坂の陣の時、江戸に留めおいた。このたび良く将軍に言い添えておいたので、堂々と国元に帰りなさい。三年ぐらい滞在するがよい。ただ、もし秀忠に対して遺恨《いこん》があれば、兵を起こすのも自由である」と述べたのだ。

これを聞いた正則は、その場で号泣したという。

正則が下城《げじょう》した後、家康は側近の本多正純に「あいつは何と言っていたか」と尋ね、正純が「徳川に対し全く二心などないのに、あまりにも情けないお言葉である」と述べていたと語ると、大いに満足した様子だったという。

こうした逸話からわかる通り、家康は自分の死後、外様大名が反乱を起こさぬよう、牽制に努めていたのだ。

「ざっと済みたり」と家康は安堵の表情

また家康は、幼い息子の義直、頼宣《よりのぶ》、頼房を枕元に招き、「お前たちは、将軍秀忠を天とも父とも思い、いささかもその命に違《たが》うことがあってはならぬ」と諭《さと》し、成瀬隼人正《なるせはやとのしょう》や安藤帯刀《たてわき》など息子たちの附家老《つけがろう》に対しても「よく彼らを輔導《ほどう》し、将軍に二心を持たせてはならぬ」と申しつけた。後に義直は尾張藩祖、頼宣は紀伊藩祖、頼房は水戸藩祖となり、御三家として将軍宗家を支えていくことになった。

対して六男の忠輝には厳しい処置をとっている。家康は忠輝の生母・茶阿局《ちゃあのつぼね》を病床に呼び、「忠輝は天性猛烈なので、大坂の陣で天下の耳目を驚かすような戦功を挙げると期待していたが、ろくな活躍もしなかった。親子といえども、あの時の行動を疑っている。ましてや、将軍秀忠の心中はいかばかりか。その上、罪もない将軍の旗本を殺したというではないか。無道のいたりである」と述べたのである。

驚いた茶阿局は、すぐに息子の忠輝に事の次第を伝え、忠輝はただちに駿府に出向いて父との対面を願った。ところが家康は忠輝を城中にすら入れなかったのである。仕方なく忠輝は城下の禅寺で謹慎し、折を見て対面して謝罪しようとしたが、その機会もなく家康は死去してしまった。

おそらく家康は、御家騒動の芽を摘《つ》んだのだろう。忠輝は大器な人物だが不遜な振る舞いもあり、なおかつ、伊達政宗の婿だった。ゆえに、忠輝を奉じて秀忠を排除しようとする動きを、あらかじめ阻止しようとしたのかもしれない。

さて、家康は秀忠にも、自分の亡き後のことを懇々《こんこん》と説いている。

たとえば家康は秀忠に「加藤嘉明《よしあき》は秀吉の股肱《ここう》の臣《しん》だが、秀吉存命中から自分に心を寄せていた。篤実《とくじつ》な性格だから粗相がなければ、長く目をかけてやれ。とはいえ、彼は少しのことでも気にして不満に思うクセがある。そこは気をつけたほうがよい」と秀忠に忠告した。

しかし秀忠は「嘉明は小心ゆえ、謀反《むほん》など大それたことはできますまい」と答えた。すると家康は、「それは違うぞ。周りの者が彼を奉じて立ち上がることがあるかもしれないので、心を許してはならぬ」と諭したという。

豊臣秀吉ほどではないが、家康はこの世を去るにあたり、己が天下が続くかどうかが心配でならなかったことがわかる。権力を手にした人間にしかわからぬ焦燥なのだろう。ただ、家康が「わが命すでに旦夕にせまれり。この後天下の事は何と心得られしや」(『徳川実紀』)と秀忠に尋ねた際、彼が「天下は乱るる」と即答したので、大乱に備える覚悟が出来ていることを知り、家康は「ざつと済みたり」と安堵の表情を見せたという。

そんな家康もいよいよ最期の時を迎える。死の前日、家康は秘蔵の三池の刀(平安時代の名刀工・三池典太光世のソハヤノツルギ)を町奉行の彦坂光正に「もし死刑が定まりし者があれば、この刀で試し切りをせよ」と命じたのである。そこで刑場に出向いて罪人を斬ったところ、見事な切れ味だった。それを家康に伝えると、その剣を何度か振ったあと、「この剣威をもって子々孫々まで鎮護しよう」と述べ、死後に久能山に納めるように伝えた。

翌四月十七日、いよいよ家康は重篤《じゅうとく》になった。ここにおいて家康は側近の本多正純を招き、「秀忠に早く参れと伝えたが、もうそれに及ばない。私が亡き後も武道をおろそかにするな」と伝え、それ以後、家康は声を発することが出来なくなり、近侍《きんじ》する榊原清久の膝を枕にして息絶えたのである。

「大明神」ではなく天海案の「権現」に

元和《げんな》二年（一六一六）四月十七日巳刻《みのこく》（午前中）、家康は逝去したが、死後のことについては、日夜家康を看病していた榊原清久に事前に伝えられていた。意外なことに遺体は、その夜の内に久能山に移された。

自身の亡骸《なきがら》について家康は生前、「東国は大方譜代《ふだい》大名が支配しているので心配ないが、西国は心許ないので、私を西向きに立てて葬りなさい。また、子孫を守る三池の刀も峰を西に向けて立てて置け」と遺言したのだった。この日は夜通し、微《び》雨《う》が降り注いでいたという。

生前家康は、「葬儀は芝の増上寺で執り行い、位牌は三河の大樹寺《だいじゅじ》（歴代松平家の墓所）に納め、一周忌を過ぎたら日光山に小さき堂を作り、勧請《かんじょう》せよ」と遺言していた。つまり、秀吉同様、家康も神になろうと考えていたのである。家康が神として鎮座する地に日光山を選んだのは、ここが古くからの山岳信仰の霊場であり、江戸を鎮護《ちんご》するとされる真北に位置するからだと思われる。崇敬《すうけい》する源頼朝が日光山を信仰していたことも関係あるかもしれない。

久能山における遺体の埋葬については、神道の主流である吉田神道の実力者・梵舜《ぼんしゅん》が一切を取り仕切った。ところがその後、家康を神霊として日光山に祀るにあたり、その神号を吉田神道の「明神《みょうじん》」とするか、山王一実神道《さんのういちじつしんとう》の「権現《ごんげん》」とするかを巡って、天海と金地院崇伝《こんちいんすうでん》が対立したのである。崇伝は臨済宗の京都南禅寺の僧で、幕府の寺社行政をまかされ、「武家諸法度《しょはっと》」や「禁中 並 公家諸法度《きんちゅうならびにくげしょはっと》」を起草し、黒衣《こくえ》の宰相と呼ばれた。

一方の天海は、天台宗の僧で、川越の喜多院の住持《じゅうじ》であった。会津の蘆名《あしな》一族出身で、家康との初対面は慶長十三年（一六〇八）だったとされ、わずか数年の交流だったが、晩年の家康から絶大な信頼を受けた。

さて、先の梵舜は、駿府《すんぷ》に来た将軍秀忠に対し「葬式は予定通り執り行われ、これから家康公の神霊には『大明神』の神号が与えられることになります」と報告した。すると同席していた天海が「家康公は、山王一実神道の『権現』として祀られることを望んでおられた」と急に口をはさんだのだ。

驚いた崇伝が「いや、家康公は吉田神道の『大明神』として自分を祀れと遺言したはずだ」と反論、論争に発展した。ただ、最後に天海が「豊臣秀吉は死後、豊国大明神となったが、その末路は滅亡に終わったではないか」と述べたので、これを聞いた秀忠が天海の意見を採用、家康の神号は「権現」と決まったのである。

徳川家永続の家康の執念は見事結実する

幕府は、朝廷に対し家康の神号を打診した。そこで関白の二条《にじょう》昭実《あきざね》と大納言の菊亭晴季《きくていはるすえ》は「日本」、「霊威」、「東光」、「東照」の四つの案を提示してきた。幕府は検討の結果「東照」の文字を選んだ。こうして翌元和三年二月二十一日、朝廷から家康に東照大権現の勅号が与えられ、三月九日、さらに神となった家康には正一位が授けられた。翌四月、家康は日光山に勧請されている。『徳川実紀《とくがわじっき》』には、「霊柩を下野国《しもつけのくに》日光山にうつし奉り。四月十六日に御鎮座ありて十七日御祭礼行はる」とある。霊柩とは遺体をおさめた棺のことなので、家康の遺体も久能山から日光へ改葬されたことになるが、移したのは家康の魂だけで、亡骸は久能山に残されたままだという説もある。

四月十七日の祭礼には、二代将軍徳川秀忠も参列している。当日は大雨であり、その中、日光東照宮へ参詣したのだった。

将軍が家康の墓参りに行くことを日光社参《しゃさん》と呼ぶ。秀忠は江戸城を発して本郷追分から岩淵、川口、鳩ケ谷、大門を過ぎ、岩槻で一泊し、翌日に幸手《さって》から日光街道へと入り、栗橋で利根川を渡って、そのまま北上して古河、宇都宮と泊を重ね、日光へ至った。それ以後、このルートが将軍の社参道となる。特に本郷追分から幸手までは、徳川将軍がもっぱら日光社参に用いる道ということで、日光御成道《おなりみち》と呼んだ。

秀忠は生涯に四度、日光東照宮へ参詣しているが、いずれも、わずか数人の供を連れただけの質素な墓参りだった。そんな将軍の私的慣行を公的なものに変え、大規模化したのが三代将軍家光であった。

秀忠が没すると家光は、日光東照宮の式年遷宮（二十年に一度の建替え）と称し、それまでの建物群を撤去し、新たに壮麗な陽明門や本殿など（現在の建物）を建てた。そして、大勢の譜代大名を引き連れ、たびたび大々的に日光へ参詣した。江戸時代を通じて日光社参は十九回行われたが、家光だけで通算十回を数えている。

家光は家康に大病を治してもらったうえ、将軍に選んでもらった恩義を感じ、朝夕正装して家康の霊に礼拝し「生きるも死ぬも、何事もあなた次第。私とあなたは一体で、私はあなたの分身です」という書きつけを守袋に入れて携帯するほど祖父を敬愛していた。

ただ、単なる敬愛の念だけでなく、家光は神格化した家康（東照大権現）の威光を背景に、将軍たる己の権威を高めようという狙いがあったと思われる。

ともあれ、徳川家の天下を何としても永続させたいという晩年における家康の執念は、その死後、見事に結実することになったわけだ。

竹《たけ》中《なか》半《はん》兵衛《べえ》

辞世の句・名言

「身の程を超えるような値段の馬を買うべきではない」（「名将言行録」より）

生年
1544年9月27日
（天文13年9月11日）

没年
1579年7月6日
（天正7年6月13日）

享年
36

たぐい稀な発想の軍略で秀吉を支えたイケメンの天才軍師……

プロフィール

斎藤道三の家臣で美濃国（岐阜県）の岩手城主・竹中重元の嫡男として生まれる。父の死後、17歳で家督を継ぎ、斎藤義龍、斎藤龍興に仕えるが、酒色に耽る龍興を諌めるために少数の手勢で龍興の居城・稲葉山城を乗っ取る。これを知った織田信長から好条件で城の明け渡しを求められるが、半兵衛はこれを拒否して龍興に城を返還する。この後、羽柴秀吉に軍師として仕えて活躍、黒田官兵衛と共に「秀吉の両兵衛（二兵衛）」と称えられた。播磨三木城攻めの陣中で病死した。

*

1560年（永禄3年）　17歳　父・竹中重元の死後、家督を相続し菩提山城主となる。美濃国の国主・斎藤義龍、龍興に仕える

1564年（永禄7年）　21歳　主君・龍興の居城・稲葉山城（後の岐阜城）を白昼に乗っ取る

1579年（天正7年）36歳　播磨三木城の包囲（三木合戦）中に病に倒れ、陣中で死去

信長の厳命に背き、のちの長政を助けた

竹中半兵衛重治《しげはる》は、黒田官兵衛と並んで羽柴秀吉の軍師として有名だ。

美濃の斎藤龍興《たつおき》は稲葉山城を居城としていたが、織田信長はなかなか陥落させることができなかった。ところが半兵衛は、たった十数人で乗っ取ってしまったのである。

半兵衛は龍興の家臣だったが、主君の慢心と側近の横暴を諌《いさ》めるため、人質として城にいる弟の病気見舞いと称し、長持ちに隠した武器を部下に配って側近たちを殺し、龍興を追い払ったのである。稲葉山城が半兵衛の手に落ちたことを知った信長は、大禄《たいろく》を提示して城を引き渡すよう懇願するが、半兵衛は要求を拒否して城を龍興に返し、山里に隠棲してしまった。その鮮やかな手際に感激した羽柴秀吉は、半兵衛の元に何度も足を運び、ようやく家来になってもらった。以来、半兵衛は軍師として得意の軍略でよく秀吉を補佐したという。ただ、こうした逸話は後世の軍記物に載る話なので、史実かどうかわからない。

天正《てんしょう》五年（一五七七）、羽柴秀吉は主君信長の命を受け、毛利輝元の勢力下にある中国地方への侵攻を始めた。攻略は当初順調に進んだが、天正六年三月、播磨の別所長治《べっしょながはる》が三《み》

木城《きじょう》に籠もって織田方に叛旗を翻した。三木城はなかなか陥落せず、秀吉は籠城戦に切り替えた。半兵衛も参陣した。

ところがその半年後の天正六年十月、今度は摂津有岡城主・荒木村重が突然信長に謀反を起こしたのだ。播磨三木城を包囲中だった羽柴秀吉は、ただちに黒田官兵衛を差し向け、村重の説得にあたらせた。ところが、官兵衛が有岡城から戻る気配がない。

信長は「裏切って荒木に通じたのだ」と思い込み、長浜城にいる官兵衛の息子・松寿丸《しょうじゅまる》(長政)を殺せと半兵衛に命じたのである。どうやらこの頃、半兵衛は病のため秀吉の居城・長浜で療養していたらしい。だから信長は直接、半兵衛に処刑を申しつけたのだ。

黒田家の歴史を記した『黒田家譜《くろだかふ》』(貝原益軒《かいばらえきけん》編)によれば、半兵衛は信長に「官兵衛は忠義の志が浅からぬ者。その上智慧があります。そんな官兵衛が、強き味方を裏切って弱い敵に味方するはずはございません。もし人質の松寿丸を殺せば、官兵衛は恨みを含み、敵になるでしょう。そうなると、中国平定もうまく進まなくなります」と再三信長の説得を試みたが、信長の憤りは深く、諫言《かんげん》を聞き入れなかった。すると半兵衛は、殺すと偽って松寿丸を密かに長浜城から連れ出し、居城の菩提山城《ぼだいさんじょう》にかくまってしまったのである。

重大な軍令違反だ。

半兵衛の死に、孔明を失いしに異ならずと

天正七年九月、落城した有岡城から官兵衛が救い出された。信長を裏切ったわけではなく、牢に放り込まれていたのだ。

まもなく息子の一件を聞き知った官兵衛は、半兵衛の行為に大いに感謝したが、半兵衛はすでにこの世の人ではなかった。

松寿丸をかくまった後、半兵衛は播磨に戻って三木城攻めにあたっていたが、病が重くなってしまった。陣中には薬学に詳しい者がいなかったので、秀吉は半兵衛を京都で療養させた。しかし一向に回復に向かわなかった。すると半兵衛は「どうせ死ぬのなら、陣中で死にたい」と戦場に舞い戻り、同年六月十三日、三十六の若さで生涯を閉じたのである。遺骸は、三木城攻略の本陣平井山（兵庫県三木市）の片隅に葬られたと伝えられる。黒田官兵衛が有岡城から救出される三カ月前のことであった。

半兵衛亡きあと、黒田官兵衛が秀吉の参謀となった。半兵衛が信長に逆らい、命の危険をおかしてまでも官兵衛の子を守ったのは、その偉才を見抜いていたからかもしれない。

『黒田家譜』は、半兵衛の病没に触れた後、「此人、智略武勇あり、信長公に仕へて秀吉の先備《さきぞなえ》となる。秀吉甚だ其死をいたみ惜《おし》み給ふ」と記している。また、江戸初期に成立した『豊鑑《とよかがみ》』でも、半兵衛の死について「秀吉は限りなく悲しび、劉備、孔明を失ひしに異

「まるで劉備玄徳が諸葛亮孔明を失ったようだった」というわけだ。半兵衛に対する最大の賛辞だが、本当に半兵衛が名軍師であったかどうか、実はよくわかっていないのだ。

そもそも、この『豊鑑』を著したのは、なんと、竹中半兵衛の息子・重門《しげかど》なのである。だから当然同書は、父親の業績を必要以上に褒めたたえている可能性が高い。

ちなみに軍師としての半兵衛の活躍が載る初期の書物は小瀬甫庵《おぜほあん》の『太閤記』だが、これも信憑性に疑問符が付き、信頼性の高い太田牛一《おおたぎゅういち》の『信長公記』には、半兵衛の軍師としての活躍は出てこない。

実は半兵衛が名軍師と評価されるようになるのは、江戸中期以降に成立した軍記物である。おそらく『太閤記』や『豊鑑』の逸話を参考に、軍記物や講談の作者が勝手に尾鰭《おひれ》を付け、天才軍師としての竹中半兵衛像をデッチ上げたものと思われる。

半兵衛が秀吉のブレーンの一人であったのは確かだが、以上のように、史実的にどこまで軍師として活躍したのかは、実は定かではないのだ。読者の期待を裏切るようで申し訳ないが、これが歴史の真実なのである。

浅《あざ》井《い》長《なが》政《まさ》

辞世の句・名言

「今日もまた　尋ね入りなむ　山里の　花に一夜の　宿は無くとも」

生年
1545年
（天文14年）

没年
1573年9月26日
（天正元年9月1日）

享年
29

信長の妹と結婚するが、同盟者の朝倉氏への義理を立て、義兄・信長に滅ぼされた

プロフィール

浅井家の嫡男として、近江（滋賀県）に生まれる。織田信長の妹・お市の方と結婚して信長と同盟を結んだが、同盟関係にあった越前（福井県）の朝倉氏を信長が攻めた際、朝倉方について信長を裏切った。「朝倉とは戦わない」という約束を信長が無視したというが、史実はわからない。姉川の戦いで、浅井軍は織田軍を追い詰めたが、朝倉軍が徳川家康に敗れて敗北。3年後には、琵琶湖畔の浅井の居城・小谷城が織田軍に包囲され、妻のお市の方と3人の娘たち（茶々、初、江）を脱出させた後、自害した。

＊

1559年（永禄2年）15歳　元服して、浅井賢政を名乗る
1560年（永禄3年）16歳　浅井家の家督を継ぐ
1561年（永禄4年）17歳　長政に改名
1570年（元亀元年）26歳　長政は朝倉攻めに出陣した信長を裏切り、織田・徳川軍の背後を突き、信長は撤退する（金

ヶ崎の戦い）
1573年（天正元年）29歳　信長軍に小谷城を包囲され、自害する

同盟の証として信長の妹お市を嫁に迎えた

浅井長政《あざいながまさ》は、天文《てんぶん》十四年（一五四五）に北近江を拠点とする戦国大名浅井久政の嫡男として生まれた。浅井氏はもともと室町幕府の重臣で近江国《おうみのくに》守護であった京極氏の家臣だったが、長政の祖父・亮政《すけまさ》の頃から六角氏に臣従《しんじゅう》するようになった。しかし長政は、六角氏と手を切って尾張の織田信長と手を結んだ。永禄《えいろく》七年（一五六四）説が有力だが、一次史料は残っておらず、確実な時期は特定できない。いずれにせよ、同盟の証として長政は、信長の妹・お市を嫁に迎えた。

やがて信長は将軍足利義輝の弟・義昭を奉じて室町幕府を復興し、周辺大名に上洛を求めた。ところが越前の朝倉義景がなかなか従おうとしない。業を煮やした信長は、元亀《げんき》元年（一五七〇）四月、三万の大軍で朝倉氏の本拠地一乗谷《いちじょうだに》へ向かった。が、この時、予想もしない事態が発生したのである。にわかに浅井長政が叛旗《はんき》を翻し、織田軍の退路を断ったのだ。

軍記物の『浅井三代記』によれば、長政は織田氏と同盟を結ぶ際、「長年親しい関係に

ある朝倉氏を粗略《そりゃく》にしない」と信長に約束させていた。なのに信長は、浅井に事前の連絡もなく、いきなり朝倉を討とうとしたのだ。それを知った久政や重臣たちが激怒したので、長政は去就に迷った末、やむなく信長に叛旗を翻したのだといわれる。だが、「浅井三代記」は後世の二次史料なので、それが事実かどうかわからない。

いずれにせよ長政は、朝倉攻めへ向かう織田軍の背後を突こうとした。この夫の裏切りを事前に知ったお市は、袋に小豆を詰めて両端をひもで縛ったものを、陣中見舞いと称して信長に贈り届けた。小豆は織田軍、「その両端が縛られて袋のネズミとなっていますよ」と匂わせたわけだ。この謎かけに気づくか気づかないかは信長の運次第、そう思い切ったのである。

結果的にその意味を理解した信長は、同盟者である徳川家康にも告げず、少数の旗本を引き連れてその場から遁走したという。ただ、この逸話も『朝倉家記』という軍記物に載る話だから、史実とは思えない。

史料的価値の高い太田牛一《おおたぎゅういち》の『信長公記』によれば、「木目峠打ち越え、国中（越前国内に）御乱入なすべきのところ、江北浅井備前（長政）、手の反覆（裏切り）の」情報が入ったが、信長は「浅井は歴然御縁者（親類）たるの上、剰へ《あまつさ》、江北一円（北近江一帯）に仰せ付けらるる（安堵している）の間、不足（不満など）あるべからざるの条、虚説（嘘）たるべし」と長政の裏切りを信じなかったという。だが、同じような情報が続々と入ってきたので、信じない訳にはいかなくなり、殿《しんがり》を木下藤吉郎に任せ、脱兎の如く陣中から離れ、命からがら京都に逃げ戻ったのだ。

信長は朝倉・浅井連合軍を打ち破り

怒りに燃える信長はすぐに態勢を整え、早くも同年六月、北近江へと侵攻し、長政の居城小谷城《おだにじょう》を包囲して城下を焼き払い、さらに矛先を転じて浅井方の横山城を激しく攻め立てた。横山城は浅井氏にとって、諸城との連絡を取る上で重要拠点だった。信長はここを攻撃することで、長政を城外へ引き出そうとしたのである。作戦は見事に成功する。焦った長政は、朝倉氏の援軍を待たず姉川の北岸に出兵した。信長はこの時、友軍の徳川家康を伴い、総勢三万の大軍を率いていた。だが翌日、朝倉軍一万が着陣、浅井・朝倉連合軍も二万となった。

合戦は、六月二十八日早朝、浅井・朝倉連合軍が姉川を渡河《とか》して来たことで始まった。織田・徳川連合軍は十二段構えで迎撃したが、すさまじい激戦になったようで、最終的に信長が勝利をおさめたものの、誇張もあろうが、両軍併せて一万五千の犠牲者が出たと伝えられる。

それからも長政は、朝倉義景と共に信長に敵対し続けた。これに加担したのが比叡山延暦寺で、浅井・朝倉軍が比叡山に駐留するのを黙認していた。すると翌元亀二年八月、信長は長政の小谷城を攻めたあと常楽寺に入り、翌月十二日、いきなり比叡山に攻め上ったのである。延暦寺は根本中堂以下、諸堂社ことごとく焼き払われ、三、四千人の男女は皆殺しにされた。いわゆる比叡山焼き打ちである。

翌元亀三年七月、再び織田軍が北近江へ攻め寄せてきた。長政はすぐに越前朝倉氏に後詰《ごづ》めを求めて事なきを得たが、次第に苦しい状況に追い込まれていった。信長の家臣・羽柴秀吉は近江の横山城に陣取り、浅井家中の切り崩し作戦を進め、宮部継潤《けいじゅん》や阿閉貞征《あつじさだゆき》が織田方に寝返っていった。

こうして浅井氏を弱体化させた上で、翌天正元年（一五七三）七月、いよいよ信長が三万の大軍で北近江に侵入してきた。このため長政はすぐに朝倉義景に援軍を求めた。これに応じて義景は大軍で近江にやって来たが、織田軍にあっけなく敗北して越前へ逃げ戻った。すると信長は、そのまま逃げる朝倉軍を追いかけて本拠地の一乗谷へ乱入、義景を滅ぼし、返す刀で北近江へ舞い戻り、長政の小谷城を大軍で包囲したのである。

お市は三人の娘を連れて城から逃れ

絶体絶命となった長政は、お市と娘三人（茶々《ちゃちゃ》、初《はつ》、江《ごう》）を城から出したのち、ひとしきり抵抗したあと、切腹して果てた。残念ながらその最期の様子は一次史料（当時の手紙や日記）には記されていない。だが、軍記物の『浅井三代記』に詳述されているので、二次史料ではあるが、長政の臨終の様子を紹介しよう。

小谷城を包囲した信長は、妹のお市を救い出したいと考え、不破河内守光治《ふわかわちのかみみつはる》を使者として城へ差し向け、次のように伝言させた。

「数年にわたって敵対してきたが、それは越前朝倉氏を滅ぼすためであった。朝倉義景を討った今、お前には遺恨はない。開城すれば命を助けよう」

これを聞いた長政は、「信長殿の思し召し《おぼめ》はありがたく思うが、この期に及んで何をおっしゃるのか。私に討ち死にせよと言うべきであろう」と拒絶した。

すると重ねて光治は「命を助けるというのは空言ではない。降伏するならば大和一国を与えようと信長様はおっしゃっている」と伝えたが、それでも長政は承服しなかった。浅井の家中も誰一人長政に降伏を勧める者はいなかった。

ただ、信長が好条件を提示したこともあり、城中の士気が緩んでしまった。そこで長政は、菩提寺の住職・雄山和尚に頼んで長政の戒名「徳勝寺殿天英宗清大居士（養源院天英宗清大居士）」と刻んだ石塔（墓石）を作らせ、石の後ろをくぼめ、そこに長政の自筆で願文を書いた。残念ながらその文言は今に伝わっていないが、完成した石塔の前に城兵を集めた長政は、その背後に座り、焼香するように命じたのである。

家臣たちはそれを固辞したが、長政は家臣たちに焼香を強いた。こうすることで家中に死を覚悟させたのだ。石塔は木村久太郎によって密かに城中から運び出され、琵琶湖の竹生島《ちくぶしま》から八町東の沖合に沈めたという。

ただ、妻のお市と三人の娘たちは、さすがに信長も殺さないだろうと考え、城から出してやることにした。しかし、お市にその旨を告げたところ、お市は「私が一人生き残っても、浅井の女房だと人々に後ろ指を指されるのは口惜しい。一緒に自害させてください」と言って首を縦に振らなかった。対して長政は、「お前の気持ちはよくわかるが、長らえて私の菩提を弔ってほしい。それに花のような姫たちを殺すのは不憫《ふびん》ではないか。ぜひ城から出て生き延びてほしい」と再三説得したため、ついにお市は三人の娘を連れて城から逃れ、織田方に保護されたのである。

なお、長政には二人の男児があった。嫡男の万福丸は木村喜内之介に命じて城から脱出させ、越前国敦賀《つるが》郡に潜伏させた。次男は三カ月前に生まれたばかりだったが、この赤子は小川伝四郎と中島左近に命じて福田寺に避難させた。

三人のドクロを漆塗りにし、金粉を施す

信長は長政が降伏しないとみるや、織田軍は小谷城に激しい攻撃を加え、八月二十七日、

羽柴秀吉が京極丸という曲輪《くるわ》を占拠した。これにより長政の拠る本丸と久政（長政の父）の守る小丸が分断されてしまった。織田軍は小丸に総攻撃をかけて攻め落としたが、この際、久政は自刃して果てた。

小谷城本丸にも織田軍の大軍が襲いかかってきたが、長政は「今は心にかかる事なし。花やかに軍すべし」（『浅井三代記』）と士卒《しそつ》を励まし、五百の兵で城から打って出て、すさまじい戦いぶりを見せた。この時長政は、黒糸縅《おどし》の鎧に金襴の袈裟をかけ、朱鞘の長刀を振るったという。

二十九日の夜、織田軍の攻撃が止まったので、長政は士卒を集めて酒をふるまい、士気を鼓舞した。この折、長政は父が自刃したことを知り、翌九月一日、「父の弔合戦をなさん」（前掲書）と述べ、二百の兵で織田の大軍に突撃し、手当たり次第に敵を切り伏せたあと、城へ戻って見事に腹を切って果てた。享年二十九であった。

長政が死んだ翌天正二年正月、信長の岐阜城に家臣たちが年賀にやって来た。その酒宴の場に「古今に承り及ばざる珍奇の御肴」（太田牛一《おおたぎゅういち》著『信長公記』）が出された。それは前年討ち取った朝倉義景、浅井久政、そして義弟の浅井長政の首であった。三つの首は「薄濃《はくだみ》」にされていた。薄濃というのは、漆塗りにして金粉を施したもの。

戦いから数カ月が経過しているから、おそらくドクロに細工を施したのであろう。それにしても、ドクロの薄濃を肴として酒宴を開くというのは、いくら憎悪する敵だとはいえ、信長も異常である。武将たちも心中ではさぞかし興ざめしたことだろう。

さて、越前敦賀に逃れた長政の嫡男・万福丸のその後である。

信長は万福丸が城から脱したことに気づき、お市に対し「長政は男子が一人あると聞いたが、どこにおるのだ。お前の娘たちと一緒に育て、長政の跡を継がせてやろう」と居場所を聞き出そうとしたが、お市はその言葉を疑い「居場所は知らない」と答えた。が、重ねて信長が「長政は私の敵だが、その子は私の身内。哀れに思っているのだ」というので、ついついその言葉にほだされ、お市は木村喜内之介と共に越前敦賀にいると話してしまった。

そこで信長は、早速お市の手紙を持たせて使者を喜内之介のもとに送り、万福丸の身柄を受け取ろうとした。当初、喜内之介は信長を疑い「万福丸は殺して捨ててしまった」と嘘をついたが、たびたびお市が身の安全を保証するので、ついに万福丸を伴って近江国木之本に来て秀吉に彼を渡した。すると信長は、秀吉に串刺しにして殺すように命じ、万福丸は哀れにも、串刺しの刑でさらし者になったという。

山中鹿介《やまなかしかのすけ》

辞世の句・名言

「願わくば、我に七難八苦を与えたまえ」

生年
1545年9月20日
（天文14年8月15日）

没年
1578年8月20日
（天正6年7月17日）

享年
34

「何度敗れても諦めず、出雲の名門尼子家再興のために戦い続けた猛将」

プロフィール

山中家は、出雲の尼子家で代々重臣を務めてきた。鹿介（鹿之助）は、出雲国富田庄（島根県安来市）に生まれた。山陰地方に君臨していた尼子家だったが、やがて毛利家が台頭、月山富田城が明け渡され、主家の尼子氏が滅ぼされる。しかし鹿介は僧籍にあった尼子勝久を旗印にして、尼子の旧臣をまとめお家再興に成功、再び出雲を制圧する。しかし2年後にまたも毛利方に攻められ、決死の脱出をして、信長、秀吉の中国攻めに加わって毛利家との戦いに生涯をかけたが、ついに勝利できずに暗殺された。

*

1545年（天文14年）　1歳　出雲国富田庄に生まれる

1563年（永禄6年）　19歳　毛利氏に攻められ白鹿城《しらがじょう》の戦いで尼子氏が敗れ、撤退する時に殿《しんがり》を務める

1566年（永禄9年）　22歳　主君尼子義久が毛利氏に降伏。尼子氏は滅亡。鹿介は牢人となり数年間各地を放浪

1577年（天正5年）　33歳　織田信長の下で中国攻めに参加、同時に尼子家復興のため、毛利氏を相手に数度の戦いを展開する

1578年（天正6年）　34歳　上月城の戦いに敗れ、主君が自刃し尼子家は滅亡、鹿介は護送される途中で暗殺される

忠義心は廃れて忘れ去られた鹿介

山中幸盛《ゆきもり》鹿介《しかのすけ》は、戦前はおそらく人気ベスト・テンに入る戦国武将だったと思う。というのは、国定教科書にその活躍が載っていたからである。

鹿介は戦国大名・尼子《あまご》氏の家老の家に生まれたが、少年時代、落ち目になった主家を守《も》り立てようと誓いを立て、山の端にかかる三日月を仰いで「願わくば、我に七難八苦を与えたまえ」と祈ったという。尼子隆盛の願いが叶うのなら、どんな困難であっても立ち向かっていくという決意を持ったのだ。

そして鹿介は、いったん滅んだ主家の再興に奮闘していくが、最終的に悲劇的な最期を迎えることになった。願いは叶わなかったが、決して諦めず前向きに行動する生き様が戦前の子供たちの心をとらえたのである。

ただ、残念ながら三日月に祈ったという逸話は史実ではなく、なおかつ、鹿介は実在の

人物であったものの、その活動も記録にはっきり残っていないのだ。

戦後、忠義心は重んじられなくなり、今ではすっかり忘れ去られてしまった鹿介だが、小瀬甫庵《おぜほあん》『太閤記』や香川正矩《まさのり》・景継著『陰徳太平記』（江戸中期に成立した軍記物）などを基に、山中鹿介の臨終について語っていこう。

出雲の尼子氏はもともと山陰地方の大大名だったが、中国地方の大内氏や毛利氏に圧迫され、ついに領国《りょうごく》を保てなくなった。このため永禄《えいろく》九年（一五六六）、月山富田《がっさんとだ》城の尼子義久は、毛利元就に降伏した。

義久は安芸国《あきのくに》へと連行され、尼子の家臣団は解散となった。かくして尼子氏は滅亡し、義久の家来たちの多くは毛利氏に臣従《しんじゅう》することになった。

だが、家老の山中鹿介は毛利に下ることを潔しとせず、山伏姿に身をやつして各地を放浪。やがて京都の東福寺にいた尼子氏の血を引く十七歳の孫四郎を説得し、彼を還俗《げんぞく》させて勝久と名乗らせ、尼子の旧臣たちを密かに集め始めた。

その後、隠岐島へ渡った勝久・鹿介一行は隠岐為清の協力をとりつけ、永禄十二年六月、二百の兵で旧領である出雲国千酌《ちくみ》湾へ上陸した。鹿介は手始めに新山《しんやま》城を奪取してこの城を拠点とした。この噂を聞きつけて尼子の旧臣たちが、続々と尼子勝久のもとに参集し、その人数は六千人に達し、尼子家は再興されたのだった。

尼子家は再興されるも、やがて織田に

だが、その後は毛利氏との戦いに苦しみ、なかなか本城の月山富田城を取り戻すことができず、とうとう出雲から撤退せざるを得なくなってしまった。

仕方なく鹿介ら尼子一党は、畿内を制した織田信長を頼ることにした。

信長は尼子一党を重臣の明智光秀に付属させて丹波の平定に使役したが、その後、羽柴秀吉が中国の平定を始めると、その配下に組み入れ、先鋒《せんぽう》として用いるようになった。

鹿介らは宇喜多直家から播磨国上月城《はりまのくにこうづきじょう》を奪い、ここを拠点に織田の勢力を拡大していった。しかし、播磨の三木城主・別所長治《べっしょながはる》が信長に叛旗を翻すと、播磨の諸将たちが動揺し始めた。これをチャンスと見た宇喜多直家は、毛利に上月城攻めの応援を求めた。

そこで当主の毛利輝元は三万五千の大軍を率いて出立、備中高松城まで移動。輝元の叔父・小早川隆景が二万八千で上月城近くの大亀山に着陣、同じく叔父の吉川《きっかわ》元春も二万三千の兵で太平山に本陣を構えた。さらに宇喜多直家も一族の忠家に兵一万を与え、上月城攻めへ派遣した。

来攻した毛利・宇喜多連合軍は、上月城の周囲に塀や柵を巡らし、鉄壁の包囲網を造り上げたので、尼子氏二千は完全に駕籠の中の鳥になってしまった。

上月城の危機を知った秀吉は一万七千を率いて後詰《ごづ》めに向かい高倉山に本陣を構えたが、

十万を超える敵（毛利・宇喜多連合軍）を前に上月城に近づくことはできなかった。信長は荒木村重に一万をつけて秀吉のもとに派遣したが、その人数を加えても上月城を救援するのは不可能だった。

閏《うるう》五月十四日から輝元の重臣・杉原盛重が、大砲を上月城の櫓《やぐら》に向けて放ち始めた。砲弾が隅の柱を砕き、直撃を受けた吉田三郎左衛門の身体が微塵となった。このため城兵は、塀裏の各所に穴を掘って身を潜めるようになった。

士気の低下を心配した鹿介は、敵の大砲を盗み取り、その砲を城に据え付け、敵陣へ向かってぶっ放そうと考え、決死隊を組織させた。かくして数十人が闇に紛れて杉原隊へ切り込み、混乱に乗じて見事大砲を奪取したのである。

ただ、面目を失った杉原盛重は、城から奪われた大砲を強引に奪い返したという。

この頃になると、上月城は敵のために水の手を切られ、食糧も乏しくなりつつあった。秀吉は、上月城が陥落すれば播磨の武将たちが毛利方に寝返ってしまうと危惧し、六月半ば、戦場を脱して信長のもとへ出向き、直接、援軍の要請を行った。

ところが信長は「三木城の攻略を優先せよ」と高倉山からの撤退を命じたのである。秀吉は断腸の思いで六月二十六日に高倉山から退却していった。尼子氏は織田氏に見捨てられたのだ。

羽柴軍が立ち去るのを目の当たりにして、山中鹿介はどんな思いを抱いたのだろうか。

尼子勝久は十文字に腹を割き自害した

上月城の城兵はわずかに二千、しかも羽柴軍の撤退で孤立無援となった。もはや勝ち目はなく、城兵を待っているのは餓死か討ち死にであった。

ここにおいて鹿介も抵抗を断念し、吉川《きっかわ》元春（輝元の叔父）に使者を遣わし、降伏を申し入れたのである。

この時、使者は「今回の抗戦は尼子勝久の意志ではなく、すべてはその重臣である神西《じんざい》元通《もとみち》が考えたこと。元通に切腹させるので、なにとぞ勝久以下、全員の助命をお願いしたい」と哀願した。

しかし元春は、「大将の尼子勝久が切腹しなくては、世間も納得しないだろう」と拒絶、逆に尼子勝久と一族の氏久、元通、そして重臣・加藤彦四郎政貞の切腹を要求してきた。そして「要求に応じないのであれば、城兵を皆殺しにする」と断言したのだ。

鹿介は、毛利からの返答を泣きながら主君の勝久に伝え、「自分もあなたに殉ずるべきですが、あえて捕虜となり、憎き吉川元春と刺し違えるつもりです」とその決意を述べたという。

勝久は、これを聞き、「本来なら私は僧侶として諸国行脚の人生を送るべき身であった。しかしながら、おまえのお陰で一時であったにせよ、一軍の大将として兵を司る立場に就くことができた。こんな誉れ高いことはない。このたび、己の命と引き替えに大勢の家来たちを救うことができる。まさに、これに過ぎる喜びはない」と鹿介に感謝したと伝えられる。さらに鹿介に対し、「元春と刺し違えてはならない。いったん元春に従って時を待ち、再び尼子一族の者を探し出し、当家を再興してほしい」と依願した。

七月二日、神西元通が敵軍からよく見える位置で、太刀を引き抜きながら、美しい声で曲舞を披露し、最後にその太刀で腹を十文字に掻《か》っ捌《さば》いて見事な自刃を遂げた。

この姿を見た人々は、思わず感嘆の声を上げたという。

翌三日、尼子勝久が自害した。自刃する直前、勝久はこれまで労苦を共にした家来たちに盃を与え、書院の真ん中に畳を重ね、その上に座して辞世の漢詩を読み上げた後、腹に刃を突き立て、元通と同じように十文字に割いたという。そして、「はや、首を打て」と介錯役の池田久規に言葉をかけた。久規はそれを耳にしてただちに勝久の首を刎《は》ねた。

続いて尼子氏久と加藤政貞が自刃。鹿介は涙をこらえてその首を取り収めて敵陣へ送り、城中を清掃したあと、上月城を引き渡した。

三十代の若さで鹿介は最期を迎える

上月城の城兵は捕虜となり、吉川元春勢によって備中松山城へと護送されることになった。途中、捕虜たちは備中阿井《あい》の渡しを小舟で渡ったが、鹿介は一番後列にいた。味方が渡っている間、岩に腰を下ろして扇で暑さをしのいでいたといわれる。こうして鹿介とその護衛（二名）を除いて全員が川を渡り終えた時、にわかに鹿介の最期が訪れた。

実は鹿介はかつて、吉川元春の捕虜になったことがあった。

末次城を元春の大軍に囲まれ、降伏した時のことである。元春は鹿介の一命を助けるつもりだったが、その後、鹿介の陰謀が露見し方針を変えた。それを察知した鹿介は、赤痢にかかったと偽り、数日間、朝から晩まで便所に行き続けた。その数は一七〇、一八〇回に及んだという。最初は警戒していた兵士も、これだけ頻繁だと、ついには気に留めなくなった。それを待って、鹿介は便所からまんまと脱走したのであった。その後、鹿介は主家を再興して数年間、毛利氏を手こずらせた。

だから元春は、今度は決して鹿介を許すつもりはなかった。

「この男のことだ、きっとまた牙を剝くに違いない」と確信していた。

そこで元春は、部下の天野元明に鹿介の殺害を命じたのである。元明は、河村新左衛門という大剛《だいごう》の者を刺客として放った。新左衛門は、尼子の捕虜たちが小舟で川を渡るのを、河岸に身を潜めて様子をうかがっていた。そして、鹿介らが渡しに残された瞬間、にわかに岸陰から躍り出て袈裟懸けに鹿介に切りつけたのである。

刺客の攻撃を予想していなかった鹿介だが、斬られながらも、とっさの機転で、川へ飛び込んだ。鹿介は泳ぎが得意であった。しかし新左衛門も続いて飛び込み、水中でもみ合いとなった。鹿介は新左衛門の上に覆い被さり、まさに殺そうとした瞬間、馳せ参じた福間彦右衛門が背後から鹿介の髻《もとどり》をつかみ、サッと首を掻《か》いたのである。

あっという間の出来事であった。こうして鹿介は息絶えた。まだ三十代の若さであったという。無念ながら、ここに尼子氏の再々興という山中鹿介の野望は、潰えたのだった。

武田勝頼《たけだかつより》

辞世の句・名言

「朧なる　月のほのかに　雲かすみ
晴れて行衛《ゆくえ》の　西の山の端《は》」

生年
1546年
（天文15年）

没年
1582年4月3日
（天正10年3月11日）

享年
37

「偉大な父親の跡を継いで、一時は信玄よりも版図《はんと》を拡大するも、信長に敗れ自刃」

プロフィール

武田信玄の4男。諏訪領主だった諏訪氏の娘との間に生まれ、当初は諏訪四郎勝頼を名乗って高遠城主となる。父・信玄の死により甲斐武田氏の家督を相続した。高天神城を陥落させるなど遠江の東部を制圧したものの、織田・徳川軍との戦いでは苦戦を強いられる。長篠の戦いでは、一万五千の兵で長篠城を包囲したが、織田・徳川連合軍による多数の鉄砲隊の前に敗北。その後、重臣や家臣団の離反、裏切りに遭い、孤立した勝頼は城を捨てて逃げのびようとするが、敵の襲来により自刃、武田家は滅亡した。

*

1573年（元亀4年）　28歳　父・武田信玄の死により家督を相続。武田家当主となる

1574年（天正2年）　29歳　遠江国に侵入し、信玄が落とせなかった高天神城を陥落する

1575年（天正3年）　30歳　長篠の戦いで織田・徳川連合軍に敗れる

……1582年（天正10年）37歳　織田軍に追われ、嫡男・信勝と共に自害した

信玄が没して九年　武田家は滅亡する

天正《てんしょう》十年（一五八二）三月、武田勝頼は織田軍に追われ、自害した。これにより鎌倉幕府の有力御家人で、室町時代に甲斐《かい》の守護職を務めた名家が滅亡した。武田信玄が没してからわずか九年後のことであった。

このため勝頼は、伝統ある武田家をあっけなく滅ぼしたダメな跡継ぎという印象がある。ただ、そもそも勝頼は、側室（諏訪氏）から生まれた四男で、信玄の跡を継ぐべき人間ではなかった。物心がついた時には兄の義信（正室・三条夫人の長男）が嫡男として確固たる地位を築いていた。ところが義信は父と対立して謀反《むほん》を企て、信玄に幽閉され永禄《えいろく》十年（一五六七）に亡くなってしまう。信玄の次男・竜芳《りゅうほう》は目が不自由で、三男・信之《のぶゆき》は夭折していた。このため四男の勝頼が跡継ぎと、目されるようになったのだ。

元亀《げんき》四年（一五七三）、信玄は織田信長を倒すべく大軍で上洛する途中に急死、二十八歳の勝頼が実質的に当主の地位に就いた。勝頼はたびたび徳川家康の領地を脅《おびや》かし、徳川方の高天神城《たかてんじんじょう》を奪取する。この城は、信玄も落とすことができなかった堅城《けんじょう》であった。

天正三年（一五七五）、勝頼は長篠合戦で織田・徳川連合軍に大敗を喫したが、翌年に

は軍勢を立て直して軍事活動を再開。その後も徳川や北条と各地で戦いを繰り広げ、天正八年には父・信玄の時代より武田領は大きくなった。ところが翌天正九年三月、高天神城を家康に奪い返されてしまう。

高天神城は城将《じょうしょう》の岡部元信が守り通してきたが、やがて城は家康に完全に封鎖されてしまう。元信は援軍を求めるが、勝頼は他の戦いで手一杯で期待に応えることができなかった。結果、城兵は城から出て玉砕したのである。兵を見殺しにしたことで勝頼に対する家中の不信感が一気に高まっていった。

やがて、領内で織田・徳川・北条連合軍が侵攻してくるという噂が流れると、勝頼は祖父の代から拠点にしてきた躑躅ヶ崎館《つつじがさきやかた》では敵を防ぎきれないと判断、韮崎《にらさき》に新城（新府城《しんぷじょう》）を造らせ天正九年十二月に転居した。

この数年間、絶え間ない戦や重税で、武田領内の兵も領民も疲れ果てていた。けれど勝頼はそうした心情を考慮せず、強引にあちこちで戦を繰り広げ、戦費を領民に負担させ、巨費をかけて新城を築かせた。このためついに木曽義昌《きそよしまさ》が勝頼に対して叛旗《はんき》を翻した。

義昌は勝頼の妹婿だったが、新府城を築く際、重い負担を課されたことに不満を抱いたとされる。天正十年二月一日、義昌が苗木久兵衛（遠山友忠）を通じて信長の嫡男・信忠に「勝頼に敵対することにしましたので、ぜひ御出兵をお願いいたします」と伝えた。そこで信長は二月三日、信忠に武田領への進撃を命じたのである。

信忠はただちに森長可《もりながよし》と団平八を先鋒として木曾口から武田領へ侵攻させ、二月十二日、信忠自身も岐阜城を発し、十六日に岩倉口から武田領へ入った。

侵入してきた信忠軍に対し、武田方の諸城は戦わずして開城したり、城を捨て逃げ、小笠原信嶺《のぶみね》や穴山梅雪《ばいせつ》といった重臣たちも次々と織田方に降伏を申し出てきた。ゆえに、信忠軍はほとんど抵抗らしい抵抗も受けないまま進んでいった。

勝頼の最後の頼みの綱は小山田信茂

この崩壊現象を神仏の力によってくい止めようとした女性がいた。勝頼夫人である。彼女は五年前に小田原北条氏から嫁いできた北条氏政の妹で、この時、十九歳であった。

武田八幡宮（山梨県韮崎市）には、和紙一枚に五七一文字が記された彼女の願文《がんもん》が現存する。以下、意訳して紹介しよう。

「八幡宮様は、この国と武田家をずっと守り続けてくださいました。いま不慮の逆臣《ぎゃくしん》が現れ国を悩ましています。そこで勝頼様は、運を天に任せ、命を軽んじて敵陣へ向かっています。しかし武田家累代重恩の士卒さえも、気持ちがバラバラになっています。

いま逆臣の木曾義昌が神慮を空しくし、敵兵を引き入れ国を転覆しようとしています。勝頼様にどんな非がありましょうや。まことに悲しく悔しいことでございます。神慮天命が誠であるなら、なにとぞ霊神力によって勝頼様に四方の敵を退散させてやってください。もし願いが成就したら、社壇や御垣、回廊をお建て直しいたします」

勝頼夫人の切々たる思いが伝わってくる。しかし、彼女の願いは天に通じなかった。

織田軍に降る武田の武将が続出

この危機的な状況に勝頼は、居城（新府城《しんぷじょう》）から出て、一族・妻子を伴い小山田信茂の郡内（都留郡）の岩殿城《いわどのじょう》へ移ることを決心した。この時、真田昌幸も自領の上野国岩櫃《こうずけのくにいわびつ》城《じょう》に招こうとしたが、勝頼は断ったという。

三月三日早朝、勝頼は新府城から出た。城には火がかけられた。莫大な費用をかけて造られた堅城《けんじょう》だが、六十日間しか使用しなかった。同日、勝頼は甲府へ入ったが、すでに躑躅ヶ崎館《つつじがさきやかた》（武田三代の拠点）は破壊されていたので、一条右衛門大夫の屋敷で休憩をとり、その後は春日居の渡し場、田中、下矢作、小城、中尾、上岩崎を経て同日夜に柏尾大善寺に入った。さらに翌四日に横吹、鶴瀬を経て笹子峠近くの駒飼宿に到達した。

対して信忠の軍勢は、三月七日に信濃国上諏訪から甲斐国内に入り、甲府にあった武田一族や重臣たちの屋敷を襲撃した。

一方、勝頼は駒飼宿に在留して信茂からの連絡を待ち続けていた。勝頼に同行していた信茂は、一足先に主君を迎え入れる準備を整えるべく岩殿城へ向かっていたのである。

勝頼の継室《けいしつ》（北条氏康の娘）は十九歳だったが、勝頼との間に男児をもうけていた。だが逃避行中、二歳の子が激しく泣くので、仕方なく春日居で村人に息子を預けたという。

すでに勝頼に従う家臣は七百名に減っており、一行はくたくたに疲れていた。

ただ、駒飼宿で待っていても、一向に信茂は現れない。信茂は勝頼のもとを離れる際、人質にしていた老母も伴って岩殿城へ向かった。おそらく、この段階では裏切りを決めていたのだろう。

勝頼は心配になり、岩殿城へ使いを送ったところ、小山田隊が鉄砲を放ってきたのである。

信茂の離反を知ると、付き従っていた家臣たちは我先にと勝頼のもとを離れてしまった。中には勝頼一行を攻撃する者もいた。もはや天地に安住できる場所はなかった。

見事に果てた！　勝頼の継室十九歳

そこで勝頼は自刃を覚悟し、先祖の武田信満が討ち死にした天目山を目指すことにした。この時、随行する者は、わずか百名程度。そこには、あの継室の姿も見られた。勝頼は妻に北条家へ戻るよう説得したが、彼女は断固これを拒絶した。

『三河物語』によれば、勝頼一行が田野という土地（河原）で休息をとっていたところ、滝川一益《たきがわかずます》率いる織田軍の襲撃を受けたとする。この時、近臣の土屋惣蔵が鬼神のような働きをして襲い来る敵を斬りまくり、その間、勝頼は息子の信勝（遠山直廉《とおやまなおかど》の娘との間に生まれた長男）や側室たちと腹を切ったとある。惣蔵は主君らを介錯したあと、自らも腹を十文字に割いて果てたという。

ちなみに勝頼の継室は「黒髪の　乱れたる世ぞ果てしなき　思いに消える　露の玉緒」と辞世を詠み、側近たちに向かい、「私は北条早雲以来の弓矢に家柄の出、見事な最期を遂げてみせます。実家にこの様子を伝えてください」というや、口に短剣をくわえ、それを両手で奥へ押し込んで見事に果てたと伝えられる。

『信長公記《しんちょうこうき》』では、勝頼は田子（田野）にある屋敷に柵を設けて陣を敷いていたが、滝川一益らに見つかったため、勝頼は一族の女と子供をすべて刺殺させた後、部下と共に打って出た。この時やはり、土屋惣蔵がすさまじい働きをした後、自刃したと記されているが、勝頼の死に様については一切触れられていない。

軍記物などでは、勝頼は白鉢巻きを締め、渾身の力をふるって、息子の信勝（十六歳）と共に敵を防いでいたが、精も根も尽き果て具足櫃《ぐそくびつ》にぐったりと腰掛けていたところを、群がりくる敵に討ち取られたとされる。三十七歳であった。

勝頼の死は、天正十年三月十一日のことであった。かくして名族武田氏は、ここに滅び去ったのである。

勝頼と信勝の首級《しゅきゅう》は滝川一益《たきがわかずます》のもとに届けられ、一益は信忠の本陣に持参し首実検がなされた。三月十四日に勝頼の首は信長のもとへ送られ、信長は下伊那の浪合というところで首級と対面する。

信長がどんな感想を漏らしたかは、一次史料（当時の日記や手紙）では確認できないが、江戸中期に湯浅常山《ゆあさじょうざん》が記した『常山紀談』によれば、この時、信長は勝頼の首に向かって散々罵り、杖で二度突いたうえ、足で蹴り飛ばしたという。死体に侮辱を与えるとは、悪逆非道である。

ただ、大久保彦左衛門が江戸初期に書いた『三河物語』によれば、信長は勝頼の首を見て「日本に隠れなき弓取なれ共、運が尽きさせ給ひて、かくならせ給ふ物かな」（『日本思想体系26　三河物語　葉隠』（岩波書店）と述べたという。

こちらのほうは、『常山紀談』とは正反対に、勝頼の武功を賞し、哀悼の意を表している。

その後、信長は勝頼親子の首を家臣の矢部家定に命じて信濃国飯田まで運ばせ、そこで獄門にかけた。この時、大勢の人々がこれを見物したと『信長公記』にある。さらに首は長谷川宋仁に命じて京都へ運ばせ、晒し首にしている。その後の勝頼の首級の行方は、杳《よう》としてわからない。

信長は、武田征伐の褒美として信忠に梨地蒔絵の太刀を贈り、天下人の地位を譲ると宣言しているが、この日から三カ月も経たない六月二日、織田信長・信忠父子は本能寺の変で命を落としてしまった。人の運命とは、わからないものである。

黒田官兵衛《くろだかんべえ》

辞世の句・名言

「思ひおく　言《こと》の葉なくて　つゐにゆく
道はまよはじ　なるにまかせて」

生年
1546年12月22日
（天文15年11月29日）

没年
1604年4月19日
（慶長9年3月20日）

享年
59

「信長の死後、秀吉に天下統一の好機とささやき、中国大返しを断行させた天才軍師」

プロフィール

黒田職隆《もとたか》の嫡男として、播磨国の姫路に生まれる。主家である播州の小大名・小寺政職《こでらまさもと》の近習となり、17歳の時に官兵衛を名乗った。その後、織田信長に命じられて羽柴（豊臣）秀吉の軍師として仕えた。信長が本能寺の変で死んだとの報せを受けて、秀吉に天下取りの好機到来と囁く。秀吉は備中高松城攻めを中止して中国大返しを決行、山崎で明智光秀を破ることに成功。その能力を恐れた秀吉に警戒されたので、家督を息子の長政に譲って隠居したという。秀吉の死後、関ヶ原の戦いに乗じて天下を狙ったが、戦いが短時間に終わってしまい実現できなかったという説がある。

＊

1546年（天文15年）　1歳　黒田職隆の嫡男として、播磨国の姫路に生まれる

1575年（天正3年）　30歳　主君・小寺政職に織田氏への臣従を進言し、信長に謁見する

1582年（天正10年）37歳　本能寺の変で信長が死去。中国大返しを秀吉に進言
1589年（天正17年）44歳　嫡男の長政に家督を譲り、出家して如水を名乗る
1600年（慶長5年）55歳　関ヶ原の戦いに乗じて東軍として挙兵。一説には天下取りの野望があったとする
1604年（慶長9年）59歳　関ヶ原の後は福岡に住むが、たびたび上洛して伏見藩邸で病没

中国大返しを進言した軍師・官兵衛

よく知られているように黒田官兵衛孝高《よしたか》は、豊臣秀吉の軍師として仕えたと言われている。作戦参謀として備中《びっちゅう》高松城の水攻めを考案したり、織田信長が殺されたあと、秀吉に仇討ちを勧めて中国大返しを断行させたという。ただ、こうした活躍は官兵衛の子孫（福岡藩黒田家）が作成した『黒田家譜《かふ》』にある逸話ゆえ、事実かどうかわからない。

慶長三年（一五九八）、秀吉が没すると豊臣政権で武功派と官僚派の内訌《ないこう》が始まり、二年後、毛利輝元・石田三成の西軍と徳川家康の東軍が対立、両派は関ヶ原で天下分け目の合戦を行う。この時、西軍の吉川《きっかわ》広家や小早川秀秋を離間《りかん》させたのは、東軍についた官兵

衛の跡継ぎ（息子）・長政だった。そんな長政の活躍があったればこそ、関ヶ原合戦は数時間で東軍の圧勝に終わったのである。

一方、三成が挙兵した時、官兵衛は国元の豊前国《ぶぜんのくに》中津にいた。兵の多くは長政が率いて出陣していたが、官兵衛は金をばらまいて手当たり次第に人を集めて軍勢を作り、豊後の旧国主・大友義統《よしむね》と武力衝突した。国東半島から富来城《とみくじょう》へ向かった官兵衛は、わずか一週間で豊後一国を手に入れてしまった。

しかし家康が勝利したことを知り、兵を引いた。巷説《こうせつ》によれば、官兵衛は九州全土を平定して本州に渡り、東西両軍の内、勝ったほうと戦って天下を取ろうと考えていたという。なのに天下分け目の合戦は一日で片が付いてしまった。しかも、家康に勝利をもたらした最大の功労者が、自分の息子長政だったのである。

関ヶ原合戦で長政は戦功第一とされ、家康は長政の手を握り締めて、感謝したという。論功行賞では筑前一国（五十二万五千石）を与えられた。

後日、長政が官兵衛に家康が自分の手を握ったことを自慢げに語ると、官兵衛は「家康が握り締めたのは、お前の右手か左手か」と尋ねた。不思議なことを言うと思いながら「右手です」と長政が応えると、「その時、お前の左手は何をしていたのか」と言ったという。「なぜ別の手で家康を殺さなかったのか」という皮肉だった。ただ、これも後世に成立した逸話なので、にわかに信じがたい。

官兵衛は関ヶ原合戦から四年間しか生きなかった。

この間、天下人となった家康も官兵衛を恐れ続けたと言われる。ある時官兵衛が上洛すると、多くの大名が群がってきた。家康はこれを警戒し、官兵衛と親交のある山名禅高《ぜんこう》を遣わした。禅高は官兵衛に「夜な夜な諸将と密談しているというではないか。それに、醍《だい》醐《ご》や山科《やましな》に兵を多数隠しているとの噂もある。お前のためによくないぞ」と諫めた。すると官兵衛は、持っていた扇を畳に思い切り叩きつけ、「天下を取らんと思わんこと、いと易きことなり」(『名将言行録』)とすごんだ。警戒されるのに嫌気が差したのかもしれない。実際、官兵衛はかなり家康に気を遣っている。

乱心したわけではないと長政に伝え

関ヶ原合戦後、黒田家は豊前国中津から筑前国へ移った。官兵衛も筑前国宗像《むなかた》郡に隠居領を与えられている。黒田家の居城として博多近くの福岡城の築城が始まると、官兵衛は城普請《しろぶしん》にかかわるようになった。このため博多に屋敷を持つが、同時に太宰府天満宮にも住処《すみか》を設けた。それだけではない。京都・大坂にも屋敷があり、たびたび家康のいる伏見城へ出向いている。特に家康が伏見にいる間は在京を続け、家康が江戸などへ向かうと自身も都を離れるという配慮をしているのだ。

官兵衛は筑前国博多・太宰府天満宮と京都を往復する生活を続けながら、茶の湯と連歌に興じる生活を送った。

秀吉の中国大返しのあとから千利休や津田宗及《そうぎゅう》などと深く交わり、晩年は京都だけでなく、博多でも島井宗室《しまいそうしつ》や神谷宗湛《かみやそうたん》といった豪商たちと茶会を開いている。

連歌は晩年になってからの趣味であり、茶の湯以上に熱中している。戦国武将随一の文化人であった細川幽斎（藤孝）から教えを受け、幽斎が開いた連歌会にもたびたび参加して腕を磨き、関ヶ原合戦後の慶長五年末には「如水公独吟」（連歌百韻）を完成させている。連歌の大家・里村昌叱《しょうしつ》（紹巴《じょうは》の娘婿）に添削を求めたが、昌叱はその出来映えを大いに讃えた。また官兵衛は、太宰府天満宮に連歌屋（連歌を行う会所）を再興した。こうした官兵衛の趣味は、嫡男の長政（福岡藩初代藩主）に受け継がれ、さらに二代藩主忠之もたびたび連歌興行を行い、三代光之の時代になると、福岡城内で新春の連歌会も行われるようになっていくのである。

慶長八年（一六〇三）、福岡城が完成すると官兵衛は太宰府を引き払って城内の高屋敷に移った。だが、この年の春から体調が思わしくなくなる。しかし家康が官兵衛に上洛を求めてきたので、仕方なく京都へ向かった。ただ、十月ぐらいから体調はますます悪くなっていった。

官兵衛は息子長政に見事な家訓を残す

一月、有馬温泉に二週間ほど湯治に出向いた。これにより翌年になるといったん健康を回復したかに見えたが、三月に入ると急速に病状が悪化してしまう。

ただ、それ以前に官兵衛は息子の長政に対し、しっかりした家訓を残している。

意訳して紹介しよう。

「一、神罰より主君の罰を、主君の罰より臣下・百姓の罰を恐れよ。神罰は祈れば免れ、主君もその罰を謝罪すればどうにかなる。けれど家臣や百姓に疎まれたら、大名は必ず領《りょう》国《ごく》を失うことになる。祈っても謝罪しても罪は免れることはできないからだ。

一、領国を守ることが大事である。そのためには私心のない政治を行い、わが身の行儀を乱さず、万人の手本になれ。趣味を選び、遊行《ゆぎょう》は慎みなさい。家来や領民は、主君の好事をまねるものだからだ。文武は車の両輪、どちらを欠いてもいけない。治世に武を忘れず、乱世に文を捨てないことだ。今は平和な世になったが、大将が武を忘れたら、家臣も心が柔弱になり、武芸を怠り、武具は塵に埋もれ、鉄砲は錆びて腐《く》ち、役に立たなくなる。そんな時兵乱があれば、驚き騒ぐだけで戦うことはできない。喉が渇いてから井戸を掘るようでは遅いのだ。片時も武を忘れてはいけない。一方、乱世に文を捨ててはならない。血気の勇ばかりにはやり、仁義の心がなくなるので、士卒は忠義の働きをせず、たとえ戦いに勝っても後に滅ぶだろう。なお、大将の文道を好むというのは、本を読み、詩を作り、故事を覚えることではない。誠の道を求め、吟味工夫をよくし、筋目を違えず僻事《ひがごと》がないようにして、善悪を糺《ただ》し賞罰を明らかにし、憐れみが深いことをいうのだ。また、大将の武道を好むというのは、武芸に熱中して心を怒らせることではない。油断なく士卒を調練し、功がある者に恩賞を与え、罪ある者を罰し、平和な時に合戦を忘れないようにすることを言う。こうした根本を心得ておかなければならない。

一、大将たる者は「威」がなくてはならない。しかし、わざと相手を威圧するのは大きな心得違いで、それはむしろ大害となる。大名が家老に目を怒らせて荒々しく話したり、諫言《かんげん》を聞き入れず我意の振る舞いをすれば、家臣たちはみな怖じ気づき、忠義の思いをなくし、臣下万民が主君をうとみ、国は滅ぶだろう。誠の「威」とは、己の行儀を正しくし、理非《りひ》賞罰を明らかにすることである。そうすれば、強いて人を叱り脅かさなくても、臣下万民は主君をあなどったり、法を軽んじたりすることはなく、自《おの》ずから威は備わるはずだ。

我が子の傅役《もりやく》にはしっかりした人物を選びなさい。傅役は日夜子供に付き添い、諸事を教えるから、子の振る舞いは傅役に似るうえ、大人になっても大きな影響を与えるからだ。だから幾重にも吟味して人柄を見定め、心正直で偽りを言わない、忠義一筋の者を付けることだ。主君は我が子の傅役を重んじなくてはならない。そうしなければ、息子は傅役を軽んじ、諫言を聞き入れず、素行も改まらず大変なことになる。大名の子は生まれた時から安楽に育ち、下々の苦しみを知らぬから、憐れみの心がなく多くの人民を悩ますことが多い。よくよくそれを心得て教育しなさい」

今にも通じる教えが多いことがわかる。

死期を予告しそのとおりに逝った

死ぬ三十日前、死の床で官兵衛は、訪れる家中の者たちを罵り続けた。皆が縮み上がってしまったので、長政は父をなだめようとすると、官兵衛は息子を近くに呼び寄せ、「乱心したわけではない。お前のためにやっているのだ。一日でも早く俺が死んでお前の代になってほしいと家臣どもが思うように、こんなことをしているのさ」と長政の耳元でささやいたという。

何とも軍師らしい逸話である。

官兵衛の病が篤《あつ》くなったと連絡を受けた黒田長政は、急ぎ上洛《じょうらく》して父を見舞い、時には付き添って医薬を与えるなど看病にあたった。この折のことだろう、『黒田家譜《かふ》』によれば官兵衛は「我が死期来廿日《はつか》の辰の刻ならん」と死期を予告したうえで、「私が死んでも葬儀や仏事を盛大にしてはいけない。ただ、国を治め民を安んずることが私の願いなのだから、これを死後の孝養とせよ」と遺言したのである。

そして、事前に語った通り、三月二十日の辰の刻に死去したのである。五十九歳だった。

「思ひおく　言の葉なくて　つゐにゆく　道はまよはじ　なるにまかせて（言い残しておく言葉はない。ついにあの世に逝くことになるが、道に迷うことはない。あるがままに進むのだから）」

これは官兵衛の辞世である。死に臨んで、すべてを達観した心境だったことがわかる。

『黒田家譜』では、官兵衛は京都ではなく福岡で亡くなったことになっており、遺体は那珂郡十里松の崇福寺に葬ったとある。この寺は官兵衛が住んでいた太宰府近くにあったのだが、生前、官兵衛はこの場所に移転したのだ。また、京都大徳寺の三玄院に葬られ、のちに崇福寺に分骨されたという説もある。

一方、イエズス会や他の記録では、キリシタンだった官兵衛の遺体は、本人の遺言によって国元筑前に運ばれ、教会において葬儀が行われ、後日、仏教寺院で葬儀が執行されたという。これが事実なら、禁教令の後に成立した『黒田家譜』は、官兵衛がキリシタンだという不都合な真実を隠したのだろう。

一代で大大名に成り上がった黒田官兵衛は、見事な家訓を残して入滅したが、長政以降、黒田家は一度の国替えもなく連綿と幕末まで続いていくことになったのである。

高橋紹運《たかはしじょううん》

辞世の句・名言

「骸をば　岩屋の苔に　埋てぞ
雲井の空に　名を留むべき」

生年
1548年10月25日
（天文17年9月24日）

没年
1586年9月10日
（天正14年7月27日）

享年
39

「盟友・立花道雪と大友氏を支え、島津氏と死闘を繰り広げ、華々しく散った」

プロフィール

豊後（大分県）の大名だった大友氏の重臣・吉弘鑑理《よしひろあきまさ》の次男として生まれ、九州6カ国の守護を兼ねる大友宗麟に仕え、その屋台骨を支えた。知将として知られ、後に同じ大友氏の重臣だった盟友の立花道雪に請われて嫡男を婿養子に出した。その息子は名将として知られる立花宗茂である。勢力を増した島津氏が、大友氏の領国に襲来し、紹運に開城を迫るが徹底的に戦い（岩屋城合戦）、壮絶な死を遂げた。

*

1548年（天文17年）　1歳　吉弘鑑理の次男として豊後国筧城《かけいじょう》に生まれる

1569年（永禄12年）　22歳　大友義鎮《よししげ》（宗麟）の命令で高橋氏の筑前岩屋城と宝満城の2城を継ぐ

1581年（天正9年）　34歳　立花道雪の娘、誾千代《ぎんちょ》の婿養子に嫡男・統虎《むねとら》（のちの立花宗茂）を出す

1586年（天正14年）　39歳　島津の大軍が紹運の岩屋城・宝満城に攻めて来

たが、半月に及ぶ戦いの末、玉砕した……

主君の大友宗麟を奉じた重臣・紹運

豊後《ぶんご》の大友宗麟は六カ国の守護を兼ね、九州の北半分を領国《りょうごく》とした。しかし天正六年（一五七八）の耳川《みみかわ》の戦いで薩摩の島津氏に大敗を喫してしまう。すると肥前の龍造寺隆信が急速に力を伸ばし、九州は大友・島津・龍造寺の鼎立《ていりつ》状態となる。が、天正十二年に隆信が討ち死にすると、勢いづいた島津氏は龍造寺氏を服属させ、大友氏の領国に圧迫を加えた。結果、大友の重臣が続々と島津方へ寝返るようになった。宗麟は自ら大坂の関白・豊臣秀吉のもとに出向いて支援を依願。そこで秀吉は、天正十三年、島津氏に停戦命令を出した。けれど、九州統一目前にした島津氏は戦闘行為を止めようとしなかった。

筑後では岩屋城、立花城、宝満城《ほうまんじょう》が大友方の強固な拠点となっていたので、島津氏は天正十四年（一五八六）七月、島津忠長、伊集院忠棟《ただむね》率いる島津軍五万（異説あり）を派遣した。同軍は大友方の大宰府を占拠した後、高尾山に本陣を据え三城を取り巻いた。

この時、岩屋城を守っていたのが高橋紹運《じょううん》（鎮種《しげたね》）である。主君の宗麟を奉じて大友氏の屋台骨を支えてきた重臣だ。だから岩屋城が降伏してしまえば、筑後のみならず豊後の大友勢力もドミノ倒し的に崩壊する危険があった。

なお、宝満城の城将は紹運の次男・統増《むねます》、立花城は長男の立花統虎《むねとら》（宗茂）が守っていた。島津の大軍が襲来する前、統虎は紹運に「岩屋城では島津の大軍を防げません。立花城か宝満城へ移ってください」と意見した。しかし紹運は「地の利より、人の和が大切なのだ。勝敗は時の運。大友方に運があれば島津は撃退できるだろうし、運がなければ堅城に籠もっても滅亡はまぬがれない」と拒否したという。すでに討ち死にを覚悟しており、家中にも「去就は自由にしてよい」と申し渡したが、誰一人、岩屋城から立ち去る者はいなかった。ただ、岩屋城兵は七、八百人程度。到底、数万の島津軍と戦って勝てるはずはない。が、紹運は秀吉の援軍が来ることに一縷《いちる》の望みをかけたのだろう。

岩屋城下に着陣した島津忠長は、二日市にある荘厳寺の僧・快心を使者として岩屋城へ派遣し開城を求めた。しかし、紹運が拒絶したので七月十四日より城攻めを始め、二十六日早朝からは総攻撃が開始された。島津方の上井覚兼《うわいかくけん》の日記には、「下拵《したごしらえ》破り候へ共、敵城少しも騒ぐ事なく候。功者などもよく調いたる敵にて候」とあるように、この猛攻によって岩屋城の外郭が破られたが、城兵は鎮まりかえっていたという。覚兼は「さぞかし数多くの戦上手がいるのだろう」と感心している。

忠長は頑強な抵抗に驚き、講和の使者として新納蔵人を遣わした。新納は城外から声をあげると、櫓の上にいた麻生外記という武将が「如何なる御用の候やらん」（『豊薩軍記』）と答えたので、新納は「紹運公はたびたび合戦で武功をあげてきた。家運の傾いた大友方についているので、それが無駄になっている。時勢に従い島津に降参し、その力を存分に発揮なさるべきだ」と述べた。

紹運は高櫓に登り十文字に腹を割く

すると麻生は、「紹運公に伝えるまでもない。私が返答するので聞くがよい。大友氏は、源頼朝より続いてきた名家。島津などは十年前まで一郡さえ治めかねていたのに、少し力を持ったからとていい気になるな。秀吉公が九州に来れば島津の滅亡は明らか。主人の盛んな時に、忠に励み功名を顕す者は多い。だが、衰えた時、変心せず一命を捨て去ることこそ忠義なのだ」と答えたので、新納はすごすごと引き返していった。

なお、驚くべきことにこの外記と名乗る武士こそが、紹運本人だったという。ただ、軍記物語に載る話なので、にわかに信じがたい。一次史料の『上井覚兼日記』によれば、この日、紹運のほうから島津の陣中に「城は開くつもりはない。ただ、このまま宥免《ゆうめん》して領地を安堵してくれたら、そちらに出向いてもよい」と申し入れてきたとある。もちろん、そんな虫の良い話が通るはずもなく、島津方はその条件を拒んだ。

翌日、島津軍は総攻撃を行ったが、兵が塀際に取付いて登り始めると、塀の上から大木や大石が落ちてきて、数百人がたちまち犠牲になったとされる。この日、上井覚兼も城の塀を登る兵に石が直撃し、さらに顔面に弾丸を浴び、負傷して退却することになったと日記に認《したた》めている。結局、戦いでは島津方の「戦死之衆、多可有候《おおくあるべく》」という悲惨な負け戦となった。

『豊薩軍記』によれば、忠長は再び快心を遣わし「大軍を引き受け、持ちこたえているのは比類無きこと。岩屋、宝満、立花の三城と所領は保証する。人質を出してくれたら我が軍は撤退する。あなたに島津と大友の和平を仲介してもらい、両家が心をあわせて天下を統一しようではないか」と伝えたという。だが紹運は「我々は闘死するのみ」と応じたので、忠長は兵の犠牲覚悟で、再び岩屋城へ総攻撃を仕掛けた。対して城方も死を覚悟し、群がり来る敵にすさまじいばかりの抵抗を示し、次々と命を落としていった。

この時紹運は、「味方の手負死人を一通り巡見し、死せる者にもことごとく手をかけ涙を流して謝詞を述べ、いまだ息の通ふ者には手づから薬を口にをし入れ、礼を厚くし通られけり」(『豊薩軍記』)と士卒に感謝する行動を見せた。その後、大薙刀《おおなぎなた》を携えて敵陣へ切り込み、手当たり次第に刃を振り回し、なんと、十七人を切り伏せたという。が、自身も深傷を負ったため、最後の力を振り絞って高櫓に上り、十文字に腹を割いて自害して果てたのだった。この時、城兵の大半は討ち死にを遂げていたが、主君の最期を見た五十名あまりも紹運に殉じたとされる。こうして、岩屋城兵は全滅したのである。一説にはこの戦いでの島津方の死傷者は四千五百人に及んだという。

岩屋城合戦は、多大な犠牲を出したうえ、ようやく陥落したのである。今も城跡には「嗚呼壮烈岩屋城址」の石碑が立っている。

高山《たかやま》右近《うこん》

辞世の句・名言

「どんなことがあっても、信仰を失わず、悪魔の働きに屈せず、神の教えに反するようなものが出たならば、誰かがすぐにその者を正しい道に連れ戻しなさい」

生年
1552年
（天文21年）

没年
1615年2月3日
（慶長20年1月6日）

享年
64

弾圧に屈せず、領地も地位も棄て信仰を貫いた、文武に優れたキリシタン大名

プロフィール

高山右近は、高山飛騨守の嫡男として生まれた。父がキリスト教の洗礼を受けたので12歳の右近も入信。父が引退すると摂津高槻城主を継ぎ織田信長に仕える。本能寺の変で信長が死ぬと、山崎の合戦で羽柴（豊臣）秀吉に味方し、明石城6万石の城主となる。領民や黒田官兵衛、小西行長らに布教、多くのキリシタン大名に影響を与えた。秀吉が棄教を求めても従わなかったことで所領を没収され、加賀の前田利家の預かりとなる。江戸時代に幕府が禁教令を発するが、この折、国外追放となり、ルソン島マニラ（フィリピン）で客死した。

＊

1563年（永禄6年）　12歳　キリスト教の洗礼を受ける
1572年（元亀3年）　21歳　高槻城主となる
1578年（天正6年）　27歳　荒木村重が信長に叛旗を翻した際、同調するも、結果、剃髪することに
1587年（天正15年）　36歳　秀吉から棄教を求められたが拒絶。そのため改

易となり前田利家のもとに身を寄せる

1615年（慶長20年）64歳

徳川家康によるキリシタン禁教令を受けて、マニラに追放される。現地で絶大な歓迎を受けるが、40日後に病没

秀吉を怒らせ領地を没収される

高山右近は天文《てんぶん》二十一年（一五五二）、高山飛騨守友照の嫡男として摂津国三島郡高山庄で生まれた。両親が熱心なキリスト教徒だったので十二歳でイエズス会から洗礼を受け、ドン・ジュスト（正義の人）というクリスチャンネームを与えられた。

織田信長に従い元亀《げんき》三年（一五七二）に摂津国高槻《たかつき》城主となり、信長の重臣・荒木村重の与力《よりき》大名となるが、天正《てんしょう》六年（一五七八）に村重が信長に叛旗《はんき》を翻した際、これに同調した。しかし信長が宣教師を殺害すると恐喝したので、悩んだ末、家臣を捨てて城から降《くだ》り、剃髪《ていはつ》してその生涯をキリスト教の奉仕に捧げようとした。対して信長は領地の安堵《あんど》を約束した。信長の死後は羽柴秀吉に仕え、天正十三年、六万石に加増され播磨国明石城主となった。

天正十五年、秀吉はバテレン追放令を出し、キリスト教の宣教師に国外退去を命じた。

この法令を出す前、秀吉は右近に対し、「キリシタンたちは血を分けた兄弟以上に団結しており、天下に累《るい》を及ぼす。私はお前が高槻で人びとをキリシタンになし、寺社を破壊させたことを知っている。それは大いなる悪事である。今後、もし大名の身分にとどまりたいのなら棄教せよ」（松田毅一・川崎桃太訳『フロイス　日本史4』中央公論社）と告げた。

しかし右近は「キリシタンをやめることに関しては、たとえ全世界を与えられようとも致さぬし、自分の（霊魂の）救済と引き換えることはしない。よって私の身柄、俸禄《ほうろく》、領地については、殿が気に召すように取り計われたい」（前掲書）と命令に従わず、ついに秀吉を怒らせ、全ての領地を没収されてしまった。

翌年、右近は加賀の前田利家のもとに預けられた。当初は囚人のような扱いを受けたというが、やがて客将《きゃくしょう》となって一万五千石を与えられ、小田原平定や関ヶ原合戦では前田軍の将として奮戦している。右近がこれほどの高禄《こうろく》で拾われたのは、かくのごとく名将であったことに加え、築城術と茶の湯にすぐれていたからである。

実際に右近は、金沢城や越中国高岡城の修築を行ったり、前田家中に茶道を教授したりした。また右近は、利休七哲《しちてつ》の一（千利休の高弟の一人）とされていた。

ルソン島に追放され客死！

徳川家康はキリスト教を黙認していたため、右近は金沢に南蛮寺《なんばんじ》（キリスト教の教会）を創建したり、前田家の重臣を入信させたりと、熱心に布教に努めた。

ルイス・フロイスは、右近のことを「非常に活発で明晰な知性と、きわめて稀に見る天賦の才を有する」（前掲書）と褒め、キリスト教の教義もたちまち理解し、すぐに卓越した名説教者となったと述べる。さらに「彼はいとも多才、かつ能弁であったので、彼がデウスのことどもを語るさいは、それを聴く者はすべて、家臣たちも見知らぬ異教徒たちもそれがために驚嘆したほどであった」（前掲書）とあるように、人を魅了する不思議な力を備えていた。

慶長《けいちょう》十七年（一六一二）、家康は突如、幕府の直轄領に禁教令を出し、翌年、その範囲を全国へと広げた。右近も金沢で棄教《ききょう》を迫られたが、受け入れなかったため、見せしめとして一族、郎党と共に近江国坂本に送られた。そこに滞在すること五十日間、右近とその一族・家臣たちに盛んに改宗するよう、幕府からさまざまな誘いや恫喝《どうかつ》が行われた。もしキリシタンとして最も有名な高山右近がキリスト教を捨てたと知れば、幕府にとってこれほどよい宣伝はないからだ。が、誰一人、信仰を捨てる者は現れなかった。

ここにおいて右近一行は長崎へ護送され、翌年秋、妻のジュスタら一族八名と共にエステバン・デ・アコスタ号と称するジャンク船（中国の帆船）に押し込まれ、国内から放逐《ほうちく》されたのである。

船には三百五十名が同乗しており、ルソン島のマニラに向かうことになった。船内はあまりに狭く、しかも船がおんぼろだったのであちこちから海水が入り込んできたという。ルソンには大型船なら通常十日ぐらいで到着するが、ジャンク船だったこともあり、右近たちが現地に着いたのは、出港から四十三日後のことだったと伝えられる。船内の衛生状態が悪く、長旅の途中、四名が亡くなっている。右近も体調を崩し、高熱が出たという。

船がルソンに着くと、右近は熱烈なキリシタンとして同地でも有名になっていたから、ルソン総督ドン・ファン・デ・シルバ（スペイン人）らをはじめ、現地の人々から大いなる歓迎を受けた。シルバ総督は、できるかぎりの支援を右近に約束したが、右近はあえてこれを謝絶したと言われる。

右近と家族は、イエズス会のコレジオ（神学校）の近くにある屋敷を与えられた。ただ、長い船旅の疲れや熱帯の熱さで免疫力が弱っていたのか、右近はまもなくして高熱を発した。おそらくマラリアにかかったのだろう。イエズス会の人々は懸命に治療を行ったが、病状は悪化の一途をたどっていった。

もはや死は免れないと考えた右近は、イエズス会の司祭モレホンを枕元に招き、遺言を告げたのである。

「これからは神が守ってくださる」と

「私は自分の死が近づいていることがわかります。しかし、家族や日本からともに苦労してやってきた人たちを悲しませないように、なんとか隠しています。死は神のおぼし召しであり、そのうえこうして神父さまに付き添われ死を迎えることは、最高の喜びであり、本当に満足しています。妻や娘や孫たちについては、べつに心残りはありません。はるばるこの地まで私に従ってくれた妻や娘らの愛情に、深く感謝しています。ともに神への信仰ゆえに追放されてここまで来たのですから、これからは神があの子らの本当の父親になって守ってくださるでしょう。ですから、私がいなくてもなんの心配もありません」（古巣馨著『ユスト高山右近　いま、降りていく人へ』ドン・ボスコ社）

信仰に裏打ちされた毅然たる言葉である。

そして、いよいよ臨終が近づいてきた時、右近は家族を病床に集め、

「これから先、どんなことがあっても信仰を失わず、悪魔の働きに屈せず、神の教えに反するようなものが出たならば、誰かがすぐにその者を正しい道に連れ戻しなさい」（前掲書）

と告げたという。

この様子を目にしたモレホンは、

「こんなにいたいたしい病にもかかわらず、彼が何ら不忍耐や恐怖のしるしを見せず、また、小さな子供や婦人たちを異国に取り残してゆくことに無念そうな様子を見せなかったのは、実に注目に値することであった。それはまったく、大いなる安らぎと神のみむねに委ねていた有様であった」（モレホン著『日本殉教録』キリシタン文化研究会、H・チースリク著『高山右近史話』聖母の騎士社）

そう感動している。

こうして右近は、一六一五年二月三日に六十四歳の生涯を閉じた。

安置された遺体に群衆が殺到した！

マニラでは町中の人々が高山右近の死を悼んだ。

『高山右近史話』によれば、右近の遺体は日本式で飾られたという。右近が所持していた最高の服が着させられ、「顔はおおわれず、頭には同じく日本風に、日本において俗世を隠退し剃髪した時に通常かぶる習わしである頭巾がかぶせられた」（前掲書）という。

遺体は漆黒の棺に収められ、祭壇に安置されたが、マニラでは右近を聖なる殉教者とあがめ、群衆が会場に殺到し、敬意を示すため右近の足下に接吻したという。

葬儀のミサも盛大に行われ、国王に匹敵するほどであった。

右近の亡骸は、「イエズス会のコレジオの付属聖堂サン・アンナ教会の本祭壇の近くに安置された」（前掲書）。その後、教会が老朽化したため、サン・ホセ学院の聖堂に移した。その際「豪華な石棺を造り、その上に右近の肖像画を飾っておいた」（前掲書）そうだ。

残念ながら、その後イエズス会の施設は閉鎖され、戦争や自然災害の頻発により、右近の遺体の所在はわからなくなってしまった。

さて、右近が死去してから五十年後の一六六六年、神聖ローマ皇帝・レオポルト一世がスペインのマルガリータ王女と結婚した。これを祝してウィーン大学では劇場に両陛下を招いて演劇が上演された。その劇は、なんと「高山右近殿」。秀吉に棄教を迫られ、それを信仰のために拒絶して追放されるという内容だった。その後、ヨーロッパではたびたび右近の演劇が上演されるようになり、西洋の人々にその業績が語り継がれていったのである。

一九七七年、マニラ市や高槻市などがマニラに日本とフィリピンの友好の印として公園を設置した。園内には高山右近像が建立されたのである。

さらに、右近の没後四〇〇年（二〇一五年）、日本のカトリック中央協議会は、ローマ教皇庁に対し、高山右近の福者認定を求めた。福者とは、その死後に徳と聖性を認められた信者に授与される称号である。右近は名誉や地位を捨てて生涯信仰を貫いた人物ゆえ、十分、福者の資格があると主張したのだ。これを受けて、教皇庁は調査を行い、翌二〇一六年、正式に右近を福者として認可した。

さらに二〇二二年、地元の団体が作った十字架を抱えた高山右近の肖像が、右近の生前から存在するマニラのサンミゲル教会に安置された。このように地元の人々は、今なお信仰に全てを捧げた日本人・高山右近の功績をたたえているのだ。

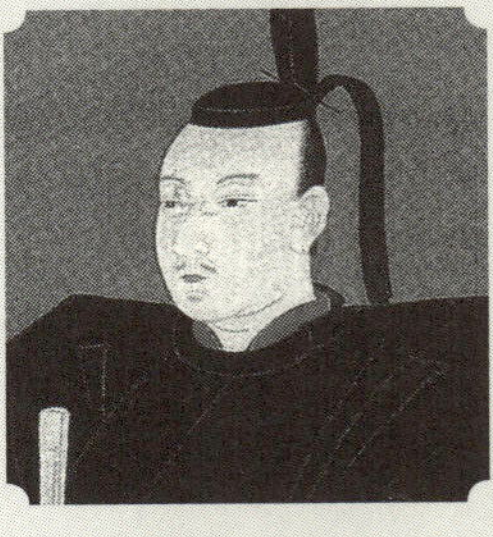

織田信忠《おだのぶただ》

辞世の句・名言

「無様に逃げ出して途中で果てることこそ無念である。悪戯にこの場所から退くべきではない」（明智光秀襲撃で、安土に逃げて再起を図るべきと諫言する者に答えて）

生年
1557年
（弘治3年）

没年
1582年6月21日
（天正10年6月2日）

享年
26

父・信長に代わって織田軍団の諸将を指揮し数々の武功を立てたが…

プロフィール

織田信長の嫡男として生まれ、浅井氏攻略の戦で初陣を飾って以後、長篠の戦いなどに参加。岩村城の戦いでは総大将として戦功を挙げた。19歳で家督を譲られ岐阜城主となる。石山本願寺との戦い（石山合戦）では紀伊の雑賀衆を降伏させ、信長を裏切った松永久秀討伐で総大将を務め、謀反《むほん》を起こした荒木村重も鎮圧。さらに信濃甲斐に侵攻し武田家を滅亡させるなど、信長に代わって総帥として織田軍団を指揮したが、本能寺の変で信長死すの報せを受け二条御所で自害した。

＊

1575年（天正3年）　19歳　父・信長から家督を譲られ岐阜城主として、美濃・尾張両国を支配する

1577年（天正5年）　21歳　雑賀攻めで中野城を落城させ、8月松永久秀討伐の総大将として大和信貴山城を落とした（信貴山城の戦い）

…………

1582年（天正10年）　26歳　京都滞在中に本能寺の変が発生、二条御所に籠城し自害

「信忠の裏切りか」と信長は問うた！

天正《てんしょう》十年（一五八二）六月二日、織田信長が本能寺で襲撃され、命を落とした。『三河物語』（大久保彦左衛門著）によると、信長は本能寺が兵で取り囲まれた時、表に姿を現し、「城介《じょうのすけ》の別心《べっしん》」かと近くにいた森蘭丸に問いかけたという。対して蘭丸は「明智が別心と見え申す」と答えたと記されている。

もちろん明智とは明智光秀のことだが、「城介」とはいったい誰なのか。

実は、信長の嫡男、織田信忠のことであった。この時、すでに信長は信忠に家督を譲っており、岐阜城主の信忠は織田家の当主として活躍していた。

いきなり本能寺で襲われた時、信長の脳裏にはとっさに信忠が浮かんだのだ。

つまり、「この偉大な自分に刃向かえるのは、長男の信忠しかいない」と確信するほど、信忠の実力は大きいものになっていたのだろう。

信忠は信長の嫡男として、弘治《こうじ》三年（一五五七）に生まれたが、彼が元服するのは元亀《げんき》三年一月のこと（翌年説もあり）。もう十六歳になっており、当時としては遅いが、一つ

年下の同母弟・信雄《のぶかつ》や異母弟・信孝もこの時元服しているので、合理的な信長が息子たちをまとめて元服させるため、信忠の元服を引き延ばしておいたのだろう。

翌年、信長は将軍足利義昭を京都から追放するが、この頃から信忠は、尾張や東美濃の兵を与えられて独自の軍団を形成し、父の命で各地を転戦するようになった。

天正三年（一五七五）、信忠は堅城《けんじょう》の岩村城を落とした功績で、十九歳で信長から家督を譲られた。その後も松永久秀の信貴山城《しぎさんじょう》攻め、石山本願寺攻め、三木城攻め、荒木村重の有岡城攻めなど、休む間もなく戦い続けたが、天正九年、能楽に入れ込み過ぎたことを信長に叱責され、面会を拒否されてしまう。仰天した信忠は、以後はピタリと能をやめ、馬術に励むようになったので、信長も機嫌を直し、秘蔵の雲雀毛《ひばりげ》の名馬を与えたという。

翌天正十年、信忠は信長の命を受けて武田攻めの総大将となり、部下を木曽口から武田領へ侵攻させ、自身も岐阜城を発して岩倉口から武田領へ入った。そして、仁科盛信（勝頼の異母弟）が守る堅城・高遠城《たかとおじょう》を包囲すると、率先して城の塀際に取り付き、柵を引き破って塀に上がり、「一斉に乗り入れよ」と下知《げち》した。家臣たちはこれを見て奮い立ち、城は一日で陥落した。このあとも破竹の勢いで進撃を続けたので、安土城の信長はこれを危ぶんで制止しようとしたが、信忠は父の命を無視して甲府を落とし、武田勝頼を滅亡させたのだ。

信長は息子の活躍を大いに喜び、褒美として信忠に梨地《なしじ》蒔絵の太刀を贈り、天下人の地位も譲ると明言した。だが、それからわずか二カ月半後の六月二日、京都の本能寺にいた信長は、一万三千を率いた明智光秀の襲撃を受けて殺害されてしまった。

信忠のいる妙覚寺は本能寺から一キロ

信忠は当初、徳川家康に同行して堺に行く予定だったが、父の信長が来ることを知って京都の妙覚寺に滞在していた。

妙覚寺と本能寺は一キロ程度しか離れておらず、本能寺が襲撃されたことに気づいた信忠は、ただちに本能寺へ向かおうとした。しかし京都所司代の村井貞勝が「手遅れです」と制止し、近くの二条御所への籠城《ろうじょう》を進言した。

一方で、すぐに京都から脱して避難すべきだという意見も少なくなかった。

運が良ければ安土城へ戻って臨戦態勢を整えることができるし、あるいは、四国平定のために大坂湾に駐留していた一万数千の織田軍と合流できる。

しかし、信忠は結局、二条御所に入ることを選んだ。

「主君に謀反《むほん》するくらいだから、光秀は洛中から逃亡できぬよう、手だてを立てているはずだ」と判断したのだろう。

確かに、その可能性は高い。実は近年、光秀本人は本能寺におらず、八キロほど離れた鳥羽にいたという二次史料が出てきたのである。鳥羽には、鳥羽街道が通っている。ここで大坂や安土に行く者をチェックできるわけだ。信長が本能寺からうまく逃げ延びてきた場合、この場所で捕捉して抹殺しようと考えていたのかもしれない。ゆえに信忠が京都から出ることができたとしても、逃げ切るのは難しかったかもしれない。

いずれにせよ、信忠は妙覚寺から二条御所に拠点を移した。手元の人数はわずか千人。一万三千の明智軍には到底敵《かな》うはずもない。

本能寺を制圧した明智軍は、信忠がいると知ると、二条御所に殺到してきた。甲冑を身に着けている明智の軍勢に対し、信忠の配下は刀を持っているだけだったという。それでも信忠の部下は、一時間以上にわたってすさまじい抵抗を見せた。

宣教師のルイス・フロイスが「嗣子《しし》（信忠）は非常に勇敢に戦い、銃弾や矢を受けて多く傷ついた」（『日本史』中央公論社　松田毅一・川崎桃太訳）と述べるように信忠自らも武器をとって烈しく抵抗した。

激しい抵抗に正面突破を断念した明智軍は、隣接する近衛前久《さきひさ》邸の屋根に登り、眼下の織田勢に鉄砲を乱射、矢を立て続けに放った。このため織田方の防御が崩れ、御所内に明智の兵が殺到、屋内に火が放たれた。

すると信忠の叔父・織田有楽斎《うらくさい》が「もはやこれまでゆえ、見事腹を切りなされ」と信忠に切腹を勧めたというのだ。この言葉を聞いて観念した信忠は「私が切腹したら縁の板を剝がし、その中に私の遺体を隠せ」と鎌田新介に命じ、間近に火が迫って来た時、腹を割いて果てた。新介は信忠の首を一刀のもとに落とし、首を隠し、遺体を火葬した。信忠はまだ二十六歳であった。

もしこの時、信忠が生き延びていれば、その後の戦国史は大きく変わったろう。

小《こ》西《にし》行《ゆき》長《なが》

辞世の句・名言

「私はキリシタン。キリスト教は自殺は認められない。だから生きながらえたのだ」（〈関ヶ原から逃亡し、自害しなかった理由を問われ〉『関原合戦始末記』より）

生年
1558年
（永禄元年）

没年
1600年11月6日
（慶長5年10月1日）

享年
43

「高山右近の影響でキリシタンになり、処刑される最期までキリスト教徒として生きた」

プロフィール

備前国の宇喜多直家に仕え、本能寺の変のあと秀吉に仕えた。水軍を率いて瀬戸内海の将となる。この前に高山右近の影響でキリシタンとなっている。文禄の役では明との交渉にあたったが決裂し、秀吉の怒りを買う。豊臣政権内で加藤清正、福島正則、黒田長政ら武功派と対立、関ヶ原の戦いでは石田三成の西軍につき敗北。キリシタンは自殺を禁じられているからと自害せず、関ヶ原から逃亡。近江で捕縛され、石田三成、安国寺恵瓊らと共に京都六条河原で斬首された。

＊

1584年（天正12年）　27歳　高山右近の後押しでキリスト教の洗礼を受ける

1585年（天正13年）　28歳　摂津守に任ぜられ、豊臣姓を名乗ることを許される。小豆島1万石を与えられる

1589年（天正17年）　32歳　肥後の国人一揆討伐の功で肥後宇土、八代などを与えられ、宇土城を築城する

……………
1592年(文禄元年) 35歳 文禄の役の一軍の将として朝鮮に渡る
1600年(慶長5年) 43歳 関ヶ原の戦いで敗れ、六条河原において斬首

高山右近の影響でキリシタンとなる

小西行長は、立佐《りゅうさ》(隆佐)の次男として生まれたというが、前半生ははっきりしない。通称は弥九郎。はじめ備前国の宇喜多直家に仕え、天正八年(一五八〇)頃から羽柴秀吉の家臣となった。天正十三年には舟奉行として根来《ねごろ》・雑賀《さいか》一揆攻めに従軍。やがて瀬戸内水軍の将となり、天正十六年には肥後南部十二万石(諸説あり)を与えられ、宇土《うと》に新たに居城を作った。これより前、高山右近の影響でキリシタンとなっている。

文禄《ぶんろく》元年(一五九二)の文禄の役では、一軍の将として加藤清正と共に朝鮮で活躍したが、のち明との和平交渉を進めた。だが、慶長元年(一五九六)に交渉が決裂すると、翌年、再び兵を率いて朝鮮へ渡海《とかい》した(慶長の役)。秀吉の死により撤退するが、その後、豊臣政権内の加藤清正、福島正則、黒田長政ら武功派と対立する。そうしたこともあって、会津征伐へ向かった徳川家康に対し石田三成と大谷吉継が挙兵すると、これに呼応した。

慶長五年(一六〇〇)九月、三成や行長が籠もる大垣城の麓《ふもと》に家康の大軍(東軍)が着陣した。三成は家康が大垣を攻めずに大坂へ向かうことを危惧し、城から出て関ヶ原で東

軍を迎え討とうとした。この時行長は、「城から撤収すると味方の士気が損なわれる」と反対したが、その意見が採用されなかったため、戦う気が失せてしまったという。

関ヶ原本戦では寺沢《てらざわ》広高らと激突したが、松尾山から味方の小早川秀秋軍が攻めかかってくると西軍は崩れ、小西軍も寺沢軍に敗北してしまった。この折、行長は自害せずに逃亡をはかった。再起を期したのと、キリシタンなので自害ができなかったからだというが、結局、捕縛されてしまう。逃亡ルートは一次史料（当時の日記や手紙）がなく定かでないが、大老の酒井忠勝が林羅山《らざん》らにまとめさせた明暦二年（一六五六）の『関原合戦始末記』によれば、次のようなものであった。

三成や恵瓊と共に三条河原で処刑！

敗北した行長はしばらくあちこちに隠れ潜んでいたが、やがて近江国《おうみのくに》伊吹山の東糟賀部村で林蔵主（村の庄屋とも僧侶ともいう）に見つかってしまった。逃れられないと観念した行長は「私は小西摂津守行長だ。からめ捕って家康から褒美をもらうがよい」と述べた。これを聞いた林は「しからば武士らしく自害なさるがよい」と返したが、行長は「私はキリシタン。キリスト教は自殺を認めていない。だから生きながらえたのだが、雑人《ぞうにん》の手にかかるのは無念ゆえ、汝に正体を明かしたのだ」と答えたという。

そこで林蔵主は領主の竹中丹後守重門《しげかど》に連絡し、同家の家臣と共に家康のいる大津城まで行長を連行した。家康は、家臣の村越茂助に行長の身柄を預け、林蔵主に褒美として黄金十枚を与えたという。

『板坂卜斎覚書《いたざかぼくさい》』（家康の侍医・板坂卜斎の記録を享保年間にまとめた書）にも同様のことが書かれているので、かなり信憑性のある話だと思われる。ただ『板坂卜斎覚書』では、村越茂助は捕まった行長に縄をかけるなど酷い扱いをしたと記している。

明治時代に成立した『関ヶ原軍記』（著者不明、鈴木喜右衛門刊行）になると、知己の行長に頼まれて自宅に匿《かくま》った林蔵主は密かに竹中重門に通報し、重門が派遣した伊藤治左衛門と示し合わせ、行長を逃がす振りをして彼が外に出たところを捕縛させたとある。行長は林の裏切りを知って「無益の坊主を頼みし事の悔しさよ」と罵倒したといわれる。このように、林蔵主が悪人に変わっているのだ。

ただ、行長が村人に裏切られて捕まったという伝承は確かに存在する。岐阜県揖斐《いび》川町には行長を祀る小西神社があるが、行長はこの地域の中山観音寺に匿われたものの、捕らえられてしまったという。行長は村人が裏切ったのだと思い、連行される際、彼らに罵詈雑言を吐き捨てた。以後、この村では何度も大火が起こるようになったので、人々は行長の祟りだと信じ、神社を建ててその霊を祀ったのである。

行長に続いて石田三成、さらに安国寺恵瓊《あんこくじえけい》も捕縛された。三人の敗将は大坂や堺の町を見せしめとして引き回されたあと、京都で京都所司代の奥平美作守信昌（みまさかのかみのぶまさ）に引き渡された。

信昌は三人を別々の車に乗せて洛中を引き回した。この時、行長は全く苦痛の表情を見せなかったとイエズス会宣教師のカルヴァリョが本国に送った報告書に書かれている。

やがて行長は、三成や恵瓊と共に六条河原に引き出されて処刑され、その首は三条河原に晒《さら》された。刑死の際、仏僧が行長に対して読経し仏との結縁《けちえん》儀式を行おうとしたが、行長は「私はキリシタンゆえ、結縁のことは無用に願いたい。これ一つがあれば事足りる」と述べて儀式を拒んで賛美歌を歌い、十字架を取り出したといわれる。十字架はスペイン国王カール五世の妹（カタリナ）から贈呈された珍しいものだった。さらに同じくカタリナからもらったイエスとマリアの小画像を両手で三度ほど高く掲げ、二人の名を唱えながら死に就いたという。遺体は絹服に包まれて京都のキリスト教教会に運ばれ、地下に葬られたと伝えられる。

石田三成《いしだみつなり》

辞世の句・名言

「筑摩江や　芦間に灯す　かがり火と
ともに消えゆく　我が身なりけり」

生年
1560年3月29日
（永禄3年3月5日）

没年
1600年11月6日
（慶長5年10月1日）

享年
41

「天下分け目の関ヶ原で家康と対決、最期まで豊臣家に殉じた高潔な能吏」

プロフィール

石田三成は、豪族・石田正継《いしだまさつぐ》の次男として近江国（滋賀県）に生まれた。北近江12万石の大名となった織田家の羽柴秀吉に、15歳の頃に仕官した。以来秀吉の側近として得意の兵站や後方支援に才能を発揮し天下取りに大きく貢献。豊臣政権の官僚としては最高位の五奉行の一人にまで出世。豊臣秀吉の死後、豊臣家をないがしろにしようと暗躍し始めた徳川家康の打倒のために挙兵。実質的に西軍を指揮したが、関ヶ原の戦いに敗れ、京都六条河原で処刑された。

＊

1574年（天正2年）　15歳　羽柴秀吉に仕官し、小姓として仕える
1585年（天正13年）　26歳　豊臣秀吉が関白就任、三成も従五位下・治部少輔となる
1590年（天正18年）　31歳　小田原平定で、後北条氏の支城・忍城を攻める
1595年（文禄4年）　36歳　近江・佐和山城主となる
1598年（慶長3年）　39歳　豊臣秀吉死去。政権内部で分断が進む

1600年（慶長5年）　41歳

関ヶ原の戦い。西軍の将として石田三成は関ヶ原で東軍と交戦し敗北。家康の命令で六条河原で斬首される

家康が遠征。三成は好機ととらえ挙兵

石田三成は秀吉の信頼を得て、秀吉の晩年、五奉行として豊臣政権の政務の一端を担った。しかし秀吉の死後、武功派の大名たちに毛嫌いされて加藤清正ら七将の襲撃を受け、佐和山城に蟄居《ちっきょ》せざるを得なくなった。そう、失脚したのである。

以後、豊臣政権では、実質的に徳川家康が天下人として振る舞うようになった。

慶長五年（一六〇〇）六月、家康は上杉景勝が謀反《むほん》を企てたとして、大坂から五万六千の大軍を引き連れ、会津にいる景勝を征伐すべく遠征を開始した。

三成はこれを好機と考え、大谷吉継と家康打倒の兵を挙げた。この動きに同調した西国の太守《たいしゅ》・毛利輝元は、大坂城へ入って豊臣秀頼とその母・淀殿を手中にし、豊臣政権の三奉行を味方につけた。このため多くの西国大名が西軍に加担した。

一方、下野国《しもつけのくに》小山で三成の挙兵を知った家康は、遠征を中止して味方大名（東軍）に西軍の撃破を命じ、自身も九月一日に江戸を立った。

三成は大垣城に籠もって東軍を引き付け、その間に西軍の総大将・毛利輝元と主君秀頼を関ヶ原に出馬させる方針を採った。秀頼が現れたら、東軍の豊臣系大名が動揺を来たし、戦意を喪失して東軍は瓦解《がかい》すると読んだのだ。

こうして九月八日、三成は諸将と共に大垣城へ入った。同時に十数キロ後方の関ヶ原周辺に陣地を構築、味方大名の一部を配置した。輝元の本隊をここに迎え入れ、大垣城に引き付けた東軍を挟撃《きょうげき》しようというのである。

かたや家康は、九月十四日に大垣城から四キロ離れた赤坂の岡山に着陣した。ただ、家康としては攻城戦は避けたい。城攻めで日を送れば、秀頼と輝元が出馬してくる可能性がある。

そこで「大垣城は攻めずに大坂城へ向かう」という誤報を流したのだ。これを信じた三成は、急遽、関ヶ原に防衛ラインを張って東軍の進軍を食い止めようと、九月十四日夜、豪雨と闇にまぎれて大垣城から全軍を脱出させた。

翌日未明、西軍の動きを知った家康は全軍に追撃を命じ、早朝から西軍の布陣する関ヶ原に東軍が突入する形で戦が始まった。ただ、家康による事前の離間《りかん》工作で西軍大名の大半が傍観を決め込み、三成率いる西軍は少数で数時間、東軍の猛攻に耐える苦しい戦を強いられた。やがて西軍の小早川秀秋の大軍が寝返って味方へ攻め込み、西軍は瓦解した。

近年は、当初から秀秋は東軍として戦っていたという説もあるが、ともあれ、奮戦していた三成も周囲が崩れると、家臣と共に伊吹山方面に逃亡した。

三成は地元の農民に捕まり縄をかけられ

それから田中吉政に捕縛されるまでの足跡は、一次史料（当時の手紙や日記）には残っていない。伝承によれば、伊吹山を越えた時には三成に従う家臣は磯野平三郎、渡辺勘平、塩野清助のみとなっていたという。が、落ち武者狩りが激しく、複数でいると目立つので、七曲がり峠で袂《たもと》を分かち単独行動を取った。その後、夜を待って高野村に至り、古橋の法花寺の三珠院善説《ぜんせつ》を訪ねた。善説は、三成の習字の師匠だったと言われる。

ただ、すでに東軍の田中吉政によって三成ら西軍大名の追捕令《ついぶれい》が出されており、三成が寺に入ったことを知った村人たちは、善説に「東軍の詮索が厳しいので追い出して欲しい」と懇願したため、三成も立ち去らざるを得なくなった。

それからは野宿を重ねて木の実や落ち穂を食して露命《ろめい》を繋いでいたが、腹を壊して動けなくなった三成は、仕方なく近くの茶園に隠れ潜んでいた。しかし、草刈りに来た古橋村の奥次郎太夫に見つかってしまう。けれど奥次郎太夫は三成を憐れみ、自宅に運んで看病したのである。ところがまもなく、又左衛門という村人が来て、「おまえが三成を隠しているという噂が立っている。それは本当か。田中吉政の穿鑿《せんさく》が厳しいのだぞ」と忠告してきた。この時、奥次郎太夫は素知らぬ風を装ったが、陰で話を聞いていた三成は、「私の命運はもはや極まった。私の身柄を田中吉政に渡せ。さもなくばお前の身に危険が及ぶ」と告げた。しかし奥次郎太夫は首を横に振り、三成を密かに家から逃がしてやったという。

さて、田中吉政という武将の名が何度も出てきたが、吉政は三成と同じ近江国出身で大変仲が良かったというが、関ヶ原合戦の前、家康に「必ず私が三成の首を取ります」と約束していた。だが、それが果たせなかったので、三成の居城である佐和山城を落とした後、家康に対して「約束を果たせず三成を逃がしてしまいました。このうえはお暇をいただき、近江国《おうみのくに》で草の根を分けても探します。もし見当たらなければ越前まで追いかけます」と伝え、家康から三成捕縛の許可を得たという。

これは十六世紀後半以降、増誉《ぞうよ》という僧が記した『明良洪範《めいりょうこうはん》』に載る話で、事実かどうか不明だが、同書によれば、吉政は徹底的な残党狩りを伊吹山山中で行い、二百名もの落人を搦《から》め捕ったという。九月二十三日、とうとう三成が地元の農民に捕まり、縄をかけられて吉政の元に引き出された。

すると吉政は、三成に同情して自ら縄をほどいてやり、「武士の行く末はこうなることも珍しくない。何事も自分に任せてほしい。徳川殿にお願いして私の戦功に換えてあなたの命を救い、山の奥や島の中で安穏に暮らせるようにするつもりだ」と約束したのである。

だが、それは真っ赤なウソだった。

韮雑炊を食し　いびきをかく三成

三成を安堵《あんど》させた吉政は、巧みに諸大名にあてた計略を記した書状のありかや、武器などの諸道具の隠し場所を聞き出し、全てを手に入れた。要はだましたのだ。

その後、まるで主君のように扱っていた三成に縄をかけて長持の中へ押し込め、自分が部下と共に長持をかついで家康がいる大津に持参したという。何ともえげつない男である。家康は、吉政が三成を生け捕りにしたことを大いに喜び、近江国《おうみのくに》のうち瀬田橋以北を吉政に与えようとしたが、側近の彦坂小刑部《ごぎょうぶ》（元正）が「吉政は三成と親しい者。そんな人物に近江という大国を与えるのは危険です」と述べたので、筑後一国を与えることにした。いずれにしても国主になったわけだから、吉政としては大出世である。

このように、吉政が三成をだまして栄達したと記すのは、僧の増誉《ぞうよ》が江戸前期に記した『明良洪範《めいりょうこうはん》』である。一方、江戸中期に湯浅元禎《げんてい》が著した『常山紀談《じょうざんきだん》』は、吉政を真逆な人間として描写している。紹介しよう。

捕縛された三成に会った時、吉政は丁寧に会釈し、「このたび数十万の軍兵を率いて戦えたのは、あなたの知謀が優れたから。合戦の勝敗は天が決めることで人知は及ばぬ。敗戦は仕方ないことだ」と述べ、三成に礼儀を尽くしたとされる。

なお、柱に寄りかかっていた三成は吉政を目にすると微笑み、「田兵か」といつもと変わらず、あだ名で呼びかけたという。そして、「豊臣秀頼公のために害を除き、亡き太閤殿下のご恩に報いるつもりであったが、運が尽きてしまった。しかし、悔いはない」と言い、「これは、太閤より賜った切刃政宗の脇差しである。私の形見だと考えてほしい」と吉政に脇差しを与えた。

吉政は三成に馳走の士をつけ、贅沢な料理でもてなしたが、三成は「なるべく早く死にたい」と述べて、一切手をつけなかった。これを見かねた馳走の士は、「吉政殿は、あなたに自分の体をいたわっていただき、きちんと最後の用意（切腹）をしてほしいと考えているのです」と述べた。納得した三成は「近頃、腹の調子が悪いので、韮《にら》雑炊をいただきたい」と頼んだ。こうして雑炊を食べた三成は、心の緊張が解けたのか、そのまま伏していびきをかいたという。

これから首を切られる者が何を言う

このように『常山紀談』では、田中吉政は情けを知る、武士道をわきまえた武将として描かれているのだ。

家康に引き渡された後も三成は、人間としての誇りを失わなかった。

三成の監視役であった本多正純が「年若く分別がつかない秀頼様を導いて太平の世を作

るべきなのに、由なき戦などを起こしたから、あなたはこんな恥辱を受けることになったのだ」となじった。

対して三成は、「徳川殿を滅ぼすことがよかれと考えて戦を起こしたが、裏切り者たちによって勝つべき戦いに負けてしまった。運も尽きれば源義経さえも殺されてしまうもの。私が敗れたのは天命であろう」と悪びれずに答えた。

すると正純は「智将は人情をはかり、時勢を知るという。が、あなたは武将たちが同心しないのも知らずに、軽々しく戦を起こし、しかも敗れたあと自害もせずに捕縛された。いったいどういうことか」と述べた。

これを聞いた三成は怒り、「おまえは武略というものを全く知らない。腹を切って他人に殺されないようにするのは葉武者の所業である。石橋山の戦いで敗れた頼朝も、木のうろに隠れていた。そんな頼朝の気持ちなどおまえは想像すらできぬはず。大将の道を語っても、おまえに理解できない。もう話すことはない」と言って、以後は二度と言葉を発しなくなってしまったという。

ただ、三成と対面した家康が、「こうしたことは昔からあるのだから、決して恥じる必要はない」とねぎらったので、機嫌を直した三成は「天運のしからしむところ。早く首を落とせ」と語った。これを聞いた家康は「大将としての器量である」とたたえたとされる。

三成は本陣の門外にさらされたが、合戦中に味方へ攻めかかった小早川秀秋は、興味本意でそれを見にいったところ、三成は秀秋に向かい「約束を違えて義を捨て、人を欺いて裏切ったことは武将の恥辱、末の世まで語り伝えて笑うべきだ」と罵ったので、秀秋は返す言葉もなく、すごすごと去っていったという。

三成はその後、同じく捕虜となった安国寺恵瓊《あんこくじえけい》と小西行長と共に大坂や堺を引き回され、九月二十九日に京都所司代の奥平信昌に預けられた。そして十月一日、肩輿《けんよ》に乗せられて京都市中を引き回されたが、三成の顔色は平生《へいぜい》と変わるところがなかったという。

いよいよ、六条河原に引き出された三成は刑場に向かう道すがら、喉が渇いたのか警備の者に湯を所望した。だが、彼は「ここに干し柿がある。これを食べよ」と伝えたところ、三成は「これは痰《たん》の毒である」と断った。これを聞いた警備の者は「これから首を切られる人間が何をいう」と大笑いした。

これを聞いた三成は、「おまえのような者には道理かもしれないが、大義を思う者はたとえ首をはねられる瞬間まで命を大切にして本意を遂げようと考えるものなのだ」と言ったのである。驚くべき精神力の持ち主といえよう。

享年四十一であった。

三成の首は三条大橋に晒されたが、その後、大徳寺の高僧・春屋宗園が引き取りを願い、許可された。受け取りにはあの沢庵が出向き、大徳寺三玄院に埋葬されたと伝えられる。

直《なお》江《え》兼《かね》続《つぐ》

辞世の句・名言

「国の成り立ちは　民の成り立つを　もってす」

生年
1560年
（永禄3年）

没年
1619年1月23日
（元和5年12月19日）

享年
60

「関ヶ原の戦い後、存亡の危機に瀕した上杉家の再建に尽くした、治世、軍事に優れた知将」

プロフィール

直江兼続は、越後の上杉謙信の養嗣子で会津120万石の上杉景勝に仕えた。学問に優れた兼続は幼少の頃から景勝の学友となり、生涯にわたって上杉家に献身的に仕えた。秀吉の死後、東軍についた山形の最《も》上《がみ》義光《よしあき》を攻撃するが、関ヶ原合戦で西軍が敗れると降伏。上杉家は出羽米沢30万石に移封されたが、兼続は新たな城下町の建設に邁進、上杉家再建に手腕を発揮した。

＊

1564年（永禄7年）　5歳　上杉景勝の近習として仕える

1581年（天正9年）　22歳　直江家の婿養子となり、直江兼続を名乗る

1598年（慶長3年）　39歳　上杉家が会津へ加増移封、兼続には出羽・米沢に6万石が分与された

1600年（慶長5年）　41歳　景勝の上洛を求める家康に拒否を伝える直江状を送り、家康を激怒させる

1601年（慶長6年）　42歳　上杉景勝と共に上洛、徳川家康に謁見して謝

罪。上杉家は米沢30万石に減じられるが、存続は許される
1614年（慶長19年）55歳　大坂冬の陣で徳川方として参戦
1619年（元和5年）60歳　江戸鱗屋敷で病死

領土は四分の一に縮小されることに

直江兼続《なおえかねつぐ》はかつてNHK大河ドラマの主人公になったので、ご存じの方も多いだろう。上杉景勝の重臣として活躍した武将である。永禄《えいろく》三年（一五六〇）に樋口兼豊（坂戸城主長尾政景の家臣）の嫡男として生まれた。主家《しゅか》の政景の正妻・仙桃院《せんとういん》は、上杉謙信の姉にあたり、息子の景勝が謙信の養子となる際、聡明な兼続を近習《きんじゅう》として景勝に付けた。

謙信の死後、上杉の当主となった景勝のもとで、兼続は二十代から領内の政治や軍事の多くを任されるようになった。天下人の秀吉にも気に入られ、二十九歳の時に豊臣姓の使用を許され、従五位《じゅごい》に叙《じょ》された。秀吉は晩年、景勝に会津百二十万石を与えたが、このうち兼続は米沢六万石を分与された。

秀吉の死後、五大老の家康は豊臣政権に対する上杉氏の叛意《はんい》を疑い、景勝に強く上洛を求めた。これに対し兼続は、反駁状《はんばくじょう》を認《したた》めたとされる。いわゆる直江状である。ただ、こ

の書状の存在に関しては、研究者の間で諸説あって、いまだ決着を見ていない。とはいえ、兼続が家康との対決も辞さない態度を取っていたのは間違いないようだ。

結局、景勝は上洛を拒んだので、家康は会津征伐を断行する。しかしその途上、石田三成が挙兵したため家康は遠征を中止、先鋒隊を西上《せいじょう》させ、やがて自身も出馬して関ヶ原で敵軍（西軍）を撃破した。

一方、徳川軍が撤収していったのを知ると、景勝はにわかに軍事行動を起こし、徳川方の最上義光《もがみよしあき》と矛を交えた。この折、上杉軍の大将として兼続が指揮を執り、最上方の畑谷城《はたやじょう》を攻め落とし、さらに長谷堂城《はせどうじょう》を取り巻いた。けれど、まもなくして関ヶ原での西軍敗退の知らせが届く。そこで兼続は包囲を解いて素早く撤収し、会津若松城で開かれた家中《かちゅう》軍議に参加した。議題はもちろん、家康に抗戦するか降参するかであった。降伏しても御家の安泰が保証されるとは限らない。このため議論は沸騰したが、最終的に景勝は降伏の道を選んだ。

それからの兼続は、重臣の本庄繁長《ほんじょうしげなが》や千坂景親《ちさかかげちか》と共に、上杉氏の存亡をかけて必死の政治工作を展開していった。結果、慶長六年（一六〇一）七月、景勝は上洛することを許され、翌月、伏見城で家康への謁見《えっけん》が実現した。だが、その席上で景勝は、会津百二十万石から出羽国米沢三十万石への大減封《だいげんぽう》を言い渡されたのである。改易《かいえき》を免れたことは幸いだったが、領土はわずか四分の一に縮小してしまった。だから五千人の家臣を養うのは、到底不可能に思えた。しかし兼続は、臨時に召し抱えた牢人や新参者は解雇したものの、上杉氏の譜代《ふだい》の臣を誰一人召し放たず、全員を米沢へ連れていく決意をしたのである。

この時期、藩士は居城の郭内《かくない》に住むのが一般的になりつつあったが、兼続は下級藩士たちを米沢城外へ置いた。城下町が狭く、家臣全てを収容できなかったこともあるが、城外地を下級藩士に開拓させ、彼らの生活の糧《かて》にさせると共に、敵の襲撃に対する備えにしようと考えたのだ。

慶長八年、景勝は幕府から江戸に屋敷を賜り、同十五年には兼続の政治力によって将軍秀忠を上杉藩邸に招待することに成功した。この間、兼続は実子（景明）がありながら、家康の寵臣《ちょうしん》・本多正信の次男政重（直江勝吉と改名）を娘の於松《おまつ》と結婚させて婿養子とした。さらに実子の景明は、その正信の媒酌によって家康の家臣・戸田氏鉄《うじかね》の娘と結婚させるなど、巧みに徳川家との結びつきを強め、上杉氏の生き残りを画策したのである。

実子に先立たれて家名断絶を決意！

慶長十九年、大坂冬の陣が勃発すると、景勝も参陣を命じられた。家康の命で上杉軍は豊臣方の鴫野砦《しぎのとりで》（柵）を奪取したが、木村重成、後藤又兵衛の大軍が襲来、激戦となり上杉兵三百人が戦死した。しかしこの時、景勝は床几《しょうぎ》に座って微動だにせず、兼続は殿《しんがり》として本陣を守り通した。この勇戦を人々は大いに称賛した。翌年の大坂夏の陣にも兼続は参戦している。

米沢移封《いほう》後、兼続は上杉の藩政も主宰し、新関《しんせき》を開いたり堤防を作るなど治水灌漑に力を入れ、青苧《あおそ》（織物の素材）、楮《こうぞ》（和紙の原料）、桑、紅花（染料）といった商品作物の生産と農作物の増産を奨励した。こうしたこともあり、米沢藩の実収は江戸時代初期に五十万石を超えたといわれる。

兼続はたいへんな文化人でもあり、晩年は高野山や京都の僧侶と交わり、古典を学び、貴重な古典や古書を蒐集《しゅうしゅう》し、自ら創建した禅林寺に禅林文庫を設けて保存した。また、日本で初めて銅活字を用いての出版事業を手がけるなど、文化の興隆にも大いに尽力した。

こうして家中を立て直した兼続だったが、晩年は家庭的に不幸であった。正妻の船《せん》との間に一男二女を設けたが、本多政重と結婚した長女の於松が慶長十一年に病没してしまった。年齢はわからないが、結婚してすぐに生まれたとしてもまだ二十代であったはず。不運なことに、同じ年に上杉の重臣・色部光長に嫁いだ次女（梅）も死去したのである。唯一残った長男・景明も病弱であり、眼病が悪化して板谷温泉で湯治した記録が残っている。慶長十七年になると景明は、発熱を伴った筋骨痛を発する病に苦しむようになり、寛解《かんかい》と悪化を繰り返し、最後は腫物に苦しみつつ慶長二十年（一六一五）に亡くなった。

こうして実子全てに先立たれた兼続だが、養子をとらなかった。主家から禄をもらって直江家を存続させるのは申し訳ないと考え、家名断絶を決意したと言われる。家康との対決を主張し、上杉家を縮小させてしまった責任を感じていたのだろう。実際、兼続を姦臣《かんしん》として密かに憎む者も少なくなかった。

息子の死から四年後の元和《げんな》五年（一六一九）、兼続は病に伏すようになった。心配した景勝は名医を遣わしたが、同年十二月、江戸の鱗《うろこ》屋敷（上杉藩邸）において直江兼続は六十歳の生涯を閉じた。

加《か》藤《とう》清《きよ》正《まさ》

辞世の句・名言

「汝らは等しく予が股肱《ここう》、腹心なり。使うところはその器に従うのみである」

生年
1562年7月25日
（永禄5年6月24日）

没年
1611年8月2日
（慶長16年6月24日）

享年
50

「秀吉子飼いの武将だが、石田三成と対立して関ヶ原では東軍につく。築城、行政に長けた名将」

プロフィール

加藤清正は、秀吉と同じ尾張国中村（名古屋市中村区）で生まれた。秀吉とは親戚関係にあり、12歳の時に近江国長浜城主となった羽柴秀吉の小姓となる。秀吉子飼いの部下として各地を転戦し、賤ヶ岳の戦いで武功を上げ「賤ヶ岳の七本槍」の1人に数えられる。朝鮮出兵（文禄の役）で活躍するが石田三成と対立し蟄居となる。秀吉が死ぬと、関ヶ原の戦いでは家康の東軍についた。戦後は、徳川家康と豊臣秀頼の二条城の会談を仲介、その帰国後、まもなく発病し、熊本城にて死去した。熊本城や江戸城、名古屋城などの築城に携わり築城の名手としても知られる。

＊

1573年（天正元年）12歳　羽柴秀吉の小姓となる
1583年（天正11年）22歳　賤ヶ岳の戦いで武功を挙げる
1588年（天正16年）27歳　肥後国半国（熊本県）の領主となる。
1592年（文禄元年）31歳　朝鮮出兵（文禄の役）で一軍の大将として渡海

1597年（慶長2年）36歳　慶長の役で再び朝鮮へ渡る
1598年（慶長3年）37歳　豊臣秀吉が死去し、朝鮮から戻る
1600年（慶長5年）39歳　関ヶ原の戦いでは東軍につき、黒田如水（官兵衛）らと共に九州で戦う
1611年（慶長16年）50歳　徳川家康と豊臣秀頼を二条城で対面させる。帰国直後に発病し、熊本城にて死去

五十歳の急死に毒殺説もある清正

永禄五年（一五六二）、加藤清正は清忠の次男として尾張国中村に生まれた。清忠は武士ではなく鍛冶を生業にしていたが、清正が秀吉の母・大政所の親戚筋にあたったことから、譜代のいない秀吉は幼時から清正を召し出した。いわゆる秀吉子飼いの武将である。清正は若い頃から武将として頭角を現し、賤ヶ岳の戦いで大功を立て七本槍の一人とされ、三千石を給された。以後も多くの戦功をあげ、天正《てんしょう》十六年（一五八八）の九州平定後、秀吉は清正に肥後半国を下賜した。こうして十九万五千石の大身となり、領国《りょうごく》の隈本（熊本）に大城郭を造り始めた。それがのちの熊本城だ。

文禄元年（一五九二）から始まった朝鮮出兵（文禄の役）では、一軍の大将として一万人を率いて渡海、釜山から破竹の勢いで進撃して京城を占拠、一時は明の領地まで侵攻し

た。朝鮮では虎退治を行い、その勇敢さは伝説となった。ところが石田三成の讒訴《ざんそ》により秀吉の怒りを買い、伏見に蟄居させられてしまう。やがて許されて慶長二年（一五九七）に再度朝鮮へ渡ったが、蔚山《ウルサン》城で明の大軍に苦戦した。

秀吉の死後は三成への憎悪から家康方についた。関ヶ原合戦の際は九州にいたが、東軍に味方した功により、肥後一国五十四万石（球磨・天草郡を除く）を与えられた。

慶長六年（一六〇一）から熊本城を大修築すると共に、家康による大坂城や名古屋城などの天下普請《てんかぶしん》に積極的に協力。だが、名古屋城が完成する前の慶長十六年（一六一一）、清正は五十歳の若さで急死してしまう。

死因は毒殺だったという説がある。豊臣家を滅ぼす決意をした家康にとって清正の存在は脅威ゆえ、これを排除したというのだ。

清正は江戸幕府が開かれたあとも、秀頼を主君と仰ぎ忠義を尽くしていた。たとえば幕府に参勤する際、西南諸藩の大名たちは大坂湾に着岸しても、そのまま家康のいる駿府や江戸へ向かった。ところが清正は、まず大坂に逗留して秀頼のご機嫌伺いをしてからやって来るのだ。しかも、異常に多くの兵を率いて参勤していた。そこで家康は寵臣の本多正信を派遣し、清正にその真意をただした。

すると清正は「確かに家康殿に肥後の国主にしていただいたが、豊臣への挨拶を止めて大坂を素通りするのは武士の本意に背く。また、参勤の際に家臣を多く連れてくるのは、肥後が遠国なので、万が一の時、幕府の役に立てないからだ」と弁明した。

家康は納得したというが、慶長十六年三月、久しぶりに二条城で秀頼と対面した時も、清正は大坂城から秀頼に付き添い、対面時も守護神のように側に控えていた。しかも浅野幸長や池田輝政など豊臣恩顧の大名たちも会場にたむろしていた。家康は聡明な青年に成長した秀頼のもとに、豊臣系大名たちが結束して警護に当たる現実に驚き、豊臣征伐を決意したといわれている。

ただ、今述べた逸話は、『名将言行録』など後世の軍記物に書かれたもので、これがそのまま事実とは思えない。

五月二十七日に発病　六月二十四日死去

清正は、二条城会見の際、幕府（家康）の命を受けて秀頼を送迎したのだと考えられている。実は清正の娘は、家康の子・頼宣（後の紀伊藩主）と婚約しており、この頼宣（当時十歳）と兄の義直が秀頼の送迎役を仰せつかっていた。ゆえに清正は、義直の舅《しゅうと》である浅野幸長と共に頼宣と義直に付き添ったというのが実際のところらしい。

また、「清正が会見に同席を許されたのは、豊臣・徳川両家を仲介する役割を強く期待されてのこと」（熊本日日新聞社編『加藤清正の生涯　古文書が語る実像』）だともいわれている。

とはいえ、清正が豊臣家を気にかけていたのは事実だったし、夢の中で亡くなった秀吉と会話したことを記す手紙も残っている。宛先は信頼を寄せていた日真上人で、清正は上人にその夢の意味を尋ねている。

いずれにせよ、「豊臣家の復権が厳しい状況の中、清正は両家を融和させ、豊臣家を存続させるための落としどころを探っていた」（前掲書）ようだ。

清正は二条城の会見を終えたわずか三カ月後に亡くなったが、これについては会見場で饗された毒まんじゅうを食べたのが原因だという巷説がある。本当は秀頼を殺すために出したまんじゅうだったが、それを悟った清正が犠牲を覚悟で食べたのだという。

ただ、会見から三カ月経っての死なので、あまりに毒の効き目が遅い。遅効性だという説もあるが、にわかに信じがたい。

前掲書によれば、清正は会見の翌月（四月）九日に茶会を催し、二十二日には能を鑑賞。そして五月二日に大坂を出発し、同十五日には国元に戻っている。つまり、この時までは元気だったわけだ。それが二十七日になって熊本城の大広間で病を発し、治療の甲斐無く一月後の六月二十四日に死去している。

確かに五十歳という若さを考えると、発病から死去までがかなり早い。もし毒殺だとすれば、熊本で毒を盛られたのだろう。

ちなみに、死因は梅毒の悪化という説が『当代記』に記されている。比較的信用性の高い史料で、そこには「清正は大変な好色ゆえ虚の病となり、浅野幸長同様、唐瘡（梅毒）によって亡くなった」とある。

この時、清正の息子の忠広はわずか十歳。家康は忠広の家督相続を認めたが、一国を支配するのは困難であり、重臣たちの集団指導体制がとられた。

幼い忠広が継ぐが加藤家は断絶する

元和《げんな》四年（一六一八）、加藤忠広の家臣・下津《しもづ》棒庵《ぼうあん》が、主家を出奔して幕府に訴状を提出した。そこには「大坂の役で加藤家の重臣たちが豊臣方に呼応する計画を立てていた」と書かれていた。加藤家は戦いの直前に大船を二艘建造したが、棒庵はこれを「加藤美《み》作《ま》守《さかのかみ》が豊臣方に援軍を差し向ける準備だった」とし、さらに「忠広が大坂へ出陣した留守に、美作守一派は熊本城で挙兵する手筈だった」と明言した。

棒庵が訴えを起こしたのは、加藤家の派閥争いが高じた結果だったといわれる。

清正はもともと秀吉の子飼いだったため、譜代《ふだい》の家臣がおらず、一国の主になったとはいえ、その家臣団は、悪くいえば寄せ集めであった。それを清正が強烈なリーダーシップを発揮し、統率していたのだが、彼の死により、幼君《ようくん》を奉じた家中では、加藤美作守派と加藤右馬允《うまのじょう》派に分かれて重臣同士が激しい反目を始め、結局、こうした事態が出来したのである。

将軍徳川秀忠はこの訴えを看過できず、加藤家の重臣三十二名を江戸に召還し、江戸城中で両派を直接対決させた。そして、最終的に右馬允派の言い分を可として、美作守派の面々を次々と死罪や流罪とした。これ以降、加藤家には、幕府から監督の役人が派遣され、その管理下に置かれることになった。

だが、これで処分が終わったわけではなかった。権力を握った三代将軍家光は、寛永九年（一六三二）に忠広の領地を没収し、酒井忠勝に御預けとしたのである。その理由は、忠広が母や子を無断で江戸から国元に返したこと、忠広の乱行を重臣たちを掌握できなかったことも関係しているといわれる。こうして加藤家は断絶したのである。

武運長久・商売繁盛　病除けにもご利益

ところがこの頃から、加藤清正は神として崇められるようになっていく。「清正公（せいしょうこう、せいしょこう）」と呼んで信仰の対象にし始めたのである。

古代から菅原道真のように、怨霊と化した人物の魂を鎮めるため、神として祀る御霊《ごりょう》信仰《しんこう》が存在した。ただ、それとは別に、近世になると、豊臣秀吉や徳川家康のように、死後にその偉業を顕彰して神に祀られる事例が登場する。

では、清正の場合は、いったいどちらのケースなのだろうか。

実は、両方なのではないかと思われる。

前述のように、清正は毒殺されたとされ、次代の忠広で加藤家は徳川に改易《かいえき》されてしまった。そうした無念の思いや子孫の不運から清正は怨霊となったと考えられ、怒りを鎮めるため清正公信仰が興ったという説。もう一つは、主君の秀吉が豊国大明神《とよくにだいみょうじん》になったことにあやかり、生前清正も自ら神になろうと考えていたという説がある。

清正は母の影響で篤《あつ》く法華信仰をしており、各所に日蓮宗寺院を建立している。代表的な寺が熊本の本妙寺《ほんみょうじ》である。この寺は天正十三年（一五八五）に清正が難波《なにわ》に建てたのが始まりだが、後に熊本に移っている。清正が没すると、本妙寺は中尾山にある清正の廟所の地に移転した。この本妙寺を中心とした日蓮宗寺院が「清正は、清正房という回国《かいこく》聖《ひじり》の生まれ変わりである」とする伝承を広める役割を果たしたのだという。

清正房は回国中に熊本で殺害され御霊（怨霊）と化したので、その生まれ変わりである清正も御霊と考えられるようになり、やがて清正を祀ることで菅原道真同様、スゴい御利益や守護が与えられると信じられるようになったとする。

清正公信仰は熊本を中心とした九州のみならず、全国に広まっていった。京都の本圀寺《ほんこくじ》や江戸の池上本門寺など、日蓮宗の寺が清正公のお堂や木像を作り、御利益を謳ったからである。清正は江戸時代に多くの歌舞伎や人形浄瑠璃の題材になったので、庶民も清正のことはよく知っていた。だから、諸寺社が清正をアピールすれば人が集まるのである。

さて、神としての清正の功徳だが、圧倒的な強さを誇った負け知らずの武将ゆえ、武運長久や勝負事に効力があるとされた。また、一代で成り上がったことから商売繁昌に効き、さらに病に負けない病除けに御利益があるといわれる。

多くの感染症が人の命を奪った江戸時代だったが、致死率が高いのが疱瘡《ほうそう》（天然痘）。そんな天然痘をもたらす疫神から身を守るため、親は子供に金太郎、鍾馗《しょうき》など強い人物の絵を持たせたが、清正を描いた疱瘡絵も人気だった。このほか清正は、なぜか盗難除けや水商売の女性にも信仰された。

また清正は、国元の熊本で土木工事や灌漑工事などを盛んに進め、国を富まそうとした。そんなことから、農村の鎮守や田畑の守り神とされることもあった。

文政元年（一八一八）、熊本をはじめ、清正と縁の深い寺社などで清正公二百年忌が行われた。これを機に清正人気が爆発し、清正の神像や守り札などが寺社や商人によって大量に頒布され、清正公信仰はますます全国へと広まっていった。

池田輝政《いけだてるまさ》

辞世の句・名言

「大国に封じられた者（私）は、多くの立派な士を育てて、天下の干城（国を守る武士）となるほかはない。だから自分の婦女の愛器や玩物の出費、娯楽を抑え、無益の出費を省いて人を多く抱えることが、余の楽しみなのだ」（『名将言行録・現代語訳』講談社学術文庫より抜粋）

生年
1564年1月31日
（永禄7年12月29日）

没年
1613年3月16日
（慶長18年1月25日）

享年
50

「織田信長、豊臣秀吉、徳川家康、3人の天下人に愛され特別待遇を得た」

プロフィール

織田家の重臣・池田恒興の次男として尾張国清洲で生まれる。父親の恒興は織田信長の乳兄弟で、輝政自身も信長の近習《きんじゅう》となった。本能寺で信長が討たれた時には、父の恒興は中国大返しの途中の尼崎で秀吉と合流し、息子の輝政を秀吉の養子にすることを約束した。小牧・長久手の戦いで父恒興と兄が戦死し、池田家の家督を相続、美濃大垣城主となる。秀吉の仲介で徳川家康の娘・督姫《とくひめ》と結婚。関ヶ原の戦いでは徳川方につき、その戦功で播磨国姫路52万1千石を領した。一族の所領を合わせて92万石余の大大名となり西国将軍と呼ばれた。

＊

1573年（天正元年）10歳　母方の伯父・荒尾善久の養子となり木田城主となる

1579年（天正7年）16歳　荒木村重が謀反を起こした有岡城の戦いで父と共に摂津倉橋に出陣

1584年（天正12年）、21歳　小牧・長久手の戦いで父・恒興と兄の元助が討

ち死に。家督を相続し美濃・大垣城主となる

1594年（文禄3年）　31歳　徳川家康の娘・督姫を娶る

1601年（慶長6年）　38歳　姫路に52万1千石で移封

1613年（慶長18年）　50歳　死去

関ヶ原の論功で播磨を与えられる

池田輝政は、白鷺《しらさぎ》城と呼ばれる世界遺産に指定された姫路城を造った大名である。

輝政は恒興《つねおき》の次男として永禄《えいろく》七年（一五六四）に生まれた。父の恒興は母の養徳院が信長の乳母だったことから、信長と乳兄弟《ちきょうだい》として育ち、重臣に成り上がった。本能寺の変後は羽柴秀吉に協力したが、天正《てんしょう》十二年（一五八四）、小牧《こまき》・長久手《ながくて》の戦いで長男の元助《もとすけ》（之助《ゆきすけ》）と共に壮絶な戦死を遂げた。そのため急遽、次男の輝政が遺領を相続し、大垣城主（十三万石）となったが、この時まだ二十一歳であった。

その後、輝政は岐阜城へ移り、天正十八年に三河国吉田で十五万二千石を与えられた。

輝政は家康の次女・督姫を妻に迎え、忠継（輝政の次男）も誕生していたので、石田三成が挙兵すると、輝政は家康の東軍について岐阜城を攻略した。関ヶ原本戦では、南宮山《なんぐうさん》に陣する毛利秀元・吉川広家《きっかわひろいえ》の押さえとして後陣《こうじん》を命ぜられ出番はなかったが、戦後の論

功行賞で播磨《はりま》一国五十二万一千石を与えられている。家康は婿の輝政を姫路に配置し、西国の外様大名や大坂城の豊臣氏を押さえようとしたのだろう。

この折、輝政の弟・長吉《ながよし》も六万石を与えられ、鳥取城主となった。慶長八年には輝政の次男忠継（家康の孫）に備前一国（二十八万石）、さらに同十五年、三男忠雄《ただお》に淡路国六万三千石が付与された。忠継も忠雄も幼年だったため、実質的に三国は輝政が支配したので、人びとは輝政を「西国将軍」と呼んだ。これは徳川のために西国を押さえる将という意味に加え、東国の徳川将軍に対する西国の征夷大将軍という意味も込められていた。

輝政は播磨支配の拠点を姫山《ひめやま》の姫路城に定め、慶長六年（一六〇一）から城の大改修を開始した。主郭部（内郭）は本丸、二の丸、三の丸、西の丸で構成され、本丸には高さ約三十一メートル《メートル》の壮麗な大天守（五層六階）が作られた。正に姫路城のシンボルであり、防御の要ともいえる。おそらく山陽道を通って大坂城の豊臣秀頼のもとへ伺候《しこう》する西国大名たちは、壮麗な天守を見て圧倒されたことだろう。

八年の歳月をかけて大城郭・姫路城を造り上げた池田輝政だが、城の完成からわずか三年後の慶長十七年、中風（脳卒中？）にかかってしまう。いったんは回復し、家康の駿府《すんぷ》城や将軍秀忠の江戸城を訪れるまで元気になったが、翌慶長十八年一月、急死した。

中風の発作が要因だと思われるが、吐血したという記録もあり、毒殺の疑いもある。

姫路の歴代城主が恐れた刑部姫の祟り

そんな輝政の病については、奇怪な伝説が残っている。

姫路城天守に棲む妖怪の仕業《しわざ》だというのだ。現在も姫路城天守の最上階には、刑部大神《おさかべたいしん》（小刑部大明神）を祀《まつ》る祠《ほこら》（刑部神社、長壁神社）がある。輝政が姫路城を造る以前から天守にはこの祠が置かれ、歴代城主が崇拝してきたと伝えられる。それは、城主たちが刑部大神の祟《たた》りを恐れたからである。

もともとこの神は、刑部姫《おさかべひめ》という人間（女性）であった。井上内親王（聖武天皇の娘）と刑部親王（天武天皇の子）が不倫して生まれた子で、二人が死ぬと、姫は妖怪に変じて姫路城天守に棲むようになったと言われる。

輝政は姫路城を造る際、この祠を別の場所に移転したが、ようやく天守ができた年から怪奇現象が続発するようになり、やがて城中で輝政あての奇妙な書簡が発見された。差出人は「播磨あるじ大天神とうせん坊」と「みやこ二条のせんまつ」と称する天狗からだった。

その手紙には、「輝政には、岐阜城主時代から遠江《とおとうみ》の四りん坊の呪いがかかっており、その四りん坊が九りん坊を誘って城内に入ろうとしている。これを防ぐには、城内の鬼門に八天塔を建て、祈禱《きとう》せよ」という内容が、四、五十枚の用紙にびっしりと書き込まれていた。

輝政は「そんなものは放っておけ」と相手にしなかったが、それからしばらくして中風の発作で倒れた。だから家中では、「輝政の病は刑部大神の祠を他所《よそ》に移した罰だろう」と噂しあったが、円満寺の僧・明覚《みようかく》に鑑定してもらったところ、八天塔を建立しなかった罰であることがわかった。そこで池田家では、大明神の祠を元の天守へ戻すと共に、八天塔を建てた。すると、輝政の病状は急速に回復したという。

実はこの刑部姫の話は、諸書によってさまざまなバリエーションがあるが、大まかには今述べたような内容になっている。

輝政が五十歳で亡くなると、輝政の嫡男（長男）・利隆が家督を相続した。ところがそれから三年後、利隆は若くして亡くなってしまった。嫡男の光政は八歳だったので、西国の要である播磨は任せられないと判断した幕府は、十万石を削った上で池田家を鳥取城へ移封《いほう》してしまった。こうして池田氏は、わずか三代十七年で姫路城を去ったのである。

伊達政宗《だてまさむね》

辞世の句・名言

「曇りなき　心の月を　先だてて
浮世の闇を　照してぞ行く」

生年
1567年9月5日
（永禄10年8月3日）

没年
1636年6月27日
（寛永13年5月24日）

享年
70

生まれるのが遅すぎた奥州の覇者、独眼竜政宗

プロフィール

出羽国（山形県米沢）伊達輝宗の嫡男として米沢城で生まれる。母は山形城主最上義守の娘の義姫。幼い頃に天然痘を患い右目を失明。11歳で元服し、政宗という名を与えられた。13歳の時に田村清顕の娘・愛姫《めごひめ》と結婚、18歳の時に家督を相続した。その後は、磐梯山麓の摺上原《すりあげはら》の戦いで蘆名《あしな》義広を破り周辺に勢力を拡大、南奥州を制圧した。豊臣秀吉の上洛要請を受け、ためらうが最終的に秀吉に臣従、関ヶ原の戦いでは東軍の徳川家康に味方して上杉軍と戦い、晩年には3代将軍家光を補佐した。

＊

1579年（天正7年）　13歳　愛姫と結婚
1584年（天正12年）　18歳　父・輝宗の隠居で、家督を相続、伊達家第17代当主となる
1589年（天正17年）　22歳　摺上原の戦いで勝利し、奥州114万石を支配下に置く

1590年（天正18年）24歳　豊臣秀吉の小田原攻めに参陣
1601年（慶長6年）35歳　前年の関ヶ原の戦い後、仙台城を造り仙台藩の初代藩主となる
1636年（寛永13年）70歳　江戸で病死する

秀吉も家康も政宗を危険視した

二十代前半で奥州の過半を手にした伊達政宗は、その不敵な言動から「天下に野望を抱いているのではないか」と豊臣秀吉に疑われ続けた。そんな政宗は秀吉没後は、娘の五郎八姫《いろはひめ》を徳川家康の六男忠輝に輿《こし》入れさせるなど、徳川との関係を強化。関ヶ原合戦の直前には家康から「百万石のお墨付き」をもらって会津の上杉景勝を牽制したが、一揆を扇動した疑いを受け、約束は反故《ほご》にされた。家康も政宗の野望を危険視していたのかもしれない。

慶長十八年（一六一三）、政宗は宣教師ルイス・ソテロの勧めで、家臣の支倉常長《はせくらつねなが》をスペインに派遣して交易を求めた。だが、スペイン側は日本がキリスト教弾圧を始めた事実を掌握しており、通商の許可は下りなかった。ただ、この遣使は、幕府を倒すためにスペイン王に同盟を求めるのが目的だったという俗説が生まれている。実際は大地震で打撃を

受けた領国を貿易によって豊かにするのが真の目的だったのだが……。

慶長二十年五月の大坂夏の陣では、政宗は味方討ちをしたり、真田信繁の軍勢を追撃しないなど不可解な行動が憶測を呼んだ。

元和《げんな》二年（一六一六）に家康が死去した際も、政宗に関するきな臭い風説が流れた。平戸にあったイギリス商館長リチャード・コックスは、「松平忠輝は、危篤の家康に対して反乱を企てるだろう。その後ろには、舅《しゅうと》の政宗がいる」と日記に認《したた》めている。また、細川忠興も「政宗謀反のうわさがあるから、いざというときの準備をしておけ」と手紙で息子に指示している。このように家康時代もたびたびその言動を疑われたり、危険視されたのだ。

けれどその後は、一大名の範疇をはみ出ず、将軍秀忠時代には仙台城下の整備や領国《りょうごく》の統治に力を尽くすようになった。

家光の命に背く者は成敗すると政宗

将軍家光時代の寛永五年（一六二八）、大御所の徳川秀忠が江戸の伊達屋敷に来臨した。この時、政宗は自らが秀忠に御膳を運んだ。すると側近の内藤正重が政宗自身に毒味を求めたのだ。さすがに政宗もムッとして「将軍に毒を盛るなら十年前にやっている。殺そうと思うはずがないだろう。それに俺はそんな卑怯なことをせず、一戦を交える」と言い放ったという。このように還暦を過ぎてからも一部の徳川譜代には警戒されていたのである。ただ政宗もまだ血の気が多く、寛永七年には内藤政長の屋敷で行われた宴会で、書院番の兼松正尾《かねまつまさお》と争論になり、一触即発となっている。この時、政長が二人を仲直りさせたが、政宗の家来たちが政長の屋敷を取り囲む大騒動になっている。

だが、寛永九年に起こった次の出来事をきっかけに、政宗の待遇が変わる。この年、秀忠が没して諸大名がその悔やみに家光の所に集まった。その折家光は、「もし私の代わりに将軍職を望む者があらば申し出でよ」と言ったのだ。意図を図りかねた諸大名がうつむいた際、政宗が一人で家光のところに進み出て「この中に徳川三代の御恩に浴さぬ者はおりませぬ。もし反乱を企む者があれば、自分に申しつけていただきたい。すぐに兵を率い、征伐いたします」そう公言したのだ。

以来、家光はまるで政宗のことを祖父のごとく慕い、連れ歩くようになった。『徳川実《じっ》紀《き》』にも「仙台黄門政宗は歴世の遺老にて。殊《こと》に御優待なみなみならず。しばしば召れて御茶たまはり。または酒宴。申楽の席にあづかる事絶へず」（黒板勝美・国史大系編修会編　吉川弘文館）と明記されている。

寛永十二年、家光が諸大名を集めて「今後はお前たちを家臣として遇するからそのつもりで」といった際も、政宗は「その命令に背く者があれば、私が即座に成敗いたします」

と言って、周囲を睥睨《へいげい》したという。これに感激した家光は、すぐさま火縄銃十挺を下賜したと伝えられる。さらに大脇差をつけて家光の前に出ることを許されたのである。

翌年、政宗は七十歳を迎えた。国元、桃生《ものう》郡で政宗は、一月半ばから二月まで狩猟を楽しんだ。数万人の家臣や勢子《せこ》を動員した大規模なものだったが、すでに政宗は、食道噴門ガンにかかっており、死期が近いことを覚悟していた。そのため、「ここに来るのは最後になるだろう。これからは若殿（嫡男忠宗）が来るから、同じように奉公に励んでくれ」と勢子らに別れを告げて泣いたという。

「もうこの世では会えぬかもしれぬ」

同年四月十八日、政宗は母・義姫の菩提寺である保春院《ほしゅんいん》を詣でた後、城下の山々を巡ってウグイスの声を楽しんだ。

経ヶ峯《きょうがみね》まで来た時政宗は、しばらくそこにたたずんだ後、傍らの奥山常良に、自分が死んだらこの地に埋めよと遺言した。

実はこれより前、政宗は万海上人《まんかいしょうにん》の生まれ変わりだと噂されていた。万海は、世に聞こえた聖人で、この辺りで修行を積み、死後は経ヶ峯に葬られたとされている。万海が政宗と同じく隻眼《せきがん》だったことから、そうした風説が流れたのだろう。きっと、政宗もそれを意識していたからこそ、この地を墓所に選定したのだと思われる。

それから二日後、政宗は国元の仙台を後にして江戸へと向かった。あまり食事もとれず、言葉を発する気力もないようだったので、家臣たちは延期を求めたが、「お前たちが言うのはもっともだが、時間に限りがあるので急がねばならないのだ」と拒否したという。そう、すでに寿命が尽きかけているのを自覚しており、どうしても自分を愛してくれた将軍家光と最後の別れを告げたいと考えたのだ。

途中、領内の白石《しろいし》で政宗は一泊している。この地は父・景綱の代から政宗に仕えている片倉小十郎《こじゅうろう》重長が支配している。重長は、大坂の陣で軍功を上げ鬼の小十郎と呼ばれていた。重長は豪勢な夕食を用意したが、すでに政宗は食べられるような状況ではなかった。

翌朝、政宗と対面を果たした重長は、政宗一行が白石城下を出るまで同行したが、にわかに駕籠《かご》を止めた政宗は重長を乗り物に引き入れ、その手を取って「元気でいろよ。国元の留守はお前にまかせた」と言ったあと、「もうこの世では会えぬかもしれぬ」と涙を流したのである。重長も号泣した。

政宗は殉死の願いに翻意を促すが

四月二十五日、政宗は日光山に立ち寄り、東照宮に参詣した。周知のように家康の墓所である奥の院は、高台に位置し、かなり階段を登らなくてはならない。なんと政宗は気力を振り絞って奥の院に向かい始めたのである。だが、この時、階段で転んでしまっている。何とも痛々しい。

四月二十八日、政宗はようやく江戸の桜田藩邸に着いた。すでにガンが進行し、やせ衰えていたが、それを押して五月一日に家光に拝謁したのである。

その衰弱ぶりに驚いた家光は、すぐに医師を遣わしたという。

五月二十一日、家光は政宗がいる桜田藩邸に見舞いに訪れた。この時、政宗は、無理をして正装し家光に拝謁《はいえつ》した。すでにガンによる腹膜炎のため、腹回りは四尺近くに肥大化してしまっており、食事はほとんどノドを通らなくなっていた。それでも政宗は家光の前に出て行った。政宗の右手は土井利勝が、左手は柳生宗矩《むねのり》が取り、酒井忠勝が腰を支えている状態だった。この時、家光は政宗のすぐ近くに行き、「おまえが病気だと聞いたが、思ったより元気そうでよかった。とにかく養生第一だ。油断するなよ」と言い、近くにいた政宗の家臣たちにも声をかけた。やがて家臣たちが退出したあと、家光は政宗に向かいしばらく密談をしたという。政宗も苦しい息をしながら何かを言上していたというが、誰も内容を聞き取ることはできなかった。

政宗の死が決定的になると、家臣たちから続々と殉死を希望する書面が政宗の所に届くようになった。政宗はそうした忠臣たちを死なせてしまうのは惜しいと考え、殉死の決意を褒めつつも、できるかぎり後継者の忠宗に仕えてほしいと翻意を促した。また、自分が治癒すれば臣下を死なせずに済むのにと涙を流した。

五月二十三日、妻と娘に形見の品を渡し、「嫡男忠宗が家光に忠勤するよう助言せよ」と遺言した。この日の深夜、政宗は目を覚まし、宿直の家来に「今日の夜は、秋の夜長より長く感じる」といい、「少年時代から度々死地をくぐってきたが、まさか自分が畳の上で死ねるとは思わなかった」と告げた。

そして翌二十四日早朝、政宗は髪を整えさせ、刀を差して用をたし、部屋に戻ると「死後みだりにこの部屋に人を入れるな」と命じ、西の方角を向き、合掌したまま息絶えたのだった。時刻は、午前六時だった。

遺体は石棺に入れられ、遺言通り経ヶ峯に埋葬されることになり、その場所に墓穴を掘ったところ、なんと、そこから石室が現れ、中から僧侶の遺体が出てきた。この辺りに万海上人が葬られたという伝承があり、まさしくそれが万海上人であろうと、人々はその不可思議な出来事に驚嘆したという。

やがて墓所には、壮麗な霊廟瑞鳳殿《ずいほうでん》が建立された。また、政宗の墓には、傍らに殉死した家臣十五名も葬られたのである。

政宗は容貌に強いコンプレックスが

伊達政宗は右目が不自由だったことから「独眼竜」と呼ばれたが、現存する肖像画や木像のほとんどは、きちんと両目が開いている。

それは政宗が家中《かちゅう》に次のように指示したからだ。

「私が死んだ後、木像を作るなら両眼を開けて作れ。片目で生まれたわけではなく、年長《とした》けてのち疱瘡《ほうそう》の悪瘡が入ってこうなったのだ。親が五体満足で生んでくれたのに、身体の一部が欠けているのは親不孝になる」

と述べている。

親不孝が「両目を開ける」理由とは何とも意外である。

先述の通り、政宗は幼い頃の疱瘡がきっかけで右目を失明したが、どうやら眼球が飛び出して、醜い容貌になってしまったようだ。ゆえに引っ込み思案の暗い性格になったといわれ、このため母の義姫《よしひめ》は政宗を毛嫌いし、弟の小次郎を溺愛するようになった。さらに後年、彼女は政宗の毒殺を企んだとされ、政宗が小次郎を殺害して御家騒動を防いだ後は、義姫は兄の最上義光《よしあき》のところへ出奔したとされる。ただ、近年、義姫が最上家へ走ったのは数年後だったことが判明している。

晩年は義姫を呼び寄せてその面倒を見ているが、政宗にとって母に愛されなかったのは、自分が失明したせいだと信じ、その容貌に強いコンプレックスがあったのだろう。だからこそ、あのような遺言をしたのだと思う。

なお政宗の遺骸が埋葬された経ヶ峯は、二代藩主・忠宗の霊廟「感仙殿《かんせんでん》」、さらに三代藩主・綱宗の霊廟「善応殿《ぜんのうでん》」などが作られ、江戸時代は経ヶ峯伊達家墓所（伊達家の霊域）として禁断の地とされ、ずっと戦国以来の自然環境が維持され、現在もそれが続き、貴重な動植物の生態系が見られる。

この建物は壮麗な桃山文化の霊廟建築であり、貴重な建築物として戦前、国宝に指定された。ところが昭和二十年の空襲により、感仙殿や善応殿と共に焼失してしまったのである。

戦後、この地は仙台市が伊達家から買い取り、保全に務めたが、ようやく終戦後二十年以上経って建物の再建が始まり、昭和五十四年（一九七九）に瑞鳳殿は元の姿に復元された。

右目の眼窩が左目より小さかった

さて、伊達家の霊廟再建に伴い、昭和四十九年（一九七四）、伊達政宗の墓所を伊東信雄東北大学名誉教授を団長とする調査団が発掘調査した。

この折、墓所からは副葬品として、ヨーロッパ製の金のブローチや日時計兼磁石、鉛筆など興味深い品々が発見された。

特に鉛筆は「木の軸の先端に、石墨と思われる黒色の芯をはめ込ん」であり、「今のものと違って軸の全長にわたって芯が通っているものではない」かつ「鉛筆の先端には木製のキャップがかぶせてあった」(『骨が語る日本史』鈴木尚著　学生社）という。

政宗の遺体は、木棺にあぐらをかいた状態で安置されており、棺には、石灰が充塡《じゅうてん》されていた。政宗の遺骨を詳しく調べた結果、身長は一五九・四《チセン》であった。これは当時の成人男性としても比較的背が高く、頭蓋骨も平均より大きく鼻が高いことが判明した。

なお、眼窩《がんか》にはまったく異常が認められず、やはり失明は後天性の可能性が高いこともわかった。

さらに、上腕骨の三角筋などの発達が良く、腓《ひ》骨も巨大で筋附着部が溝状になるなど、たいへんたくましい体つきをしていたことが判明した。「みちのく伊達政宗歴史館」（宮城県宮城郡松島町）に骨格から復元した政宗の顔が展示された。

さて、それから半世紀近くの月日が流れた二〇二一年、伊達政宗の顔を復元しようというプロジェクトが、ＮＨＫと伊達家の共同企画、瑞鳳殿資料館協力のもとで始まった。こうして青谷上寺地《あおやかみじち》遺跡（鳥取県）など、数々の復顔を担当した坂上《さかうえ》和弘氏の監修で、戸坂明日香氏が復元を行った。この二人は縄文人や弥生人、歴史人物などの復顔を手がけており、いわばその道のプロである。

昭和四十九年の発掘調査の際、政宗の頭蓋骨の石膏模型が作られたが、その頭蓋骨レプリカをＣＴスキャンで分析して制作することになったのである。

この折、以前は、わからなかったことが判明した。頭蓋骨の右目の眼窩が左目より二ミリほど小さかったのである。先述の通り、発掘当時は眼窩には異常はないとされてきたが、やはり子供の頃に右目を失明したことで骨の発育に影響があったことがわかったのである。

復顔作業は四カ月ほどかけてなされたが、その容貌は最晩年のそれではなく、四十代後半の姿に設定された。顔の形成の際は、江戸時代の人びとの肉付きや大名の髪形なども参考にし、丁寧に粘土で顔を復元していく。皮膚の質感や皺も作り込んでいくそうだ。そして完成した粘土像を基に、繊維強化プラスチックを素材に顔を作り、顔に色を塗り、義眼を入れた上で、細かい調整を行って完成させたという。

伊達政宗の復顔模型は、ＮＨＫの「歴史探偵」のスタジオにも登場。私も間近で見ることができたが、そのリアルさに驚いた。まさか政宗も死後、四百年近く経って自分の素顔が世間に公開されるとは思ってもみなかったろう。

真田信繁《さなだのぶしげ》

辞世の句・名言

「さだめなき浮世にて候へば一日先は知らざる事に候」

生年
1567年
（永禄10年）

没年
1615年6月3日
（慶長20年5月7日）

享年
49

「徳川家康を最後まで追い詰めた日本一《ひのもといち》の兵《つわもの》」

プロフィール

武田信玄に仕えた真田昌幸の次男として生まれ、関ヶ原の戦いの時には、父昌幸と共に徳川秀忠の軍勢を上田城に足止めした。秀忠は関ヶ原に遅れたことで家康に叱責された。

「真田幸村」という名で知られる。戦国時代最後の戦いである大坂冬の陣では、真田丸（出丸）を築いて徳川軍を翻弄、続く夏の陣では家康の首を取る一歩手前まで迫りながら圧倒的な兵力差の中、華々しく戦い散った。後世、この戦いは講談や物語となり、信繁（幸村）は戦国武将の中でも随一の人気武将となった。

＊

1585年（天正13年）19歳　第一次上田合戦

1586年（天正14年）20歳　父・昌幸が豊臣秀吉に臣従し、信繁は大坂城に出仕する

1590年（天正18年）24歳　父と兄・信幸と共に小田原平定に参戦

1600年（慶長5年）34歳　関ヶ原の戦いで父・昌幸と共に西軍について敗

1614年（慶長19年）48歳　流罪先の九度山を脱出、大坂冬の陣に真田丸を築いて奮戦
1615年（慶長20年）49歳　大坂夏の陣で討ち死に

戦。高野山へ蟄居となる

信繁は豊臣家からの誘いに応じ大坂城へ

真田信繁（幸村）は、上田城主・昌幸の次男として生まれた。慶長五年（一六〇〇）九月の天下分け目の合戦の際、父の昌幸に従って徳川秀忠の大軍を上田城で足止めし、関ヶ原本戦に遅参させた。戦後、真田父子は九度山に配流され、十一年後に昌幸は六十五歳の生涯を閉じた。その後、徳川と豊臣の確執が大きくなり、武力衝突が不可避の状況になった時、豊臣家から信繁のもとに誘いがかかった。信繁はこれに応じて九度山を密かに脱出、大坂城に入った。一軍の将となって、大坂城に出丸《でまる》（真田丸）を築き、慶長十九年十一月から始まった大坂冬の陣では、徳川軍を撃退する大戦果を挙げた。

いったん講和が成立すると、徳川方は信繁を味方に引き抜こうとしたが、信繁はこれに応じず、そのまま夏の陣を迎えた。

慶長二十年五月七日未明、いよいよ決戦の時を迎える。およそ十六万から十八万人もの

徳川方の諸将が大坂城にひたひたと近づいてきた。

対して豊臣方はわずかに五万程度。しかも大坂城は、外濠のみならず内濠も埋め立てられ、ほとんど防衛機能を持たなかった。

このため豊臣方の多くは城から出て、家康が陣する天王寺口と秀忠のいる岡山口の二所《にしょ》に主力部隊を置き、敵の総攻撃を待ち構えた。

信繁は、天王寺口に近い茶臼山に陣を敷いた。早朝、豊臣の重臣・大野治長《おおのはるなが》が打ち合わせのため茶臼山を来訪したので、信繁は豊臣秀頼の出馬を治長に要請した。

信繁が陣取る茶臼山の正面には、松平忠直（家康の孫）率いる一万三千の大軍が陣を敷いていた。大将の忠直は家康から叱責を受け、この戦いで命を捨てる覚悟をしていた。このため松平忠直隊は、すさまじい闘志にあふれていた。

いよいよ戦いの火蓋《ひぶた》が切られると、信繁は大坂城の大野治長のもとに伝令を送り、再度、秀頼の出馬を求めた。大将の秀頼の姿を見たら味方の士気は大いにあがり、場合によっては豊臣恩顧の大名たちも寝返るかもしれない。

しかし、秀頼はやって来ない。そこで信繁は、十四歳の息子・大助を呼び、「おまえはお城へ行き、即刻ご出馬いただきたいと申し上げてこい」と命じたのである。

これを聞いた大助は、父と共に討ち死にを覚悟していたので強く拒んだ。それを説得して大坂城へ大介を向かわせたものの、結局、秀頼が城外に出てくることはなかった。

合戦は熾烈《しれつ》さを増し、三倍の兵力を有する徳川軍が、寡兵の豊臣軍を圧倒し始めていた。やがて眼前の松平忠直率いる武士たちが、真田隊を目がけて激しく鉄砲を放ち、襲いかかってきた。

「俺は死ぬ、俺は死ぬ」家康は絶望する！

ここにおいて信繁は、家康本陣への突入を決意し、三千の家臣を集めてまん丸の陣形を作らせた。そして、「目指すは家康の本陣。目的はただ一つ、家康の首！」と叫び、かなたの金扇《きんおうぎ》の馬印と「厭離穢土《おんりえど》、欣求浄土《ごんぐじょうど》」と大書された軍旗を目掛け、進撃を命じたのである。

こうして真田隊は、そのまま松平隊の右翼と全面衝突した。結果、真田隊は急速に数を減らしながらも前進を続け、驚くべきことに、とうとう松平隊を突き破ったのである。

その先には、家康の本陣があった。

家康の旗本たちは、突然、友軍の合間から姿を見せた赤備えの真田隊に仰天した。本陣は大混乱を来たし、旗本たちは己の命欲しさに次々と逃げ始めた。この折、軍旗は踏み倒され、本陣からほとんど人が消えたという。

「三方ヶ原（合戦）にて、一度御旗（軍旗）の崩れ申すより外、あとさきの陣（戦い）にも、御旗の崩れ申す事なし」（『三河物語』）

これは、大坂の陣に槍奉行として参戦した大久保彦左衛門の言葉であった。四十年前に家康が三方ヶ原で武田信玄に大敗したのと同じ状況が起こったのである。

おそらく家康も目の前で起こっている現実が信じられなかったろう。なぜなら天下人として、絶対負けるはずのない大軍で戦に臨んだからである。それが今、敵兵が本陣をかき乱し、自分が討たれようとしているのだ。一人取り残された家康は、「俺は死ぬ、俺は死ぬ」と絶望の言葉を吐いたといわれる。

もはや逃げ切れないと考えて切腹を決意した時、松平忠直の軍勢が救援に駆け付けたのである。まさに家康は九死に一生を得たのだった。

ただ一説には、この時、家康は討ち死にしたという説がある。駕籠《かご》に乗って真田隊から逃げる途中、豊臣方の後藤又兵衛に槍で突かれて死んだというのだ。その後、一年間生きたのは、家康の影武者だったという。大阪府堺市の南宗寺には、家康の墓もある。又兵衛に殺された家康の遺体をこの寺に隠し、その後、改葬したという寺伝も残っている。

ただ、この件に関する一次史料はまったく残っていないし、そもそも又兵衛が家康を殺せるはずがない。というのは、すでに前日の戦いで又兵衛は討ち死にしてしまっているからだ。

信繁最期の地は四天王寺安居神社

信繁はこの時、四十代後半、ただ、長年の幽閉生活で老化が進み、髭の真っ白な歯の抜けた病気がちの老人であった。そんな年寄りが、天下人をここまで追い詰めたのは驚くべきことであった。

しかし残念ながら松平忠直隊が家康の危機に気づき、真田隊に殺到してきた。真田の兵の多くは疲労困憊であり、大軍の攻撃を受けて全滅した。この時信繁も命を落とした。

そんな信繁最期の場所が安居《やすい》神社である。

大阪の天王寺駅を降り、駅から四天王寺方面へ向かい、「四天王寺前」の交差点を一心寺方面へ左折する。一心寺は、宗派に関係なく納骨を受け入れ、集めた遺骨で骨仏《こつぶつ》（阿弥陀仏）を作ることで人気の寺だ。その一心寺と道路を挟んで向かい側に安居神社がある。

短いがかなり急な石段を登り切ると神社の境内で、本堂の手前、右手側に信繁の銅像がある。像は膝をついている。おそらく今から四百年前、信繁はこのような格好でたたずんでいたのかもしれない。きっと体は傷だらけで、激しい戦いによって肩でどうにか息をしている状況だったはず。そこ、ここで、鉄砲の音や武者たちの雄叫《おたけ》び、刀が激しくぶつかり合う音、甲冑のすり合う音、馬のいななきが聞こえていたことだろう。

とどめは刺せなかったが、天下人の徳川家康をぎりぎりまで追い詰めたことで、満足感に包まれていたのではなかろうか。

やがて安居神社で休息している信繁のもとに敵兵が殺到してきた。信繁は彼らに向かい、「手柄にするがよい」とつぶやいたという。

群がる兵は信繁の体を突き倒し、西尾宗次《むねつぐ》（久作）がその首を掻き切ったのである。享年四十九であった。

史実の信繁は伝説の英雄・幸村に

真田信繁の首級《しゅきゅう》は家康のもとに運ばれてきたが、一つではなく、信繁といわれる複数の首が集まってきた。ただ、西尾の持参した首が信繁本人ではないかと思われ、その確認のため、旗本の真田信尹《のぶただ》（信繁の叔父）が家康のもとに呼ばれた。

明らかにその首は、信繁のものであったが、信伊は、「信繁のようにも見えますが、死んでしまっていますから、よくわかりません」と明言しなかった。

いくら死んだからといっても、つい数カ月前、信尹は陣中で信繁と親しく対面していた。わからぬはずがないのだ。だから、家康は途端に機嫌が悪くなって、「いくら死体だからといって、見分けられないことがあろうか。無礼な物言い。憎き奴め！」と怒ったという。

首を奪われるのは武将の恥。ゆえに信尹は、甥・信繁の名誉を守ろうとしたのかもしれない。

ただ、信繁は大坂夏の陣では死なず、主君の秀頼を連れて薩摩に逃れたという逸話も残っている。「花のようなる秀頼様を、鬼のよう成る真田がつれて、退きも退いたよ加護島へ」という歌が京童の間で流行したと伝えられる。ただ、これは日本人の判官贔屓《はんがんびいき》が造り上げた伝承であろう。

家康は、信繁を敵ながら天晴《あっぱ》れだと思い、首実検の時「おまえたちも信繁にあやかれ」と、その頭髪を抜いて部下に分け与えたと言われる。

また、薩摩藩の島津家久は、信繁の行動を書簡で次のようにたたえている。

「御所様（家康）の御陣（本陣）へ、真田左衛門佐（信繁）かかり候て、御陣衆（旗本隊）追いちらし討ち捕り候。御陣衆、三里ほどづつ逃げ候衆は、皆々生き残られ候。三度目（の突撃）に真田も討ち死ににて候。真田、日本一の兵《つわもの》、いにしへよりの物語にもこれ無き由」

己の生命と引替えに、信繁は徳川の大軍に真正面から挑みかかり、そして、最後の最後で天下人家康を死地に追い詰めた。この死に様が、家久ら武将たちの魂を大きく揺さぶったことがわかる。

こうして史実の真田信繁は、江戸時代になると伝説の英雄・真田幸村となり、やがて真田十勇士を引き連れた天才的な軍師として、日本人の心に定着していくことになるのである。

そんな鮮やかな最期を知っているだけに、兄の真田信之の語る信繁の性格は意外である。信之は晩年、亡くなった信繁について、小姓の島津権六や引退した伊木彦六に、繰り返し次のように語っていたという。

「信繁が天下に武名をあらわしたのは、よくわかるよ。あいつは生まれながら行儀振る舞いが他の人とはぜんぜん違っていたからね。物腰が柔らかく、我慢強く、しかも、我を張るところがなかった。言葉も少なく、怒って腹を立てることを見たことがない。今から思えば、あいつはまさに国郡を統治する誠の度量を備えていたんだな。それにくらべ俺たちは、作りひげをつけて目をつり上げ、肩肘を張っている」

このように、兄が持つ信繁のイメージは、最後に見せた激しい行動とは真逆の、物静かで温厚な人柄だった。

立花宗茂《たちばなむねしげ》

辞世の句・名言

「いやしくも義に背いて生きんよりも　寧ろ死するに如かず」（島津家から降伏を求められて）

生年
1567年9月20日
（永禄10年8月18日）

没年
1643年1月15日
（寛永19年11月25日）

享年
76

豊臣秀吉に「忠義も武勇も九州随一」「天下無双の大将」と評価された

プロフィール

立花宗茂は豊後の大名大友家に仕えた重臣・高橋紹運の嫡男として生まれた。紹運と同じ大友家の猛将として知られる立花道雪の養子となる。宗茂は道雪の娘の誾千代と結婚し、後に立花家の家督を相続した。薩摩島津氏との戦いで活躍し、その力量を秀吉に高く評価され柳川12万石の大名に取り立てられた。関ヶ原の戦いでは秀吉の恩義のため西軍について改易されるが、お家再興を働きかけて徳川家に仕え、大名に復活、さらに旧領を回復する。

晩年は、3代将軍徳川家光に慕われ、家光のお供をした。

*

1581年（天正9年）　15歳　大友氏の重臣立花道雪に請われ養嗣子となる

1586年（天正14年）　20歳　島津軍5万が筑前国に侵攻、宗茂は大軍と対峙しながら巧みな戦術・戦法を駆使して島津軍を撤退させる

1592年（文禄元年）　26歳　朝鮮出兵（文禄の役）に参加し、数倍の敵軍を

撃破するなど活躍

1600年（慶長5年）　34歳　関ヶ原の戦い。徳川家康から東軍に誘われるが拒絶し西軍に参加、大津城攻めにあたる

1620年（元和6年）　54歳　関ヶ原合戦後に、改易されたが、のちに大名に復活。さらに、江戸幕府から旧領の筑後柳川約11万石を与えられた

宗茂は日本無双の名将と称えられた

立花宗茂《たちばなむねしげ》は、もともと大友宗麟の家臣だったが、豊臣秀吉の九州平定の際、ずば抜けた活躍を見せたことで、秀吉から独立大名に取り立てられた。朝鮮出兵の際、碧蹄館《へきていかん》の戦いで明の大軍を寡兵《かへい》で撃破する活躍を見せ、「日本無双」とか「日本第一の勇将」と称えられ、天下にその名をとどろかせた。

秀吉の死後、家康（東軍）と毛利輝元・石田三成（西軍）の対立が高じて天下分け目の合戦が勃発すると、亡き太閤秀吉の恩に報いるため、関ヶ原合戦で西軍に加担し、東軍方についた大津城を落としたが、関ヶ原合戦に間に合わなかった。

戦後、宗茂は大坂城の毛利輝元のもとへ出向き、家康と戦うことを説いたが、輝元に戦意がないことを知ると、国元柳川に戻った。

しかし、東軍の諸将に領地を包囲され降伏した。戦後、その罪を問われ、宗茂は領国《りょうごく》の柳川を没収され、一浪人に転落してしまった。

しかし、上方に拠点を移し、家康に対して六年間にわたって御家再興運動をし続けた。その結果、宗茂は徳川家の旗本に取り立てられ、やがて奥州棚倉で一万石を与えられ、大名に復帰したのである。以後は二代将軍秀忠の信頼を得て、大坂の陣では秀忠の参謀を務めるなどしたこともあり、ついに旧領の柳川に転封《てんぽう》となったのである。関ヶ原合戦で失領した大名が、元の領地に返り咲いた例は、宗茂ただ一人であった。

寛永六年（一六二九）、六十三歳になった宗茂は、江戸の上屋敷を跡継ぎの忠茂（弟の子）に譲り、下屋敷へと移った。どうやら、隠退を考え始めたようだ。三年後の寛永九年には、自分を取り立ててくれた徳川秀忠が死去しており、おそらく宗茂もこれを機に引退しようと考えたのではなかろうか。

家光は宗茂をどこへ行くにも連れ回し

だが、そうしなかった。というより、できなかったのである。三代将軍・家光が秀忠以上に宗茂を寵愛し、どこに行くにも宗茂を伴うようになったからだ。宗茂は自分の心境を手紙でよく忠茂に知らせているが、その文中にはたびたび「草臥《くたび》れ申し候」という言葉が出てくる。さすがに年を取ってきたので、家光に連れ回されると身体がキツかったようだ。しかしながら、そう記しても年老いた自分を慕ってくれることが嬉しくもあったようで、手紙には「忝《かたじけ》なき仕合わせ」という文言も多出する。いわゆる嬉しい悲鳴というやつだろう。

寛永十四年（一六三七）、九州で島原の乱が勃発した。平定のために九州の諸大名が動員されたため、筑後国《ちくごのくに》柳川に領地を持つ立花家も出陣した。軍を率いたのは、養子の忠茂であった。だが立花軍はかなりの苦戦を強いられ、重臣の立花鎮実を含む五十四名もの死者と負傷者四百人余りを出してしまっている。なんと、幕府の総大将・板倉重昌も討ち死にしてしまった。

これを知った江戸の宗茂は、忠茂の安否を気遣い、夜も寝られない状態になったようだ。一方、幕府軍の大敗を知った家光は、九州の諸大名全員に帰国して島原の乱を平定するように命じた。なんと、その中の一員には、七十二歳の宗茂も含まれていた。

よもや古希を過ぎて、自分が戦に出向くとはさすがの宗茂も思いもよらなかったろう。ともあれ、老骨に鞭打って宗茂は戦場へ出向いた。前回が大坂の役だったので、二十年ぶりの戦であった。たびたび名勝負を演じた宗茂だったが、残念ながらこの時の活躍ぶりは詳しく記録に残っていない。最終決戦で立花隊は細川隊と共に力闘《りきとう》したが、その被害は甚大で、百二十八名の死者と三百七十九名の負傷者を出している。

翌寛永十五年三月四日、宗茂は柳川に凱旋したが、国元に戻るのは十数年ぶりのことだった。

ただ早くも宗茂は、五月に江戸へ戻って家光に戦いを復命している。この時、家光は宗茂の労を大いに称えたという。

同年九月、将軍家光は宗茂の下屋敷を訪れた。将軍の来臨を受けるのは、たいへん名誉なことであった。ただ、わずか二日前に急に来訪を告げられたので、立花家では準備に大わらわだったという。

当日、家光は屋敷の池に舟を浮かべて網で魚をとり、夜までゆったりと過ごしている。とても満足したようで、自ら差していた脇差しをその場で宗茂に下賜《かし》した。よほど楽しかったようだ。

ちなみに最初の訪問を受けた翌十月、ようやく宗茂は家光から隠居することを許された。引退を機に宗茂は頭を剃って立斎と号するようになった。ただ、それからも家光の前に伺候《しこう》することを許された。というより、家光が宗茂に会いたがったのである。年を取ってからも若者に必要とされるのは、老人にとって嬉しいこと。ましてや相手は将軍だった。そのため宗茂は、いつ家光から呼び出しがあってもいいように、外出を控えるほどだったと伝えられる。

だが、この頃から急速に宗茂の体力は落ち、体調も悪化していった。

宗茂のもとに家光から見舞いの使者

寛永十六年七月十八日にも、にわかに思い立って立花家の下屋敷を訪れている。この時期、宗茂は腫れ物を患っていたが、体調は安定していたので、跡継ぎの忠茂と共に家光の接待に励んだ。そんなこともあって、この時家光は始終機嫌が良かったという。家光は長生きできるという腰物（太刀）を宗茂に与え、さらに、江戸城二の丸にいた白鳥を生きたままプレゼントした。

同年九月、宗茂はまたも老体に鞭打って、家光の東海寺お成りに従っている。この寺には、家光が敬愛する沢庵和尚がおり、これまで何度も宗茂は家光と共にここを訪れていた。この時家光は宗茂に杖を与え、江戸城内での使用も許可した。まさに特別扱いだった。十一月に家光からお茶に誘われ、細川忠興と共に登城した時、おそらく宗茂はこの杖を用いたことだろう。

ただ、翌十二月から体調を崩し、宗茂のもとに家光から見舞いの使者が遣わされている。これ以降、宗茂は病気がちになり最後の時を迎えていくわけだが、具体的な病状については中野等著『人物叢書立花宗茂』（吉川弘文館）に詳しいので、これを参考にさせてもらいつつ、宗茂の臨終について語っていこう。

翌寛永十七年六月と十二月にも家光の使いが立花家に訪れていることから、宗茂の体調不良は前年ずっと続いていたようだ。宗茂本人の手紙にも「湯治に行こうとしたのだが、病中ゆえ遠方に行くのは難しかった」とある。

どんな病気なのかは定かではないが、本人の寛永十七年五月の手紙には、「少し食あたりをして腹に固まりがある」と記しているので、内臓に腫瘍などがあったのかもしれない。名医の岡本諸品（玄冶《げんや》法印）に処方された薬を服用し、灸を据えることで、ある程度、病状は安定を保っていたものの、寛永十八年になると、今度は眼が悪くなって花押《かおう》が書けなくなり、書状には印判を用いるようになっている。

家光は宗茂の容体を毎日のように尋ねた

若い頃から猛将として数々の合戦を駆け抜けてきた宗茂だったが、どんな壮健な人間にも命が尽きる時は来る。

七十六歳の寛永十九年六月二十五日、宗茂は少し嘔吐した。これを機にたびたび嘔吐を繰り返すようになってしまう。先述の通り病名は不明ながら、胃ガンの可能性を指摘する研究者もいる。

七月末には数日間足が腫れ、本人はめまいの症状を訴えている。

沢庵が小出吉秀に宛てた書状を見ると、八月にはかなり重篤な状況で、宗茂は骨と皮になってしまったとある。八月から九月までは病状は比較的落ち着いていたようだが、九月の末になると、血尿や血便が続くようになった。

この時期、宗茂本人は、国元柳川にいる当主の忠茂に次のような手紙を送っている。

「五十日ほど眼病の薬をさしているが、少し癪気《しゃっき》があり、頭痛やめまいがするようになったので、目薬はやめてしまった。代わって現在は、岡本諸品が処方してくれた内服薬を飲んでいる。食事はこれまでと変わることなく、良く食べているので安心してほしい。しかし、今述べたように少しふらふらする。痛みは全くないが、そんなわけでこの頃は外出せずに屋敷に引きこもっている」

沢庵が言っているように、実際は骨と皮になっていたわけだから、ロクに食事も喉を通らなかったはずだが、忠茂を心配させまいとして、こんな手紙を送ったのだろう。

手紙の中で宗茂は、重臣の村尾彦右衛門尉や知人の江戸町奉行・島田利正が亡くなったことを忠茂に告げ、「今年は多くの者たちが患い、亡くなってしまった。けれど私は岡本の御陰でどうにか養生している。おまえが来春、参勤で江戸にのぼってくるのを楽しみにしている」と語っている。

が、残念ながら宗茂の命は、翌年の春まで持たなかった。同年十月になっても、血尿や血便が止まることはなかった。持病ではなく赤痢ではないかと記した記録もあるが、よくわからない。親族や重臣たちが宗茂の枕元に集まり、寺社では病気平癒《へいゆ》の加持《かじ》祈禱が行われた。しかしながら、ついに回復することなく、十一月二十五日に宗茂は逝去した。

家光は宗茂の病が篤くなると、毎日のように「宗茂はどんな容体だ」と家臣たちに尋ねていたという。いかに家光が宗茂を慕っていたかがよくわかる。そのことについては病床の宗茂にも伝わっており、きっと宗茂も満足感を抱いたまま黄泉へと旅立ったことだろう。

「秀吉に、関白を譲られながら淀殿に秀頼が生まれ、自害に追い込まれた」

豊臣秀次《とよとみひでつぐ》

辞世の句・名言

「磯かげの　松のあらしや　友ちどり
いきてなくねの　すみにしの浦」

生年
1568年
（永禄11年）
没年
1595年8月20日
（文禄4年7月15日）
享年
28

プロフィール

豊臣秀吉の姉・智《とも》の子として生まれる。秀吉の甥にあたる。幼少時には秀吉の調略で、人質に出されたり、三好一族の養嗣子とされるなど、秀吉の天下人への歩みを親類として支えた。秀吉と側室の淀殿との間に生まれた長男・鶴松が幼くして病死すると、秀吉の後継として養嗣子となり豊臣の家督を相続、関白の座を譲られた。しかし、淀殿が再び懐妊して秀頼が誕生すると後継者としての座が危うくなり、秀吉との関係は悪化。最終的には謀反の疑いをかけられ、切腹させられた。

＊

1572年（元亀3年）　5歳　秀吉の調略で近江の宮部継潤への人質として送られる

1584年（天正12年）　17歳　長久手の戦いで徳川軍に大敗し、秀吉の叱責を受ける

1585年（天正13年）　18歳　秀吉の関白就任に前後して、秀次と改名、羽柴

1590年（天正18年）23歳　秀次を名乗る
清洲城主となる

1591年（天正19年）24歳　1月に秀吉の弟・秀長、8月には秀吉の嫡男・鶴松が相次いで死去。そこで豊臣姓を与えられ、関白に任ぜられる

1593年（文禄2年）26歳　8月淀殿が秀頼を産む

1595年（文禄4年）28歳　謀反の疑いがかけられ、高野山にて切腹

秀頼が生まれ甥の秀次は邪魔に

晩年、豊臣秀吉の跡継ぎとなって関白となり、政権を担い始めたのが豊臣秀次《ひでつぐ》である。秀次は永禄《えいろく》十一年（一五六八）、三好吉房《よしふさ》と秀吉の姉・智《とも》の子として生まれたが、のちに秀吉の養子となった。天正《てんしょう》十二年（一五八四）には長久手《ながくて》の戦いで大将として三河へ進攻するが、追撃してきた徳川軍に大敗を喫し、秀吉の叱責を受けている。しかし翌年には近江国などに四十三万石を貰い、八幡山《はちまんやま》に城を構えた。豊臣一族ということでの立身だろう。

天正十八年、秀次は小田原攻めの先陣として伊豆国の山中城を攻略すると、その軍功で尾張国と北伊勢五郡を与えられ、清洲城主となった。その翌年には秀吉の命で徳川家康と共に奥州一揆を鎮圧している。

ただ、秀吉には多くの養子がおり、当初は秀次もその中の一人に過ぎなかった。ところがこの天正十九年、秀次の運命が大きく変わった。同年正月、秀吉の弟・秀長が死去、さらに八月、秀吉の嫡男の鶴松が三歳で夭折《ようせつ》してしまった。ここにおいて秀吉は、もはや実子は望めぬと判断、同年十二月、甥の秀次を内大臣に抜擢、さらに二十八日、自らの関白職を委譲《いじょう》したのである。二十四歳という若き関白の誕生であった。この折京都の邸宅・聚《じゅ》楽第《らくだい》も秀次に譲られ、翌文禄《ぶんろく》元年（一五九二）から秀次は京都を拠点として政務を執ることになった。

ところが、翌年三月頃に淀殿の妊娠がわかり、同年八月、男児を産んだのだ。それがのちの豊臣秀頼である。これは、秀吉にとっても想定外の事であったろう。ただ、息子が生まれると、とたんに政権を甥に譲ったことが惜しくなった。秀頼が誕生した翌月、秀吉は秀次と会い、「日本国を五等分し、そのうち四つをおまえにやるので、一つを秀頼に与えてほしい」と求めたという。おそらく秀次は、我が子に政権を譲りたいという気持ちをありありと感じ取ったはず。この前後から秀次はしばしば体調を崩し、十月からは二カ月にわたって熱海への湯治を余儀なくされている。ストレスが体調不良の原因だったと思われる。この間、秀吉は嬉々として政務を統括するようになった。

秀次が京都に戻ると、秀吉は秀次の娘と秀頼の婚約を取り決めた。ただ、この頃から秀吉と秀次は緊張関係に入り、秀吉が秀次の領国尾張の検地を勝手に行うなど干渉し、その支配の不手際を糺《ただ》すこともあった。翌文禄三年、秀吉は秀頼に天下の大坂城を与え、自身は伏見城へと移った。

文禄四年二月、会津を支配していた蒲生氏郷《がもううじさと》が死去した。そこで秀次は嫡男の蒲生鶴千代の跡目相続を認めた。ところが秀吉がこれにクレームをつけ、蒲生家を改易《かいえき》にしようとしたのだ。どうにか鶴千代は取り潰しを免れたが、それは秀次が秀吉の措置に強く反対した結果だと言われている。

この頃、秀次は立て続けに弟を失っている。文禄元年九月に朝鮮出兵中の秀勝が陣中で病没し、さらに文禄四年四月、秀長の名跡《みょうせき》を継いだ秀保が十七歳で亡くなってしまった。こうした兄弟の死去も秀次政権（権力）の弱体化につながったようだ。

秀次を高野山に幽閉しようとした秀吉

秀次は同年春以降、たびたび秀吉のいる伏見城へ出向くようになる。両者の間で何が話し合われていたかは定かではないが、おそらく秀吉が、秀次に政権の返還を迫っていたのではあるまいか。

『大かうさまくんきのうち』（太田牛一《おおたぎゅういち》著）によると、文禄四年（一五九五）七月三日、日本国が暗夜になるような、秀次と秀吉の決定的な対立があったというのだ。

巷説《こうせつ》によれば、それからまもなく聚楽第に石田三成ら秀吉の奉行がやって来て、いきなり秀次に謀反《むほん》計画の有無を問いただしたとされる。

驚いた秀次はこれを否定し、誓紙《せいし》を差し出して無実を主張した。だがそれから五日後、秀次は秀吉のいる伏見城に来るように言われる。そこで秀次があえて一人で出向いたところ、伏見城ではなく木下吉隆《よしたか》の屋敷に案内され、身柄を拘束されたのである。

そして、関白職を秀吉に剥奪されたうえ、高野山へ登れと命じられた。

七月十二日、秀吉は高野山の木食応其《もくじきおうご》に対し、秀次の家臣の数を十名に制限し、刀・脇差しの帯同を禁じ、親類縁者を置くことも認めず、出入口に番人を置き昼夜厳しく見張るよう指示した。高野山に幽閉されたのである。

それから三日後、秀吉は福島正則らを検死として遣わし、秀次に切腹を申し渡した。ただ、一説には謀反に罪を着せられた秀次が、怒りのあまりみずから自害してしまったという説もある。抗議の自殺だ。状況から見て、私は後者の可能性が高い気がする。

しかも、その死に方がすさまじい。

秀次の切腹に先立って小姓の山本主殿が秀次から下賜された国吉の脇差しで腹を割いたのである。すると同じく小姓の山田三十郎も下賜された厚藤四郎《あつしとうしろう》の脇差しで切腹、さらに不破万作も鎬藤四郎《しのぎ》の脇差しで割腹した。すると秀次は、腹を切った三人の首を立て続けに打ち落としたのだ。見事な介錯《かいしゃく》であった。その後、東福寺の降西堂が腹を切った。こうして寵臣たちがあの世に行くのを見届けたあと、秀次は正宗という名脇差しで切腹、雀部《ささべ》重政に介錯をさせて息絶えた。享年二十八であった。

大名が連座し切腹が命じられた

この折、秀次と親密だった多くの大名も連座しそうになり、必死に秀吉に弁解や謝罪をしている。特に危機に陥ったのが東北の雄・伊達政宗であった。政宗は元家臣の粟野秀用《あわのひでもち》を秀次に差し出し、この者を介して秀次と親密な関係になっていた。だが、秀次事件で粟野は斬首された。この事態に国元から急きょ上洛した政宗だったが、前田玄以《げんい》等が秀吉の詰問使として派遣され、秀次と密談したことや贈り物をもらったことを問いただされたのである。最終的には罪に問われなかったものの、今後は妻子を秀吉の拠る伏見城下に住まわせ、政宗は千人の兵と共に秀頼を守護することを約束させられてしまった。

白江《しらえ》（白井）成定《なりさだ》、木村重茲《しげこれ》、熊谷直之《くまがいなおゆき》らは切腹を命じられた。いずれも秀吉が秀次に付属させた大名だった。ただ、同じ立場の田中吉政や山内一豊は連座を免れている。秀次との距離の粗密《そみつ》が関係しているのかもしれない。また、秀次の与力大名や主たる家臣の中には、家康や上杉景勝、島津義弘、黒田官兵衛、佐竹義宣《よしのぶ》、中村一氏《かずうじ》にお預けとなった者が二十名近くもいる。後日、その内、数名が自裁している。

三十数名の遺体は一カ所に集められた

悲惨だったのは、三十名以上に及ぶ秀次の妻妾《さいしょう》や子供たちの末路である。秀次が謀反の罪に問われて高野山にのぼると、彼女たちも聚楽第《じゅらくだい》から追われて前田玄以の亀山城に預けられた。およそ半月後の八月二日、彼女たちは洛中に連れてこられ、数人ずつ七台の車に分乗させられ、京都の町を見せしめとして引き回されたのである。いずれも経帷子《きょうかたびら》を身につけた死に装束姿であった。それが人々の哀れを誘った。やがて女性たちを乗せた車は三条河原に到着した。河原にはすでに刑場が設けられていた。二十間四方に堀を掘り、鹿垣《ししがき》を結い回し、その中に九尺四方の高い塚が作ってある。塚の上にはなんと、三方《さんぼう》に載せた秀次の生首が置かれていたのである。その首の前で、一人ずつ女や子供たちを殺していこうというのだ。驚くべき残酷さであろう。

秀次の正妻は一の台。彼女は右大臣・菊亭晴季《きくていはるすえ》の娘である。秀次より年上の三十四歳（諸説あり）だった。バツイチで娘・おみや（十三歳）がいたが、秀次はおみやとも性愛関係を結んでいたという。一の台は最後の場面でも堂々としており、「心にもあらぬ恨みは濡れ衣の、妻ゆえにかかる身と成りにけり」（『太閤記』より）という立派な辞世を詠んだ後、秀次の首の前で自害した。続いておみや、さらにお長御方（十八歳）と次々と辞世を詠んだあと自ら命を絶っていった。それを確認して処刑人が次々と首を切っていく。

ただ、気後《きおく》れしてなかなか自害できない者もいる。すると、五十歳ばかりのひげ面の処刑人が母親から幼い若君を犬を奪い取るように乱暴に引き離し、二度刀を突き刺したのである。母親をはじめ女たちは仰天して泣き叫んだ。三歳の女児は母のおたつにしがみつき、「私のことも殺すのか」と尋ねたという。するとおたつは、「南無阿弥陀仏を唱えなさい。やがて父・秀次様に会えますよ」と励ました。

そうした中、処刑人たちは泣き叫ぶ子供を平然と母親から引き離し、容赦なく心臓に刃を突き立てて投げ捨て、さらに女たちを次々と屠《ほふ》り去っていった。血潮が鴨川に流れ出て、川の色が変わるほどになった。あたかも地獄絵を見るようであった。

見物人たちは、「あはれなるかな、悲しひかな。かく痛ましくあらんと兼て思ひなば、見物に出まじき物を」（檜谷昭彦・江本裕校注『新日本古典文学大系　太閤記』岩波書店）と興味本位で刑場に出向いたことを大いに後悔した。

処罰は妻子の親族にも及んだ。

一の台の父・菊亭晴季は事件に連座して越後へ流された。ただ、それはまだ良いほうで、おちやう（十八歳）の父・日比野下野守、おたつ（十八歳）の父・山口重勝は自害させられている。これに恐れをなしたのか、おさこ（十九歳）の父は北野天満宮の神官・松梅院《しょうばいいん》禅昌《ぜんしょう》だったが、一家でどこかに逐電《ちくでん》してしまった。

また、おいま（十九歳）の親は伊達政宗の伯父・最上義光《もがみよしあき》だったが、やはり事件後、政宗と共に謹慎処分を食らっている。

三十数名を殺戮《さつりく》した後、遺体は一カ所に集められ、大きな塚が作られた。そのそばに「畜生（悪逆）塚」と刻んだ石塔が建てられた。

それから数年後、洪水によって塚が崩れ、骨が散乱してしまった。すると京都の豪商角倉了以《すみのくらりょうい》が、遺骨を集めて供養のために瑞泉寺《ずいせんじ》を建立したといわれる。

この時、石塔の「畜生」の二文字も削り取られたと伝えられる。

なお、主がいなくなった壮麗な聚楽第は、あれほど金をかけ贅《ぜい》を尽くして建てたのに、秀吉の命令によって徹底的に破壊された。建築物はすべて撤去され、立派な石垣は完全に崩され、七メートルの深い堀も埋められ、何もない更地になってしまったのである。まさに、豊臣秀次の一生は、叔父の秀吉に翻弄された人生だった。

宇《う》喜《き》多《た》秀《ひで》家《いえ》

辞世の句・名言

「御菩薩の　種を植えけん　この寺へ　みどりの松の　一あらぬ限りは」

生年
1572年
（元亀3年）

没年
1655年12月17日
（明暦元年11月20日）

享年
84

「豊臣秀吉に寵愛され五大老に出世するも、関ヶ原で敗れ、八丈島に流される」

プロフィール

備前（岡山県）の岡山城主・宇喜多直家の嫡男。父・直家が急逝し10歳で家督を継ぐ。中国攻めなどで秀吉に評価され、備中、美作2国を与えられ57万石の大名に出世する。さらに秀吉の養女で前田利家の4女・豪姫と結婚し、豊臣家と縁戚関係となり、最年少で豊臣政権の五大老の一人となる。関ヶ原の戦いでは、西軍で最大の1万7千人を率い、小早川秀秋の裏切りで大敗を喫し、関ヶ原から薩摩に逃亡。島津、前田の嘆願により助命され八丈島に流される。47年余の流刑生活の果て現地で死去する。

＊

1581年（天正9年）　10歳　父の宇喜多直家が病死、家督を継ぐ
1588年（天正16年）　17歳　秀吉の養女・豪姫と結婚
1592年（文禄元年）　21歳　朝鮮出兵、文禄の役で活躍
1598年（慶長3年）　27歳　秀吉から五大老の一人に任じられる。8月、秀吉が死去

1600年（慶長5年）　29歳　関ヶ原の戦いに敗北し、後、薩摩に逃亡
1606年（慶長11年）　35歳　八丈島へ配流となる

秀家の実母ふくは秀吉と関係を持ち

宇喜多秀家は、父で備前《びぜん》岡山城主・直家が病死した時、まだ十歳の少年だった。だが、羽柴秀吉の配慮で宇喜多家を相続することができた。その後秀吉は、秀家少年を寵愛し、旧領の備前国を安堵《あんど》だけでなく、山崎合戦後には猶子《ゆうし》（養子）としたうえで、自分の名「秀」の一字と豊臣の姓を与え、従三位《じゅさんみ》左中将参議に叙した。さらに、同じく溺愛していた養女の豪姫（前田利家の娘）と結婚させ、自分の邸宅・聚楽第の一遇に住まわせたのである。この時、秀家はまだ十六、十七歳だった。

秀吉が秀家を重用したのは、秀家の実母ふくのお陰だった。ふくは絶世の美女として有名だったが、夫・直家に先立たれたあと、秀吉に求められ男女の関係になったようなのだ。ゆえに秀吉は秀家の地位を保証し、我が子同然に寵愛したのだと思われる。成人してからも愛情は変わらず、二十代半ばでありながら秀家は豊臣政権の五大老に取り立てられた。秀吉の死後、秀家は石田三成の西軍につき、関ヶ原合戦では西軍最大の一万七千を率いて東軍（徳川方）と激突した。しかし西軍は大敗を喫し、秀家は逃亡を図った。

少数で伊吹山まで逃れ、うまく落ち武者狩りの頭目・矢野五右衛門を味方に引き込み、身を隠した。一方、秀家の家臣・進藤三左衛門は、主君秀家を安全な場所へ落ち延びさせようと、秀家の「鳥飼来国次《とりかいらいくにつぐ》」の脇差しをもらいうけ、家康の重臣・本多忠勝の陣中に行き、「主君秀家を手にかけ、その遺骸を地中深く埋めた。その証拠がこの脇差しだ」と述べた。

忠勝は「なぜ検視を受ける前に主君を埋葬したのか」と問うたが、三左衛門は「厚恩ある主ゆえ、首を敵に渡したくなかった。この脇差しは家康公もご存じのはず」と哀願したので、その言葉を信じ、徳川方は探索の手を緩めた。

この間秀家は矢野の家を出て大坂の宇喜多屋敷へたどり着き、愛妻の豪姫と再会。彼女らの手引きによって最終的に翌年六月、薩摩国に上陸し、島津氏の保護を受け大隅国牛根郷の平野家に潜むことになった。同地では出家して「休復」と名乗った。

いずれにせよ、家康は完全に宇喜多秀家は死んだものと考えていた。

ところが慶長七年頃から「秀家は島津氏のもとで生きている」という噂が流れ始めた。隠しきれないと考えた島津氏は、豪姫の婚家・前田氏と相談のうえ、徳川方に保護している事実を伝え、助命嘆願を行った。

当初立腹していた家康だったが、最終的に助命を約束。翌慶長八年八月、秀家は上洛して家康と対面した。この折、家康は「私と戦ったからには死は免れぬところだが、島津や前田から嘆願が出されているゆえ、死一等を減じ流罪とする」と述べた。

　こうして秀家は久能に幽閉された後、翌慶長九年、伊豆の下田へ入り、同十一年、八丈島へ渡ったのである。この秀家が八丈島への流人第一号であった。息子やその乳母、侍医、そして下男・下女など十数名が秀家に同行した。

酒を分けてくれと漂着した船に頼む

　八丈島での秀家の生活は苦しかったようだ。大所帯でやって来たうえ、複数の現地妻との間に多くの子ができたからだ。江戸からの代官・谷庄兵衛が秀家を屋敷に招いてご馳走した際、秀家は握り飯を一つしか食べず、残り二つは家族に与えるため、紙にくるんで持ち帰ったという伝承がある。

　また酒を満載した広島藩主・福島正則の船が八丈島に漂着した際、秀家は自ら姿を現し、船乗りたちに酒を分けてくれと頼んだという逸話もある。

　そんな貧困生活が好転するのが、寛永十一年（一六三四）のことである。

　この年、秀家の正室・豪姫が加賀で没したが、彼女の遺言を幕府が受け入れ、隔年ごとに秀家のもとへ前田家から届物を送ることが許されたのである。以後、前田家からは隔年で白米七十俵、三十五両、衣類、薬品などが宇喜多家へ送付された。

明暦元年（一六五五）十一月二十日、秀家は八十四歳で死去した。病死だと言われているが、どのような最期だったかは全くわかっていない。すでに家康や秀忠は亡くなり、世の中は四代将軍徳川家綱の時代であった。

なお、前田家の届物は、秀家の死後もそのまま絶えることなく、なんと明治元年に宇喜多一族が赦免されるまで、延々と送られ続けた。なんという律儀さであろう。

明治三年、赦免された宇喜多（浮田とも）一族七家は、八丈島を出て東京にやって来る。この折、前田家では、彼らのために屋敷を建て、千両を与えて面倒を見たという。

いずれにせよ、敗軍の将となった宇喜多秀家は潔く死を選ばず、ひたすらに生き延びる道を選んだ。さらに潜伏が露見した際、生き恥をさらしても島津氏や前田氏の力を借りて「生」を選択した。そして、八丈の流人となった後も、苛酷な環境の中で生き続けた。やがて秀家は、長男秀高にも先立たれてしまった。これなら自裁する道を選んだほうが楽な気がするが、あえてそうしなかったところに秀家の執念を感じる。家康や秀忠より長く生き、徳川の滅亡する姿をその目で見届けようとしていたのかもしれない。

長宗我部盛親《ちょうそかべもりちか》

辞世の句・名言

「一方の大将たる身が、葉武者のごとく軽々と討死すべきではない。折あらば再び兵を起こして恥をそそぐつもりである」（『常山紀談』 捕らえられてなぜ自決しないのかと問われて）

生年
1575年
（天正3年）

没年
1615年6月11日
（慶長20年5月15日）

享年
41

「土佐の国主だったが改易、14年間の浪人生活ののちに大坂の陣で捕らえられ処刑された」

プロフィール

四国を統一した長宗我部元親の4男として生まれる。父・元親は四国統一後、豊臣秀吉に臣従するが、長男の信親が九州攻めで戦死したため、元親の後押しで世子に指名された。元親が死去すると家督を相続し、土佐22万石の大名となった。関ヶ原の戦いでは西軍につき、改易された。京都で浪人生活をしていたが、再起をかけて大坂夏の陣に参じた。しかし敗れて徳川軍に捕らえられ、京都引き回しの上、六条河原で処刑された。

＊

1586年（天正14年）　12歳　九州の戸次川《へつぎがわ》の戦いで長兄の長宗我部信親が戦死

1600年（慶長5年）　26歳　関ヶ原の戦いで、西軍につき敗戦。土佐の領地は没収され家臣団は崩壊、盛親も浪人となる

1615年（慶長20年）　41歳　前年の大坂冬の陣に再結集した家臣たちを率いて豊臣方として参戦。続いて夏の陣にも参加す

るが、八尾の合戦で大坂城に撤退。大坂城落城後、捕らえられて京都で処刑される

……………

盛親は再興を諦め剃髪し寺子屋師匠に

長宗我部元親《もとちか》は、跡継ぎの信親に戦死されてしまったため、十六歳の四男・盛親を後嗣《こうし》と決めた。慶長四年（一五九九）、元親は三男・親忠《ちかただ》を幽閉する。自分の死後、親忠が台頭して長宗我部の実権を握るのを防ごうとしたようだ。こうして同年五月、元親は死去した。翌年、天下分け目の関ヶ原合戦が起こった。『土佐物語』などによれば、はじめ盛親は家康（東軍）に味方すべく使者を派遣したが、長束正家《なつかまさいえ》（西軍方）の近江国水口《みなくち》を通過する際、関所で遮られ、結果として盛親は西軍に与《くみ》することを余儀なくされたとする。しかし、「盛親の動向から見ても、彼は大坂到着前から、毛利輝元や宇喜多秀家、増田長盛が参加する西軍につくつもりだった」（平井上総著『長宗我部元親・盛親』ミネルヴァ書房）と考える研究者も少なくない。

ただ、関ヶ原では南宮山《なんぐうさん》に陣したものの、毛利軍が動かなかったために東軍とは戦わず、兵を引いて土佐へ戻った。戦後、盛親は徳川軍の来襲に備えて籠城態勢を敷くと共に、徳川の重臣である井伊直政を通じ、家康に赦《ゆる》しを請《こ》うた。すると家康から大坂へ来るよう連

絡が来た。

そこで盛親はこれを受け入れ、出発に際して津野親忠を密殺したのである。実は親忠が「藤堂高虎を介して家康に働きかけ、土佐半国を手に入れようとしている」という噂が立ったので、それを真に受け、留守中の不安を解消するため兄の親忠を処分したと言われる。

事実を知った家康は激怒し、盛親の領国《りょうごく》を没収したといわれる。しかし、研究者の平井氏は、兄殺しという道義的な理由で家康が長宗我部を改易《かいえき》したわけではないとする。実は、盛親は土佐国を没収される代わりに、別の領地を与えられることになっていたのだ。ところがこれに旧臣たちが抵抗して国元土佐で大規模な一揆（浦戸一揆）を起こしたので、その責任を問われて改易となったのだとする。

こうして国持大名から一介の浪人に転落した盛親は、伏見に住んで御家再興運動を展開した。しかしながら、支援者の井伊直政も慶長七年（一六〇二）に死去してしまい、その後、長宗我部家臣団も離散していった。

そこで仕方なく盛親は再興を諦めたのである。以後は剃髪して名を大岩幽夢と改め、京都上立売《かみだちうり》の柳ヶ厨子《ずし》に居を構え、なんと寺子屋の師匠となった。盛親の動きは、京都所司代の板倉勝重の厳しい監視下に置かれたという。

大坂夏の陣で盛親は藤堂高虎隊を圧倒

それから十数年後、徳川家康と豊臣秀頼の激突が決定的になると、盛親は豊臣方から土佐一国の付与を条件に誘いを受けた。長い浪人生活の中でも、盛親の旧領回復の願いは潰《つい》えていなかった。また、この頃になると、土佐の新国主となった山内氏から虐げられた長宗我部の旧臣が、旧主を慕って続々と京都に集まり始めていた。こうした状態を危惧した板倉勝重は、わざわざ盛親の元を訪れ、豊臣氏に加担することの非を唱え、「あなたのために旧領回復に力を貸そう」と約束したのだった。これに対して盛親は「私は旧知の浅野《あさの》長晟《ながあきら》の隊に属し、豊臣方と戦って武功をあげ、自らの力で微禄を賜ろうと考えている」と偽り、誓紙《せいし》を差し出して勝重を信用させ、京都を離れたのである。

近所の人々は、盛親を単なる手習いの師匠だと思っていたので、出立時の見事な甲冑姿を目にして仰天したと言われる。

盛親の元には続々と旧臣が駆けつけ、今出川《いまでがわ》辺りでその人数は二百人を超え、伏見ではついに千人となり、そのまま大兵を引き連れ大坂城へ入ったのである。

その後も長宗我部隊は膨張し続け、浪人衆も合わせて、盛親は五千の大将となった。

盛親が活躍したのは、大坂夏の陣であった。五月五日、長宗我部隊は城外へ出て八尾（大坂城の東南八キロ辺り）に布陣し敵を待った。夜が明けると、徳川軍の先鋒が濃霧をついて襲いかかって来た。長宗我部隊に攻め込んできたのは、藤堂高虎の隊であった。高虎といえば、盛親が領国を失う遠因を作った男だ。それゆえ、相手が藤堂隊だと知ったとき、盛親以下長宗我部旧臣たちは奮い立った。憎悪の念が勝ったのだろう、長宗我部隊は藤堂隊を次第に圧倒し、ついには高虎の重臣や一族を次々に討ち取っていった。おそらく、そのまま戦いが続いていれば、藤堂隊は確実に壊滅したはずだ。

ところが、若江《わかえ》（八尾に隣接した地域）の木村重成隊が瓦解してしまい、盛親は敵を圧倒していながら、大坂城への撤収を余儀なくされた。ちなみに高虎は、家中のあまりの損《そん》耗《もう》に、家康に対して「翌日の先鋒を免除してほしい」と、武士としては恥ずべき申し入れをしなくてはならぬほどだった。

翌日、大坂城は、徳川軍の総攻撃を受けて、もろくも落ちた。落城に際して盛親は、豊臣秀頼と運命を共にせず、密かに城外へ脱し京街道を北へ走った。

が、不運なことに、山城の八幡付近の藪に潜んでいるところを、蜂須賀氏の家臣に捕縛されてしまったのである。盛親は縄をかけられ、二代将軍徳川秀忠の元に引き据えられた。秀忠は家臣を介して「なぜ数千の大将であるにもかかわらず、討死や自害の道を選ばなかったのか」と問うた。

これに対して盛親は、「盛親も一方の大将たる身に候へば、葉武者と同じくかろがろしく討死すべきに候はず」（『常山紀談』）と述べた。

盛親の態度には、再び挙兵して恥を雪《すす》ごうとする強い決意が言外にあらわれていた。

だが、その末路は悲惨だった。盛親には五人の男児があったが、全員が父親に連座して命を絶たれたのである。盛親自身も京都の二条城に護送され、京の大路を見せしめとして引き回されたあと、六条河原で板倉勝重によって首を落とされた。

かくして、長宗我部氏の正統は完全に断絶したのである。

徳《とく》川《がわ》秀《ひで》忠《ただ》

辞世の句・名言

「当家、世を有つの日浅く、今まで創建せし所の紀憲政令、いまだ全備せしにもあらざれば、近年のうちにはそれぞれ改修せんと思いしが、今は不幸にして、その事も遂ずなりぬ。これぞわが志を継とも申すべき孝道なれ」（『徳川実記』より）

生年
1579年5月2日
（天正7年4月7日）

没年
1632年3月14日
（寛永9年1月24日）

享年
54

父・家康から将軍職を譲られ、江戸幕府の基礎を固めた

プロフィール

徳川家康の3男で、11歳の時に豊臣秀吉の養子（人質）となり聚楽第で元服する。関ヶ原の戦いの際、別動隊を率いるが、途中の上田城で真田昌幸らの抵抗にあい、関ヶ原に遅れ家康に叱責される。家康は1603年に江戸幕府を開いたが2年後に将軍を辞し、秀忠は27歳で第2代江戸幕府の将軍となる。が、実権は大御所の家康にあった。正室は、信長の妹・お市の方の3女・お江。彼女は3代将軍の家光を産む。

＊

1590年（天正18年）　11歳　豊臣秀吉の養子（人質）となる
1595年（文禄4年）　17歳　秀吉の養女・お江と結婚
1600年（慶長5年）　22歳　上田城攻略に失敗し、関ヶ原合戦に遅れる
1605年（慶長10年）　27歳　江戸幕府2代将軍となる
1615年（慶長20年）　37歳　大坂夏の陣で豊臣家を滅亡させる

医師は「寄生虫」による病と診断した

徳川秀忠は関ヶ原合戦に遅参して凡庸と侮られていたが、父の家康が死ぬと、強権を発動して次々と落ち度ある大名たちを処罰し、人々を震え上がらせ、将軍の威権を見せつけた。自分の後継者には三男の忠長を望んだが、家康の意向で次男の家光に決まった。秀忠は元和《げんな》九年（一六二三）に将軍職を家光に譲るが、家康同様、大御所として江戸城西の丸で権力を握り続けた。ただ、寛永八年になると、体調が悪化して左の乳の下にしこりを感じるようなった。この頃、忠長の乱行が目立つようになり、秀忠にとっては苦渋の決断だったが、家光と相談の上、甲斐に蟄居《ちっきょ》させることにした。己の死後において、徳川家の安泰を保とうとしたのだろう。

やがて、しこり部分に激しい痛みを感じるようになったので、侍医たちが患部に灸をあてたが、逆に症状は悪化して食事がのどを通らないようになる。この頃、元々よくない視力がますます低下し、とうとう片方の目を失明してしまう。

七月になると、起き上がることも容易ではなくなった。医師は「寸白《すばく》」であると診断した。寄生虫による病である。ただ、ガンだった可能性が高い。

そんな状況だったが、秀忠は毎日身なりを整えて出座し、部下から政情を聞くなど、政治にかかわろうとした。心配した家光は、「重要な事以外は耳にいれてはならぬ」と命じた。するとこれを知った秀忠は、「政治のことを一日でも聞かないと、気になって気持ちが晴れない。政治に大小などない。天下の主たるものは、死ぬその日まで政務をみる義務があり、それこそが私の本意でもある」と述べたため、これを耳にした近臣たちは涙を流したという。

七月十七日、幕府は全国の大寺社に対し、秀忠の病気平癒を祈願するよう命じた。諸大名は大御所の病が篤いことを知り、連日のように見舞いに押しかけた。国元にいた大名も江戸へ馳せ参じようとしたが、幕府は参勤の年でない者は来てはならぬと禁じた。

九月になると、ついに血の塊を吐くようになり、秋には衰弱がひどくなった。それでも秀忠は、寛永九年元旦に家光と共に御座の間に出て年頭の儀礼を執行した。すさまじい執念である。

が、それから二十日後には薬を受け付けなくなり、いよいよ臨終が近づいてきた。

「神にならぬのか」と問われた秀忠は

家光はずっと秀忠の枕元に詰めていたが、そんな息子に秀忠は、

「人の生死は元より定命《じょうみょう》なれば、さまで嘆かせらるるに及ばず。今より後は天下の者（すべての者たちは）、御身（家光）を月とも日とも戴き仰ぐこととなれば、よく天下大小の機

務（政治）を勤め行れて、いささか怠らせ給ふな。ただし、当家（徳川家）、世を有つ（政権を握ってから）の日浅く、今まで創建せし所の紀憲政令（政治組織や法令）、いまだ全備せしにもあらざれば（完全ではないので）、近年のうちにはそれぞれ改修せんと思ひしが、今は不幸にしてその事も遂ずなりぬ。これぞわが志を継とも申すべき孝道なれ」（『徳川実紀』）

と、幕府の政治体制と法令の改革を求めたのである。

この遺言は、秀忠の息子・家光に対する配慮から出ていた。秀忠の死後、政治の実権は家光に移る。なれば、かつて家康が死んだ後、秀忠が大きな改革を行ったように、きっと家光もさまざまな政策を始めるだろう。その際、前代の法令や体制を変えた家光は世の批判を受けてしまう。そうしたことがないよう、このような遺言を残したのだという。

苦しい息の中で、秀忠は老臣たちを呼び、「我が命、すでに旦夕《たんせき》にせまれり。今一度、東照宮に詣で、これまで天下安寧を保ってきたことを父に伝えたい。すぐに出立の準備をせよ」と命じたのだ。驚いた家臣たちは、「もう少し気分のよいときに出向いたらいかがでしょう」と説得したが、秀忠は言うことを聞かない。

ちょうどこの時、天海僧正がお見舞いにやってきた。秀忠は、天海にも同じことを求めた。すると天海はすんなりとお受けし、「すぐに用意をせよ」といって席を立ち、しばらくしてからまた秀忠のもとへ戻り、「気づいたことがあったので戻って参りました。東照宮に参詣することはとどまったほうがよいかと存じます。もし大御所様が臨終に際して死後のお暇を申さんと東照宮へ詣でると、大名や幕臣も同じようにするでしょう。そうなると、路傍で死に果てる者も多くなるはず。ゆえに思いとどまるべきかと」そう述べたのだ。

これを聞いた秀忠は「その通りだな」と納得したという。

この折、天海は「大御所様は家康公のように神号をお受けにならないのですか」と尋ねた。

対して秀忠は、「あなたは天下の主になった者がみな神に祀られるものと思っていられるのか。先代は数百年の騒乱を平げ、古今未曾有の大勲を立てた。その聡明英武は、とても人慮のおよぶところではない。ゆえに神となられたのだ」

と家康の偉大さを述べた後、

「我はただ先業を恪守《かくしゅ》せしといふまでにて、何の功徳もなし。神号なぞは思もよらぬ事なり。とにかく人は上へばかり目が付て、己が分際をしらぬは、第一おそれいましむべき事なり」（前掲書）

と答えたという。

そうして、それからまもなくの一月二十四日、秀忠は五十四歳の生涯を閉じたのである。

その遺体は芝の増上寺へ移され、朝廷から正一位を贈られた。

小《こ》早《ばや》川《かわ》秀《ひで》秋《あき》

辞世の句・名言

「名のために　捨つる命は惜しからじ
つひに止まらぬ浮き世と思へば」

生年
1582年
（天正10年）
没年
1602年12月1日
（慶長7年10月18日）
享年
21

「関ヶ原で豊臣（西軍）から徳川（東軍）に寝返った。裏切りの負い目からか精神を病む」

プロフィール

豊臣秀吉の正室・北政所の兄の子で、秀吉の義甥にあたる。幼少の頃から秀吉の養子として北政所に育てられたが、秀吉の側室・淀殿に秀頼が生まれると、小早川隆景の養嗣子《ようしし》となり備後（広島県）の三原城へ行く。朝鮮出兵では総大将として参加したが失態を犯して越前北庄に転封《てんぽう》される。関ヶ原の戦いでは、戦の半ばで西軍を裏切ったことが、東軍の勝利につながったとされる。戦後、備前・美作の40万7千石が与えられたが、2年後に死去した。

＊

1584年（天正12年）　3歳　叔父の羽柴秀吉の猶子《ゆうし》となる
1594年（文禄3年）　13歳　秀吉の命によって小早川隆景の養嗣子になる
1597年（慶長2年）　16歳　父・隆景が死去し、小早川家の家督を継ぐ
1600年（慶長5年）　19歳　関ヶ原戦いで、西軍を裏切り東軍の勝利に貢献

ねねの甥・秀秋は秀吉の養子になる

小早川秀秋は、豊臣秀吉の正室・北政所（ねね）の甥にあたる。幼くして秀吉の養子となり、七歳で元服して従五位下《じゅごいげ》と侍従の官職を与えられ、豊臣姓を名乗ることを許された。実子がいない秀吉ゆえ、一時はその有力な後継者の一人と目されたが、天正《てんしょう》十七年（一五八九）に秀吉の側室・淀殿が鶴松を産むと、後嗣《こうし》の序列から外れた。が、その後も豊臣一門として優遇され、天正十九年には正四位下《しょうしいげ》・参議、さらに翌年には従三位《じゅさんみ》・権中納言と栄達していった。ただ、わがままに育ち、子供なのに酒ばかり飲むようになり、北政所は甥の秀秋を嫌ったという。

鶴松は夭折したが、その後、淀殿が秀頼を生んだことから、秀吉は秀秋を養子に出そうと考え始めた。すると、黒田官兵衛（安国寺恵瓊《えけい》説あり）が気を利かせ、まだ実子がいない中国の太守《たいしゅ》・毛利輝元の跡継ぎにしようと動き出した。これを危惧した輝元の叔父・小早川隆景は、毛利一族の秀元を取り急ぎ輝元の養子として秀吉に承認させたあと、「秀秋を自分の養子にしたい」と申し出たのである。隆景は三十万石以上を領していたので、喜んだ秀吉はすぐに了承した。文禄《ぶんろく》三年（一五九四）のことであった。

こうして小早川家を継いだ秀秋は、慶長二年（一五九七）、朝鮮出兵の総大将となった。まだ十六歳だった。が、翌年すぐに秀吉に呼び戻され、越前に減封《げんぽう》されてしまった。どうやら合戦での失態の責任を取らされたようだ。しかしまもなく秀吉は没し、豊臣政権の大老・家康の尽力で旧領に復帰させてもらった。

だから家康には恩があったが、慶長五年に石田三成らが挙兵すると、秀秋は三成の西軍側について家康の伏見城攻撃に加わったのである。三成から関白職を与える約束をされたからだという。

けれどその後、東軍の黒田長政の工作により秀秋は東軍に寝返る約束をする。そして、関ヶ原合戦の最中、去就に迷ったあげく、最終的に松尾山から八千（諸説あり）の軍を率いて味方に攻めかかったのだ。これがために西軍は総崩れとなった。そこで家康は戦後、秀秋に備前・美作《みまさか》二国（四十万七千石）を与えたのである。

合戦後、逃亡した石田三成は捕縛され、家康の陣屋の門外に座らされた。この時、秀秋は何を思ったのか、その姿を見物に行った。これに気づいた三成は、秀秋を睨み付け、「己れ金吾秀秋、汝が如き卑怯者は日本に二人とはないぞ。なんぢ太閤の恩を忘れ、義に背き約に違ひ裏切りしたる、汝は武将として恥づる心もないか。己れは寔に内股膏薬《うちまたごうやく》者ぞ、末の世までも伝へて人の笑となるを知らぬか」（春藤与市郎著『少年石田三成と関ヶ原役』大同館書店　昭和六年）と罵り続けたので、剣幕に恐れた秀秋は、顔を真っ赤にして何も言わずに走り去っていったという。

陰嚢を蹴り上げられ即死した説もあり

二カ国の太守になり岡山城に入った秀秋だったが、味方を裏切った慚愧《ざんき》の念や三成に罵倒されたことを気に病み、やがて精神に異常をきたして奇行を繰り返すようになった。火をおこすのが遅いと怒って小姓の首を脇差で切り落としたり、民家で鴨居に頭をぶつけたことに腹を立て家を作った大工を殺そうとしたという。そうした乱行を諫《いさ》めた家老の杉原紀伊守を秀秋は手討ちにしたと伝えられる。あきれ果てた重臣たちは家中から次々に出奔、結果、藩政は大いに乱れてしまう。そうした中、関ヶ原合戦からわずか二年後、秀秋もあっけなく亡くなってしまった。

その死因だが、江戸中期の軍記物『備前軍記』(岡山藩士・土肥経平《どいつねひら》の著作)には、複数の説が記されている。捕まえた農民を刀であちこち傷つけてなぶり殺しにしようとしていたところ、反撃に出た農民に陰嚢を蹴り上げられ即死したという説。訴訟した山伏を呼び出し、いきなり両手を切り落としたところ、激高した山伏が秀秋に飛びかかり蹴り殺したという説。小姓を手討ちにしようとして返り討ちにあったという説。殺生禁断の地で鯉や鮒を捕まえ、帰り道に落馬して橋の上から転落死したという説。すべて自業自得で死んだことになっている。

このように「暗愚、裏切り者、乱行、そして不可解死」というのが、これまで定着していた小早川秀秋のイメージだったが、近年、その通説が覆りつつある。

そもそも十六歳で朝鮮攻めの総大将が務まるはずはなく、実際に指揮を執ったのは小早川家の重臣たちだったはず。失態があったとすれば、その責任は秀秋ではなく重臣にある。関ヶ原合戦中に味方を裏切ったという事実も、近年は怪しいと考えられている。すでに戦前に西軍と袂《たもと》を分かち、合戦前日に松尾山に陣取った時は、東軍として旗幟《きし》を鮮明にしていたというのだ。これが本当なら、秀秋が自分の行動に負い目を感じる必要はない。さらに、三成がさらし者になっている場を見に来たという一次史料は存在せず、ずっと後の世に創作された作り話だと考えられる。

加えて、乱行を繰り返したという一次史料もない。家老の誅殺は事実だが、おそらく、重臣に政治を一任していた秀秋が、主君としての権限を強化すべく、重臣の力を抑え側近勢力を強化したことが、重臣たちとの軋轢を生み、藩内の動揺を誘ったのであろう。

死因についても殺害されたわけではなく、研究者の黒田基樹氏によれば、酒の飲み過ぎによる体調不良が原因で「鷹狩りから帰った後に気分が悪くなって伏せ込み、さらに何度も気絶してしまうほどに容態が急変し、そのまま快復することなく死去した」(『シリーズ実像に迫る　００５　小早川秀秋』戎光祥出版)ようだ。

このように、これまで知られている逸話の多くが濡れ衣なのだ。

いずれにせよ、二十一歳で没した秀秋には嗣子《しし》がおらず、小早川家は断絶となってしまった。

豊《とよ》臣《とみ》秀《ひで》頼《より》

辞世の句・名言

「此上ハ天王寺表へ打出、敵寄来ラハ只一合戦而《しかして》討死セン」（『豊内記』より）

生年
1593年8月29日
（文禄2年8月3日）

没年
1615年6月4日
（慶長20年5月8日）

享年
23

豊臣秀吉が57歳の時の息子・秀頼。後見を託された徳川家康に滅ぼされる

プロフィール

豊臣秀頼は、世継ぎが生まれなかった豊臣秀吉が57歳にして浅井3姉妹の長女で側室の淀殿との間に授かった第2子（長子は夭折）。秀吉は、秀頼の誕生で甥の関白秀次を自刃に追いやり秀頼を世継ぎとした。秀吉が死去すると、関ヶ原の戦いに勝った徳川家康が覇権を握って江戸幕府を開く。家康は孫娘の千姫を秀頼の正妻として大坂城に送り、秀頼は内大臣に昇進したものの、摂津、河内、和泉の3ヵ国60万石の大名に転落。その後、大坂の陣で徳川軍の総攻撃を受け大坂城は落城、秀頼は母・淀殿と共に自刃、豊臣氏は滅亡した。

＊

1593年（文禄2年）　1歳　大坂城で出生。翌年12月に伏見城に移される
1598年（慶長3年）　6歳　秀頼の後見を大老の徳川家康・前田利家らに託しながら豊臣秀吉が死去
1600年（慶長5年）　8歳　関ヶ原の戦い後、豊臣家は60万石に転落
1603年（慶長8年）　11歳　内大臣となり、徳川秀忠の娘・千姫と結婚

1611年（慶長16年）　19歳　二条城で徳川家康と会見
1615年（慶長20年）　23歳　大坂の役（夏の陣）で、母・淀殿と共に自刃

秀頼に接見した家康は豊臣を滅ぼす決意を

豊臣秀頼は秀吉の跡継ぎだったが、父が死んだ時、六歳だったことから政権の運営は、五大老・五奉行に委ねられた。が、すぐに政権内で分裂が起こり、大老の徳川家康が反対派を関ヶ原で打ち破って覇権を握り、慶長《けいちょう》八年（一六〇三）には江戸に幕府を開いてしまう。家康は孫娘の千姫《せんひめ》を秀頼の正妻として大坂城へ送り、秀頼を内大臣に昇進させたが、豊臣家は六十万石の大名に転落した。

慶長十年、徳川秀忠が将軍宣下《せんげ》のため朝廷に参内《さんだい》することになったので、家康は高台院《こうだいいん》（秀吉の正室・ねね）を通じて秀頼に上洛を求めた。これを機に徳川に従わせるつもりだったのだろう。ところが秀頼の母・淀殿が「上洛を強制するなら秀頼を殺して私も死ぬ」と拒んだので、豊臣家はその要請を断ったという。

家康が秀頼と会えたのは、それから六年後の慶長十六年三月のことであった。上洛にあたり、家康が強く秀頼に会見を求めたのだ。この時も淀殿が渋ったが、御家安泰のため、秀頼の後見人・織田有楽斎《うらくさい》や家老の片桐且元《かつもと》が会見を実現させたという。

十九歳になった秀頼は、身長一九七センチの巨漢だった。しかも堂々と家康に接したので、家康はその賢さをたたえたものの、この時、豊臣家を滅ぼす決意をしたとされる。

三年後の慶長十九年七月、その機会が訪れた。豊臣家が再建している京都方広寺の梵鐘銘に「国家安康、君臣豊楽」という文字が刻まれていた。

それを家康は「自分の名を二つに裂き、豊臣の天下を望む不吉の文言だ」と立腹、豊臣側が弁明しても許さず、豊臣征伐を公言したのである。

十一月十七日に家康は大坂の住吉に着陣、翌月から本格的な戦（大坂冬の陣）となった。豊臣方は各地で善戦し、真田信繁は出丸《でまる》（真田丸）を築いて徳川軍を苦しめたが、淀殿が居室近くに砲弾が落下したことに恐れをなし、和平交渉に同意してしまった。

かくして十二月二十一日、外堀と新造した矢倉、二ノ丸・三ノ丸の破却を条件（諸説あり）に講和が成立した。ところが徳川方は内堀まで埋めた上「城内の牢人を追放するか、大和へ移封するか。どちらかを選べ」と難題を吹っかけてきたのだ。

このため豊臣方は再武装を始めた。

せかされるものの秀頼ついに出陣せず

一次史料だけでなく、軍記物（二次史料）にも、冬の陣で秀頼が戦場に姿を現した記録はない。むしろ、母親の淀殿が甲冑を身につけて軍議に口を出したり、番所を改めたりしたという記録がある。どうも豊臣の最高権力者は、秀頼ではなく淀殿だったようだ。だからこそ家康も、淀殿の居室へ大砲をぶち込んだのだろう。

なお、軍記物『豊内記《ほうないき》』には、再戦が避けられなくなった翌年春、秀頼は諸将を集め「此上ハ天王寺表へ打出、敵寄来ラハ只一合戦 而《しかして》 討死セン」と決意を語り、「自分は弓箭《きゅうせん》の道を学んでいないので、軍法を知らない。討ち死にする際、どう戦えばよいのか」と問いかけたという。

すると老将たちは「敵は南表より攻め寄せてくるはず。しからば大坂城を背負い、先手を出撃させ、家康と秀忠の旗本を発見したら、十万の軍勢を二手に分けて突きかかるのです。その後どうなるかは運次第」と述べた。秀頼はこの言葉に納得し、翌日、瓢簞の馬印を掲げて船場の町に姿を現し、さらに天王寺や岡山を巡ったという。『豊内記』には、この時の秀頼の様子が次のように描写されている。

「秀頼公、勢《せい》（背）高ク、ニクニクシク荒テ、力ハ不通（普通）之人ノ拾人力 計《ばかり》 有ケルカ、太ク逞《たくま》シキ御馬ニ召レシカハ（乗っているので）、阿晴《あっぱれ》大将やと見ヘシ」

この時、秀頼は二十二歳、威風堂々たる若大将に見えたようだ。

かくして慶長二十年（一六一五）五月六日から大坂夏の陣が始まったが、死を覚悟した豊臣軍の抵抗はすさまじいものとなった。が、相手にダメージを与えたものの、後藤又兵衛や木村重成など勇将が戦死し、長宗我部盛親も敗退した。こうして翌七日、大坂城は完全に徳川軍に囲まれた。裸城《はだかじろ》ゆえ籠城はできないので、豊臣方の武将たちは城から出て南表に陣を構えた。いよいよ決戦の時である。

ここにおいても秀頼は、将兵の前に姿を現さなかった。ただ、先の『豊内記』によれば、秀頼は戦いが始まると「一戦討死セン」と公言して大坂城桜ノ門から出陣したとある。ところがこの時、大野治長《はるなが》が「ご出馬のことは、最前線の真田信繁と示し合わせるべきです。私が信繁のいる茶臼山へ行って参ります」と述べたので、秀頼は桜ノ門で待機することにしたとされる。

治長が真田の陣に出向くと、信繁は作戦を授けたうえで「御出馬ハ一刻モ御急可然《しかるべし》」（前掲書）と告げたので、治長は数十人を引き連れ大坂城へ戻った。だが、これを目にした豊臣の兵は、治長が城へ逃げ戻ったのだと勘違いして動揺してしまう。その後、信繁は秀頼の出陣をせかすため息子の大助を大坂城へ派遣し「このままだと味方が敗軍します」と述べたので、秀頼も出陣しようと動き始めた。ところが、速水守久が「味方は敗北しています。今さら出馬されても仕方有りません。本丸を固めて時が来たら御腹を召すべきです」と告げたので、秀頼は速水守久の言葉に従って本丸の千畳敷へと戻った。やがて徳川軍が大坂城へ殺到、主たる武将が討ち死にや自刃を遂げ、城内から多くの浪人が逃げ出してしまった。

母と自害するゆえ死骸を隠せと秀頼

秀頼は「この時にあって判断が鈍るようでは死後の悪名を蒙る。いまさら動じる私ではないが、母（淀殿）は心許ない。急ぎ天守で母と自害するから準備をせよ」と今木源右衛門《こんぼくげんえもん》に命じた。仰せに従い源右衛門は切腹の用意を整えた。そこで秀頼が母のもとへ向かうと、淀殿は茫然と立ち尽くしていた。側にいた大野治長は「常高院《じょうこういん》（淀殿の妹・初）様によれば、秀頼様の命はお助けすると約束したそうです。確認のために使者を出します。事実を確かめてからでも切腹は遅くはありません」と告げた。

けれど秀頼は「さあ母上、自害の準備が整いました。一緒に天守へ」と催促して動き始めたのだ。しかし淀殿は息子の袖にすがり、「心を静めなさい。源頼朝も石橋山の戦いで敗れた際、朽木の中に隠れて死なずに本意を遂げたではありませんか。なぜ慌ただしく切腹しようとするのか」と引き留めた。

対して秀頼は「命運が尽きたのです。長らえて豊臣の衰亡を見るより、皆で死の道を急ぎ後世を楽しみましょう」と母の手を振り払って天守に上ってしまった。が、後を追って来た治長が「私の部隊が天王寺付近から引き返してくれれば退勢を挽回できます」と説得、速水も「先陣が敗れても後陣で盛り返すのは戦にはよくあること」と賛同したため、秀頼は仕方なく天守から降りた。

『駿府記《すんぷき》』（江戸初期成立の駿府での家康の記録）によれば、この頃、大野治長は秀頼の正室・千姫（家康の孫娘）を徳川の陣へ送ったとする。秀頼母子の助命を嘆願するのが目的だ。ゆえに秀頼の切腹を引き延ばしていたのだろう。

家康は千姫の話を聞いたものの、最終的な判断は将軍秀忠に委ねた。だが、秀忠は助命を認めず、秀頼母子に自害を命じたのである。

秀頼一行は帯曲輪《おびぐるわ》（山里曲輪）に避難していたが、近くで火の手があがると、秀頼は東の矢倉（糒《かれいい》倉とも）に入った。従う人数は二十八名に減じていた。秀頼は「太閤の子として天下を治める身なれど、天運が極まった。今朝は十万の大将だったが、いまは二十八人。最後は戦って死ぬべきかもしれないが、人々も戦い疲れており、事をし損じたくはない。母と潔く自害するゆえ、死骸を深く隠せ」と命じたのである。

そのあと秀頼は「少しまどろんでから自害する」と述べ、小姓の膝を枕として高いびきをかいたという。度胸が座っている。

眠りから目覚めた秀頼は豊国大明神の方角を向いて拝礼し、淀殿に近づき話をし始めたが、途中、速水に目配せして母を殺害させたのである。

秀頼自身は脇差しで左脇を深く刺し貫き、そのまま右のあばらにかけて引き回した。その直後、氏家内膳正《うじいえないぜんのしょう》が首を打ち落としたのである。見届けた家臣たちも思い思いに切腹したり差し違えたりした。秀頼は二十三歳であった。

秀頼は薩摩に逃れ酒に溺れて……!?

だが、秀頼は大坂城で死んでいないという説がある。

大坂落城からひと月後、イギリス商館長のリチャード・コックスが日記に「秀頼が生存しているという噂がある」と記し、それから三カ月後にも「秀頼が重臣に伴われて薩摩へ逃れた」と書いている。実は徳川軍は、秀頼の居室周辺を徹底的に探索したが、火災によってどの遺体も焼けただれるなどして損傷がひどく、顔の判別ができなかった。そんなわけで、秀頼のものと思われる吉光（太刀）が傍らに転がっていた遺骸を、幕府は秀頼と特定したとされる。こうしたことが秀頼生存伝説を生む結果になったようだ。

時が経つにつれ秀頼生存伝説は、具体的かつ詳細になっていく。

『備前老人物語』には「大野治長が秀頼を菰《こも》にくるんで城の水門から堀へ流し、これを織田有楽斎《うらくさい》が拾い上げ、小舟に隠して淀川へ運び、二重底の船を用意して待機する加藤忠広（清正の息子）に渡し、忠広が秀頼を船で肥後へ落ち延びさせた」と書かれている。

類似したような伝承は、このほかにもいくつも見られるが、一番多いのは薩摩逃亡説だ。

いずれにせよ、こうした英雄生存伝説というのは、日本史によくあるパターンで、その信憑性は低い。が、面白いのは『甲子夜話《かっしやわ》続編』に載るエピソードだ。

それは、「薩摩に逃れた秀頼が、晩年は落ちぶれ果て、ついにはアルコール依存症になり、周囲の人々にからんでは、たいへん迷惑をかけ、「忌み嫌われた」という逸話である。生存伝説にはあまり見られない醜聞であり、なんだか妙にリアリティーがある。

また、鹿児島市下福元町には、いまでも秀頼の墓石とされる石塔が存在する。

こうしたことを考え合わせると、ひょっとしたら秀頼は……、そんな風にも思えてもくる。

秀頼には一男一女があった。二人共千姫の実子ではなく、秀頼と側室の間に生まれた子供たちだった。息子の国松は大坂城から脱出させたものの、不運にも五月二十一日に発見され、それから二日後、京都の六条河原において処刑された。まだ八歳だった。

七歳の女児は千姫の哀願によって命を救われ、尼となって鎌倉の東慶寺に入った。彼女はのちに同寺の二十世・天秀尼《てんしゅうに》となった。

おわりに

どのような死に方をするかで、後世の評価は大きく変わる。四十人の戦国武将の臨終は実に千差万別であった。たとえば若くして逝った浅井長政（享年二十九）、織田信忠（享年二十六）、豊臣秀頼（享年二十三）、豊臣秀次（享年二十八）。この四名のうち、浅井長政と織田信忠は、大敵に囲まれた絶望的な状況から逃げることなく、激しい抵抗ののち自ら命を絶った。若いながらも、武人らしい潔い最期であった。

一方、秀頼は、父・秀吉が率先して戦場で働いたのに対し、御家存亡の秋《とき》なのに、一度も大坂城から出て敵と鉾を合わせることがなかった。あまりに情けなく、きっと秀吉も草葉の陰で泣いていることだろう。豊臣秀次もだらしない。秀頼の誕生で秀吉に疎まれた時、ただちに関白の座を降りるべきだった。なのにごねたことで、疑心暗鬼になった秀吉から謀反の罪をなすりつけられ、自刃を強いられてしまった。秀吉は老いが進行していたのだから、いったん退いて時を待つべきであった。そうすれば三年後に秀吉が没したあと、秀次が天下人になるのは夢ではなかったはずだ。

さて、戦国武将の臨終を調べてみて、一つ、確実に言えることがある。成功の秘訣は、やはり健康で長生きをすることなのだ。たとえば、毛利元就は七十五歳まで生きたからこそ、長男が若死にしても孫の輝元を立派な後継者に育て上げることができたのである。また、もし秀吉が六十二歳で死なず家康と同じ七十五歳まで生きたら、秀頼は成人し、豊臣政権は盤石になり、家康が天下を握れたかどうかは心許ない。

立花宗茂は、関ヶ原合戦で西軍について改易されたが、六年間の御家再興運動の結果、徳川の旗本に取り立てられ、秀忠の信頼を得て大名に返り咲き、しかも旧領に復帰した。その後も将軍家光に気に入られ、島原の乱にも参戦、御家を盤石にして逝った。七十六歳まで存命だったればこそ、敗者復活戦に勝利できたのである。

読者諸氏も健康に気をつけて長生きを心がけると共に、いざお迎えが来た時後悔することのないよう、やりたいことは今すぐ実行に移すことをおすすめする。

二〇二五年二月　河合　敦

肖像画　所蔵一覧

北条早雲……………（小田原城所蔵）
北条氏綱……………（小田原城所蔵）
斎藤道三……………（常在寺蔵）
毛利元就……………（毛利博物館蔵）
松永久秀……………（東京都立図書館所蔵）
今川義元……………（高徳院蔵）
武田信玄……………（高野山持明院蔵）
柴田勝家……………（個人蔵）
三好長慶……………（大徳寺聚光院蔵）
明智光秀……………（本徳寺蔵）
龍造寺隆信…………（宗龍寺蔵）
上杉謙信……………（上杉神社所蔵）
大友宗麟……………（瑞峯院所蔵）
織田信長……………（長興寺蔵）
豊臣秀吉……………（高台寺蔵）
前田利家……………（個人蔵）
長宗我部元親………（秦神社所蔵）
徳川家康……………（大阪城蔵）
竹中半兵衛…………（禅幢寺所蔵）

浅井長政……………（高野山持明院蔵）
山中鹿介……………（東京都立図書館所蔵）
武田勝頼……………（高野山持明院蔵）
黒田官兵衛…………（崇福寺蔵）
高橋紹運……………（天叟寺所蔵）
高山右近……………（東京都立図書館所蔵）
織田信忠……………（総見寺蔵）
小西行長……………（「太平記英勇傳　小西摂津守行長」錦絵）
石田三成……………（東京大学史料編纂所所蔵）
直江兼続……………（米沢市上杉博物館蔵）
加藤清正……………（勧持院蔵）
池田輝政……………（鳥取県立博物館所蔵）
伊達政宗……………（東福寺霊源院蔵）
真田信繁……………（上田市立博物館所蔵）
立花宗茂……………（高野山大圓院所蔵）
豊臣秀次……………（瑞泉寺蔵）
宇喜多秀家…………（岡山城蔵）
長宗我部盛親………（蓮光寺蔵）
徳川秀忠……………（松平西福寺蔵）
小早川秀秋…………（高台寺蔵）
豊臣秀頼……………（養源院蔵）

［初出］
『週刊アサヒ芸能』連載『真説！日本史傑物伝』「戦国武将臨終図巻」
2023年（令和5年）6月15日号（6月6日発売）～2025年（令和7年）1月2・9日合併号（2024年12月24日発売）掲載分。

河合 敦（かわい・あつし）

歴史作家。多摩大学客員教授、早稲田大学非常勤講師。

1965年、東京都生まれ。青山学院大学文学部史学科卒業。早稲田大学大学院博士課程単位取得満期退学（日本史専攻）。「世界一受けたい授業」（日本テレビ）、「歴史探偵」（NHK）、「日本史の新常識」（BSフジ）など多くのメディアに出演するほか、執筆、講演、テレビ時代劇の時代考証、監修など、幅広く活躍中。

『大久保利通 西郷どんを屠った男』（小社刊）、最新刊『蔦屋重三郎と吉原 蔦重と不屈の男たち、そして吉原遊郭の真実』（朝日新書）など著書多数。

戦国武将臨終図巻

2025年2月28日　初版発行

著　　者　河合 敦
発 行 者　小宮英行
発 行 所　株式会社徳間書店
〒141-8202 東京都品川区上大崎 3-1-1 目黒セントラルスクエア
電話　編集：03-5403-4379　販売：049-293-5521
振替　00140-0-44392
装丁・デザイン　渋沢企画
本文組版　株式会社キャップス
編集協力　児玉 勲
編集担当　横尾道男
印刷・製本　三晃印刷株式会社

ISBN978-4-19-865962-2